絶望の国の幸福な若者たち

古市憲寿

講談社

絶望の国の幸福な若者たち

目次

第二章　ムラムラする若者たち

第三章　崩壊する「日本」？

はじめに

不幸な若者たち、って本当？

あれはまだ大地震が起こる前、二〇一〇年の終わりのことだ。

「日本の若者はこんな不幸な状況に置かれているのに、なぜ立ち上がらないんですか？」

ニューヨーク・タイムズの東京支局長マーティン・ファクラーさん（四四歳、アイオワ州）から、こんな質問を受けた。その時ファクラーさんは、日本の世代間格差についての記事を書いていたのだが、日本の若者の気持ちがどうしても理解できないと言うのだ。[1]

若年層の多くは非正規雇用者として不安定な生活を余儀なくされている。大学卒業者の内定率も低く、就職浪人をする学生までいる。高齢化がますます進むだろう日本において、現役世代に対する負担はますます重くなる。

なぜ日本の若者は、このような不遇な状況に置かれているのに、いっこうに立ち上がろうとしないのか、というのがファクラーさんの疑問だった。僕（二六歳、東京都）の答えは簡単だ。

1　その時受けた取材は、"In Japan, Young Face Generational Roadblocks" New York Times（二〇一一年一月二八日号）として記事になっている。本田由紀や堀江貴文たちへのインタビューを重ねながら、日本における世代間格差を手際よくまとめた記事になっている。

「なぜなら、日本の若者は幸せだからです」

確かにマクロで見た時に、世代間格差をはじめ、日本の社会構造が若年層にとって「不幸な」仕組みになっていることは事実かも知れない。だが、実際の若者の毎日の生活を考えてみた時、彼ら、というか僕らは、本当に不幸なのだろうか。

もう日本に経済成長は期待できないかも知れない。だけど、この国には日々の生活を彩《いろど》り、楽しませてくれるものがたくさん揃《そろ》っている。それほどお金がなくても、工夫次第で僕たちは、それなりの日々を送ることができる。

たとえば、ユニクロとZARAでベーシックなアイテムを揃え、H&Mで流行を押さえた服を着て、マクドナルドでランチとコーヒー、友達とくだらない話を三時間、家ではYouTubeを見ながらSkypeで友達とおしゃべり。家具はニトリとIKEA。夜は友達の家に集まって鍋。お金をあまりかけなくても、そこそこ楽しい日常を送ることができる。

実際、現代の若者の生活満足度や幸福度は、ここ四〇年間の中で一番高いことが、様々な調査から明らかになっている。たとえば内閣府の「国民生活に関する世論調査」によれば、二〇一〇年の時点で二〇代の七〇・五%が現在の生活に「満足」していると答えている。そう、格差社会や世代間格差と言われながら、日本の若者の七割が今の生活に満足しているのだ。

この満足度は、他の世代よりも高い。三〇代でこの数値は六五・二%、四〇代で五八・三

%、五〇代では五五・三%まで下がる。若者を心配してくれているだろう上の世代の方々のほうが、よっぽど生活満足度が低いのである。

また、現在の若者の生活満足度は過去の二〇代と比べても高い。まだ高度成長期だった一九六〇年代後半の生活満足度は六〇%程度。一九七〇年代には五〇%くらいにまで下がった年もある。それが、一九九〇年代後半からは七〇%前後を示すようになってきた。

経済成長の裏側の不幸

二〇一一年を生きる若者は、過去の若者と比べても、「幸せ」だと思う。

現代と対比させるために、今から三〇年前、一九八〇年頃の若者の生活をのぞいてみよう。バブル崩壊前の一九八〇年代は、まるで夢のような社会だったと描かれることがある。確かに経済は右肩上がりだった。日本は一九七三年の第一次オイルショック、一九七九年の第二次オイルショックを経ても、バブル崩壊までは平均三・八%(一九七四年度から一九九〇年度)の経済成長を続けていた。

しかし、経済が右肩上がりということと、人々の生活が幸福で豊かであるのとは、別の問題である。むしろ、経済成長の裏側には、成長社会ゆえの不幸や歪《ゆが》みが内包されていた。

まず、働くお父さんたちは大変だった。サービス残業を含めると、週六〇時間以上働く長時間労働者が一九七五年以降急増しはじめる。一九八〇年の時点ですでに約四五〇万人、雇用者のうち二割弱がそのような長時間労働者だったが、その数は一九八〇年代を通して増加し続ける。[2] 社員をクビにするのが難しい日本では、会社全体の仕事量が増えた場合も、雇用を増やすのではなく社員一人あたりの仕事量を増やすことで対応するからだ。

子どもたちも大変だった。受験競争が激化したのも一九八〇年頃からだ。一九七九年に今のセンター試験にあたる大学入試共通一次試験が始まり、大学の序列化が進んだ。また、普通科高校への進学率が高まり、高校間の序列化も進んだ。

当時は、「いい学校に行けばいい会社に入れる、いい会社に入ればいい人生が送れる」とみんなが信じる社会だった。それは苛烈《かれつ》な競争社会を意味する。

一九八〇年には「金属バット殺人事件」が起きている。浪人二年目の予備校生（二〇歳、東京都）が就寝中の両親を金属バットで殺害した事件だ。東大卒の父と早大卒の兄に囲まれたエリート一家だった。犯行は、受験勉強による心理的圧迫が遠因であることが、裁判でも情状理由として認定されている。[3]

また、校内暴力とそれに対応した管理教育によって一部の中学校・高校は凄《すご》いことになっていた。教師への暴力事件は一九七三年に七一件だったのが、一九八二年には八四三件まで上昇している。生徒の教師に対する暴力事件はたびたび報道され、警察が介入する事件も増えた。

一方で、過度な管理教育も平然と行われていた。岐阜県立岐陽《きよう》高校は、竹のムチを持った教師たちが毎朝校門で待ち構えていたり、体罰が推奨される異様な校風だった。一九八五年には

2　森岡孝二『企業中心社会の時間構造　生活摩擦の経済学』青木書店、一九九五年。当時は法定労働時間も週四八時間だったし、週休二日制も普及していなかった。

3　「金属バット殺人一柳展也に懲役13年」『朝日新聞』一九八四年四月二六日朝刊。受験競争の別の側面として象徴的なのは、裏口入学騒動だ。当時は、早稲田大学など有名私立大学の入試問題漏洩事件が世間を騒がせていた。

修学旅行先でヘアドライヤーを持ってきた生徒に対して、教師が暴行を加え続け、ついには死亡させるという事件まで起きている。[4]

死亡事件までいかなくとも、軍隊式教育を行っていた学校は多い。体罰が当たり前だった学校は無数にあったし、生徒が学区外に出る時は必ず学校の許可をもらった上で、学生服を着ていなければいけないといったトンデモ校則を持った学校も少なくなかった。[5]

一九八〇年の若者になりたいか？

一九八〇年に経済企画庁（当時）が公表した『消費動向調査（独身勤労者調査）』を見てみよう。親元を離れて働いている三〇歳未満の若者のうち、エアコンを持っているのは九・九％に過ぎなかった。電気洗濯機で五七・三％、掃除機でさえ四七・九％だった。エアコンがない生活なんて想像できるだろうか。

テレビも白黒テレビが二一・五％、カラーテレビは六七・三％、テレビ録画機にいたっては一・一％だ。信じられるだろうか。三〇年前の若者たちは、まだテレビを白黒で見ていた人も多かったのである。まだまだテレビは高価なものだったのだ。親元で暮らしている人で自分用のテレビを持っている人は、白黒とカラーを合わせても五割程度だった。[6]

今と比べて、世の中全体の物価は当然安い。大卒初任給はだいたい一二万円くらいだった。しかし、品目で見ると当時のほうが高いものも少なくない。たとえばシャンプーや歯磨きは一

4　「科学万博見学の高校生、体罰でショック死」『朝日新聞』一九八五年五月一〇日朝刊。

5　どこまでが管理教育が原因かは断定できないが、管理教育先進県の愛知では一九九〇年代後半の虐待死数、二〇〇〇年代のいじめ認知件数が全国でトップクラスであった。一九八〇年頃に管理教育のまっただ中に中学生だった人々が、ちょうど子どもを産み、その子どもが学校に通い始める時期と符合するのだ（河本敏浩『名ばかり大学生　日本型教育制度の終焉』光文社新書、二〇〇九年）。

6　しかも、「モノがないゆえの幸せ」を感じていたかも怪しい。同調査によると、一年前と比べて「暮らし向きが良くなった」と答えた若者は九・一％、「変わらない」が五七・三％、「悪くなった」も三三・六％いる。また、未来への希望があったかも怪しい。今後一年間が「暮らし向きが良くなる」と考えていたのはわずか七・二％、「変わらない」が四九・二％、「悪くなる」が四三・六％もい

九八〇年のほうが高かったし、ガソリンも一リットル一五五円した。テレビ、ステレオ、カメラなどの電化製品も高かった。一九七九年発売の松下電送機器（現パナソニック）のファックスは四八万円。一九八〇年に日立が発売したカラーテレビは二六型で二六万五〇〇〇円。テレビを買うのに初任給二ヵ月分はちょっと高い。これらの電化製品の値段が下がるのは、ＮＩＥＳ諸国の台頭まで待たなくてはならない。

　そもそも一九八〇年には、まだ世の中に登場していないモノも多い。当然Ｗｉｉもプレイステーションもなく、任天堂のファミコン（ファミリーコンピューター）さえもない。ゲームといえば「スペースインベーダー」が家庭でできるようになったと喜ばれていたようなレベルだ。

　当たり前だが、インターネットも携帯電話もない。[7] そもそも電話事業は民営化されておらず、電話機とは買うモノではなくて日本電信電話公社（現在のＮＴＴ）からレンタルするものだった。プッシュホンもオフィスにしか普及しておらず、多くの家庭ではダイヤル式の黒電話が玄関あたりに鎮座していた。[8]

　国際電話料金も信じられないくらい高かった。一九七九年時点でアメリカに三分間の国際電話をかけた場合、三二〇〇円もかかった。[9] 今や、三分で三〇円かからない電話業者も珍しくない。そもそもＳｋｙｐｅやＧｏｏｇｌｅチャットを使えば実質無料みたいなもので、世界中の人と顔を見ながら話すことができる。

　一九八〇年の日本には、まだディズニーランドもなかった。[10]『ＯＮＥ　ＰＩＥＣＥ』はもち

る（すべて親元を離れて「下宿・アパート」で暮らす三〇歳未満の若者たち）。

7　今は、生まれた時にはもうインターネットと携帯電話が当たり前だったという世代が出現している。この前、高校生に「ケータイとメールがない時代ってどうやって友達と連絡とってたの」と聞かれた。「ついにこんな世代が出現したか」と驚いたのだが、僕もどうやって連絡をとっていたのか思い出せなかった。昔の人はどうしてたんですか？

8　プッシュホン自体は一九六九年に発売されていたが、使用料がダイヤル式に比べて割高だったため、なかなか家庭では普及しなかった。使用料の値下げにより、一九八二年にようやく加入台数が四〇〇万台を超えた。当時の新聞では「しゃれた格好のミニプッシュホンにあこがれる女学生」や「黒電話はダサイ」と言う「ヤング」が紹介されている（「なぜ人気プッシュホン」『読売新聞』一九八三年二月三日朝刊）。

ろん『ドラゴンボール』も『北斗の拳』も『シティーハンター』も連載を開始していなかった[11]。まだ『風の谷のナウシカ』も『天空の城ラピュタ』も公開されていなかった。

コンビニは登場こそしていたが、今よりも店舗数がずっと少なかった。当時はまだ雑貨店を改装して「コンビニ」と名乗っているような薄暗い店舗も多く、セブン・イレブンで約一〇〇〇店舗（現在は約一万三〇〇〇店舗）、ローソンで五〇〇店舗（現在は約九七〇〇店舗）ほどしかなかった。当然、公共料金の収納代行もしてくれないし、銀行ＡＴＭも設置されていない。

住宅環境も良かったわけではない。ヨーロッパから指摘された「日本はウサギ小屋に住む仕事中毒者の国」という表現を自嘲《じちょう》気味に当時の日本人は受け入れていた[12]。

ワンルームマンションも一般的ではなかった。ワンルームマンションが普及しはじめるのは一九八〇年代半《なか》ば以降だ。人気を集めていたのは「六畳程度の洋間とバス、トイレ、台所つき、一五～二〇平方メートル」タイプ。フローリングをわざわざ「洋間」と書かなくてはいけない時代だったのだ[13]。ワンルームマンションの住民は、近隣との付き合いもなく、ゴミの始末などのルールを無視する人が多いと、地域住民とたびたび紛争も起きていたという[14]。

どうだろうか？　今の五〇歳くらいの人が若者だった一九八〇年。僕からしてみれば、逆に彼らのほうこそ「不幸」に見えてしまう。「不幸」は個人的な主観の問題だが、少なくとも昔に生まれなくて良かった、とは思う。だって、そんなに受験勉強頑張りたくないし、インターネットも携帯電話もない生活なんて考えられない。

9　恋人とヨリを戻そうと連日のようにラブコールをかけて数百万円の請求書を受け取った話などが当時の新聞では紹介されている（『朝日新聞』一九七九年一月二〇日朝刊）。

10　ディズニーランドは一九八三年にものすごい熱狂に包まれながら開園する。だが開園当時はまだエレクトリカル・パレードも、ビッグサンダー・マウンテンもなかった。

11　ただし『Dr.スランプ』は一九八〇年から連載を開始、『キャッツ・アイ』も一九八一年に連載を開始している。

12　「ウサギ小屋」という表現は一九七九年にヨーロッパ共同体が提出した『対日経済戦略報告書』に書かれていた。「ウサギ小屋」は翻訳の過程で生まれた表現であり、日本を侮蔑していたわけではない。しかし当時の世論調査を見ると、約六割がこの表現が日本の現状を言い当てていると思っている（『朝日新聞』一九七九年六月二六日朝刊）。

13　当時はまだまだ畳が主流で、新聞も「新しい畳で年を越

新しい「幸せ」を生きる若者たち

二〇一〇年の大河ドラマ『龍馬伝』で岡田以蔵を演じた佐藤健《たける》（当時二一歳、埼玉県）は、幕末と現代を比べて「生まれ変わるなら、絶対に、幕末より現代のほうがいいです」と言う。それは人を斬らないといけない幕末と違い、今の時代は「一泊二日で友達と千葉にバーベキューに行く幸せ」をかみしめられるからだ。[15]

別に坂本龍馬みたいに維新の風を吹かせたいわけでもなく、国のために死んだ英雄と崇《あが》められたいわけでもない。そんなヒロイズムではなくて、佐藤にとって大切なのは「一泊二日で友達と千葉にバーベキューに行く」という小さな幸せなのだ。

佐藤の言葉に象徴されるように、若者に広まっているのは、もっと身近な人々との関係や、小さな幸せを大切にする価値観である。「今日よりも明日が良くなる」なんて思わない。日本経済の再生なんてことは願わない。革命を望むわけでもない。

成熟した現代の社会に、ふさわしい生き方と言ってもいい。

もちろん、だからといって「若者は幸せだ」と単純に言い切ってしまえるほど事態は簡単ではない。

確かに、インフラや生活環境といった面では、現在の若者は過去最強の「豊かさ」の中で暮らしていると言える。

す、という生活感覚は、今も昔も変わりない」と堂々と書いている（『朝日新聞』一九八一年一〇月二七日）。

14 「増えるワンルームマンション紛争」『朝日新聞』一九八三年九月二八日朝刊。

15 『AERA』二〇一〇年一一月一日号。

しかし、ニューヨーク・タイムズのファクラーさんが心配していたように、これからますます世代間の格差は深刻になり、若年層を中心とした現役世代の負担は増えていくだろう。

日本の少子高齢化はまだまだ止まる気配がない。出生率が一・三から回復しないからだ。社会保障は、今までは三人の現役世代が一人の高齢者を支えていたのが、一五年後にはそれが二人で一人になるという。

そして、巨額な財政赤字が将来世代へ残されようとしている。国の借金は将来世代が払わなくてはならない。それは、年老いた祖父が、孫のクレジットカードを勝手に使っている「ワシワシ詐欺」のようなものだと主張する人もいる。[16]

さらに、放射能だだ漏《も》れの原子力発電所という遺産まで、先行世代は残してくれた。事故のあった福島第一原子力発電所の原子炉を廃炉にするのに、周辺のサイト（土地）開放までを考えると、少なくとも数十年の年月がかかるだろう。[17] 今の若者が、ちょうど老人になるくらいの年月だ。

いくら現代日本の若者が、「幸せ」だと思っていたとしても、その「幸せ」を支える生活の基盤自体が徐々に腐り始めている。そして、このようなある意味「いびつな」社会構造の中で、当の若者が自分たちのことを幸せだと考える「奇妙な」安定が生まれているのだ。

この「奇妙な」安定の中、若者たち自身は何を思い、何を感じているのか。彼らはどこから来て、どこへ向かっていくのか。

16　島澤諭・山下努『孫は祖父より1億円損をする　世代会計が示す格差・日本』朝日新書、二〇〇九年。

17　廃炉までの見込みは試算によって大きく違うが、計画的に活動を止めた原子炉であっても、三〇年程度はかかると試算されることが多い（長崎晋也・中山真一編『放射性廃棄物の工学』オーム社、二〇一一年）。

ニューヨーク・タイムズのファクラーさんの、「なぜ日本の若者は立ち上がらないのか」という問いに対して、僕が答えた「なぜなら、日本の若者は幸せだからです」という答え。そこにはいくつかの含意《がんい》があった。その隠された意味を、この本では明らかにしていきたい。

本書の構成

この本は、一冊読むだけで現代日本の若者をざっくりと把握できるようになっている。だけど残念ながら、「ざっくり」であって「すべて」ではない。そもそも若者っていう生《なま》ものを扱う以上、「若者のすべて」を記述するなんて無理なのだ。

その意味で本書は、「若者パーフェクトマニュアル〈永久保存版〉」ではない。だけど、現代の日本における「若者」を理解するための補助線にはなると思う。たとえば「若者資料集〈二〇一一年度版〉」くらいには。

だから、この本は若者のことを考えるための、「叩《たた》き台」のようなものだと思ってもらえれば嬉しい。「叩き台」を売り物にするなんて失礼な話だ、と思うかも知れないが、今までの若者に関する議論では注目されなかったトピック、現場報告の成果をたくさん盛り込んだので許して欲しい。

研究者ぶって色々と小難しそうな話をすることもあるかも知れないが、そういう風《ふう》に書いてある箇所こそ疑って読んでいただきたいと思う。僕を含めて、研究者というのは議論に自信が持てない箇所こそ、曖昧《あいまい》に難解に書いたりするものだから。

まず、第一章ではそもそも「若者」って何、ということから考えてみた。戦前を含めた若者語りを見渡してみてわかったのは、「若者」というのがある種の幻であるということだ。

第二章では、世の中で語られる様々な若者の姿がどれくらい正しいのかを、データを使いながら検証した。最近よく聞く「モノも買わないし、海外にも行かないし、政治にも興味がないし、草食で内向き」という若者のイメージはどれくらい本当なのだろうか。

第三章と第四章では、複数のフィールドワークをもとに、若者たちの姿を多元的に浮かび上がらせようとした。ワールドカップに盛り上がる若者たち、尖閣《せんかく》デモに参加する若者たちなどの事例を挙げながら、「日本」のこと、「若者」のことを考えてみた。

第五章では、本書執筆中に起きた東日本大震災のことを取り上げた。「三・一一」をきっかけに日本社会はまるで姿を変えてしまった」という表現を聞くようになった。だが、少なくとも若者たちの反応を見る限り、それは巨大津波と違って今のところ「想定内」の反応ばかりだ。

第六章では本書のテーマである「日本の若者は幸せである」ということを世代間格差や労働問題を通じて考えてみる。そして、その持続可能性を考えた。果たして、二〇年後、三〇年後の日本はどうなっていくのか。その時もまだ「若者」たちは幸せなのか。

さらに補章として、俳優の佐藤健さんとの対談を収録した。佐藤さんのネームバリューを考えると、実はこの補章こそが、この本の本章であると言っても過言ではない。

各章は関連しながらも独立して読めるようになっているので、どこから読んでも構わない。ただし、どうやら僕の文章は本一冊分を一気に読むにはくどいらしいので、読むペースとしては一日一章くらいを作者としては推奨しておく。

ちなみに、本書では様々なインタビューや書籍を参照しているが、必要な場合はその発言をした人の年齢と出身地を書いている[18]。誰かが「若者」について語る場合、年齢を含めたその人の立場が重要だと考えたからだ。また、カタカナで登場する人名は原則としてすべて仮名である。

18　出版時・発言時における年齢を基準に計算している。雑誌等に掲載された文章が、大幅な修正なく掲載されている場合などは、初出時の年齢を記した。誕生日が不明だった場合は、その本の出版時点において誕生日を迎えているとして年齢を計算している。基本的にすべて「当時」の年齢だが、わかりにくい箇所にのみ「当時」とつけた。そこまで厳密なものではなくて、あくまでも目安程度に活用して欲しい。

第一章　「若者」の誕生と終焉

僕たちは「若者」語りが好きだ。「若者が日本を変える」という期待論から、「若者の消費離れ」という悲観論まで、いつも誰かが「若者」の話をしている。しかし僕たちが使う意味での「若者」という言葉や概念は、実はそんなに古いものではない。この章では、「若者」の歴史や、若者論を追いかけることで、曖昧に語られがちな「若者」を問い直していく。そして、「若者論」や「若者語り」がいつの時代も繰り返される理由を明らかにする。

1　「若者」って誰だろう？

近頃の若者はけしからん？

若者を語る時、好んで用いられる小話《こばなし》がある。「近頃《ちかごろ》の若者はけしからん」と書かれた出土品が何千年も前の遺跡から発掘された、というものだ。舞台はメソポタミアであったり、エジプトであったりバリエーションがあるのだが、一度は耳にしたことのある人も多いのではないだろうか。

19　出典で古い例は、一九三九年に初版が発行された柳田国男の『木綿以前の事』（岩波書店）である。「英国のセンス老教授」から聞いた話として、エジプトの古跡発掘で発見された「中世王朝の一書役の手録」に「この頃の若い者は才知にまかせて、軽佻の風を悦び」「嘆かわしい」と書かれていたと述べている。伝聞情報なのだ。英語

実はこの話自体、出典が怪《あや》しい一種の都市伝説なのだが、[19] 確かに昔の人が「近頃の若者はけしからん」と言っていてもおかしくない。

しかし注意しなくてはならないのは、ここで言う「若者」というのが、現代の僕たちが使用する「若者」とはかなり違った意味で用いられている可能性があることだ。まずは年齢区分の問題。たとえば古代ローマでは「青年（adulescentia）」が一五歳から三〇歳、「若者(juventus)」が三〇歳から四五歳を指していたこともあった。[20]

現代日本でも、「若者」の定義は揺れている。厚生労働省は雇用政策において「若年層」を一五歳から三四歳と定義しているし、政府の「青少年育成施策大綱」では一八歳から三〇歳未満を「青少年」として定義している。ＪＩＣＡの募集する青年海外協力隊の資格要件は二〇歳から三九歳である。何やら難しい話になってきた。

年齢以上に難しいのは、「若者」はいつ誕生したのかという問題である。

いやいや、若者なんて昔からいるだろう、と思うかも知れない。もちろん、昔から一〇代や二〇代は存在した。言葉としての使用例を調べても、かなり昔まで遡《さかのぼ》ることができる。「若者」であれば一二二〇年頃《ごろ》に成立した『平治物語』の中で「悪源太は二度まで敵を追出すぞかし。すすめや、若者」という掛け声が出てくるし、もう少し上品に「若人」であれば九七四年頃に成立した『蜻蛉日記』や一〇五九年頃に成立した『更級日記』に登場する。[21]

だけど問題は、そう単純ではないのである。現代日本で「若者」という言葉は多くの場合、

圏では紀元前八世紀ごろに活躍した古代ギリシアの哲学者ヘシオドスが言ったとされる「私が若い頃は慎み深く礼儀正しくしろと教えられたものだが、現在の若者は非常にずる賢く忍耐力がない」という言葉が流布している。複数の論文がPumpian-Mindlin, Eugene. (1965) "*Omnipotentiality, Youth, and Commitment*" *Journal of the American Academy of Child Psychiatry*. 4-1.を参照していたが、同論文に原典に関する情報は記載されていなかった。

20 Freschetti, Augusto. (1997) "Roman Youth" Levi, Giovanni and Schmitt, Jean-Claude. (eds) : *A History of Young People*. Cambridge, MA : Belknap Press.

21 『蜻蛉日記』には「我いまは老いにたりとて、わかうどもとめて、我をかんどうし給へるならん」、『更級日記』には「我はいとわかうどにあるべきにもあらず、又おとなにせらるべきおぼえもなく」という用例が出てくる。

個人的な人物ではなくて、二〇代くらいの世代全体を指す用語として使われる。たとえば、「最近の若者は車を買わない」という時の「若者」というのは、「二〇代から三〇歳くらいの日本人男女」を暗黙に想定している場合が多いと思う。

つまり「日本人で二〇代くらいの人々は、何らかの共通の特徴を持った集団である」ことが議論の前提になっている。これは、少なくとも江戸時代以前では考えられない。なぜなら、まさか誰も「二〇歳の農民」と「二〇歳の武士」を同列に語れるとは思わなかったからだ。

さらに、武士ならばいざ知らず、農民がどこまで日本という国家の存在をイメージできていたかは怪しい。だから江戸時代の村人が「今時の若者はダメだ」と言ったとしても、それはせいぜい「自分の村の若者は、俺らの頃よりもなっちゃいない」程度の意味でしかなかっただろう。

このように、今で言う「若者論」や「若者語り」ができるようになるには、いくつかの条件が整わなくてはならないのだ。当然、「若者」を主題に据《す》えた本書も「若者」をどう定義するかを考えなくてはならない。しかし、それが問題なのだ。どうすればいいか難しすぎて今でも迷っている。

なので、定義についてはじっくり考えていくとして、とりあえず日本での「若者論」や「若者語り」の歴史を見ていこう。ひとまず、研究者による「若者論」に限らずに、若者をある集団として語る言説を総称して「若者論」や「若者語り」と呼ぶことにする。

2　若者論前夜

若者が青年だった頃

今まで若者、若者と連呼してきたが（そしてこれからも連呼していくが）、日本で「若者」という言葉が広まったのは実はそんな昔ではない。だいたい一九六〇年代後半から一九七〇年代のことだ。それ以前は「青年」という言葉のほうが一般的だった。今でも国の白書などでは「青少年」という言葉が使われている。[22]

日本語の歴史としては「青年」よりも「若者」のほうが古い。ではなぜ一九六〇年代までは「青年」のほうが一般的だったのか。話は明治時代まで遡る。[23]

一八八〇年代中頃《なかごろ》、大日本帝国憲法の発布と帝国議会開設を控え、自由民権運動は停滞しつつあった。その頃、「新日本」と「青年」という言葉が流行し始める。当時の知識人は、一つの時代が終わり、そして新しい時代が訪れるという感覚を抱いていたらしい。その「新日本」を担う存在として、発見されたのが「青年」という存在だ。[24]

「青年」は、ただ年齢的に若いことを示す言葉ではなかった。「青年」ブームの中心を担っていたのが雑誌『国民之友』『日本人』の若い論者たちだ。彼らは文明開化に乗り遅れた「天保老人」をバカにする意味を込めて、「青年」という用語を好んで使用した。天保生まれ（一八

22　この本では、地の文では「青年」ではなくて「若者」という用語を使用する。

23　遡りたくないが、遡る。なぜならば既存の「若者論」を振り返る研究は、一九六〇年代以前に関してはほぼ無関心だったからだ。その意味で、限定的ながらも戦前の「若者論」を振り返ることに本章の意味はある。ただし「若者論」の境界設定の曖昧さ、資料の網羅性の問題に関しては今後の課題にしたい。特に明治・大正期の記述が手薄になってしまっている。

24　木村直恵『〈青年〉の誕生　明治日本における政治的実践の転換』新曜社、一九九八年。ただし一般に流通するきっかけになったのは一八八〇年に小崎弘道が「ヤングメン・アソシエーション」を「青年会」と訳したことだと言われている（多仁照廣『青年の世紀』同成社、二〇〇三年）。

三〇年から一八四四年）の頭が古い連中ではなくて、自分たち「青年」が、「新日本」を担うのだというのだ。[25]「青年」ブームは一八九〇年代初頭まで続いたようである。

こうした「青年」ブームは、大人による若者語りというよりも、もっぱら「青年」自身による自分語り（当事者言説）であった。しかもある程度の広がりを持った現象とはいえ、雑誌上に自分の意見を投稿できる一部のインテリ内での流行であった。

金持三代目の若旦那化する青年たち

明治末期から大正初期には、元祖若者バッシングが起こっている。今でも大人たちが眉《まゆ》をひそめる「若者と性」の問題だ。マラソンを教育界に導入したことが一部で有名な日比野寛《ゆたか》（四一歳、尾張藩）の『青年子女堕落の理由』（一九〇七年）や、日本住血吸虫症の研究で知られる病理学者・藤浪鑑《ふじなみあきら》（四七歳、尾張藩）の『青年と性慾』（一九一七年）など、若者の「性」がいかに乱れているかを論じる本が盛んに出版されていた。[26]

自由恋愛の流行や性病の蔓延《まんえん》にびびった大人たちが、青少年を「健全」に育成することが帝国日本の発展の大前提と考えたのである。もっとも「若者と性」批判が対象にしたのは主に都会に出てきた「上京遊学」の学生たちであって、内容的にも「オナニー有害論」といったものだった。[27]

伊藤銀月（三六歳、秋田県）の『現代青年論』も比較的早い時期に成立した青年論と言える。[28]

25　興味深いのは、彼らが具体的な政治運動に関わらないのを誇りにしていたことだ。小説は書くし、雑誌に意見は載せるし、趣味のグループも作る。しかし、実際に政治運動にコミットする若者を「壮士」と呼び、いつまでも「旧日本」に執着する時代錯誤な愚か者と見下した。それはもう明治政府の作った中央集権国家が完成しつつあったからだ。そんな国家に闘いを挑んでも仕方ないというのだ。シラケ世代ってやつ？

26　小松裕『日本の歴史14「いのち」と帝国日本』小学館、二〇〇九年。

27　赤川学『セクシュアリティの歴史社会学』勁草書房、一九九九年。

28　伊藤銀月『現代青年論』京華堂書店、一九〇七年。

ただし同書も「青年」そのものと言うよりも、「青年」というメタファーを使った「これからの日本論」というべき内容だった。

現在の僕たちの目から見て「若者論」と呼べる本の中で、大正期のヒット作を挙げておくならば、ジャーナリストの徳富蘇峰（五三歳、肥後国）の『大正の青年と帝國の前途』だろう[29]。徳富は明治時代から青年の遍歴を論じながら、大正の青年たちが愛国心に欠け、大きな野心を持てなくなったと嘆いてみせる。徳富によれば、大正時代の青年は「金持三代目の若旦那」に似ているという。もう日本という「帝国」の基礎ができてしまったがゆえに、若者たちがのほほーんと暮らしているというのだ。

もっとも「若旦那」にも色々いるようで、徳富は若者の人格五類型化を試みている。安定志向で、上の言うことを守り空気を読む〈模範青年〉、自己中で金持ちになることだけを目指す〈成功青年〉、自由競争の現代（大正）に「生きづらさ」を感じて何もできずにひきこもる〈煩悶青年〉、肉欲の奴隷となり退廃的な日々を送る〈耽溺青年〉、自分を持たずに付和雷同的にすべてに流される〈無色青年〉だ。宮台真司のように高度な統計分析を用いた「予期理論的人格システム類型論」[30]ではないが、現在でも通用しそうな五類型である[31]。

徳富の若者論は、思想家の吉野作造（三九歳、宮城県）によってすぐに批判されている[32]。インフラや社会保障などの整備さえも整わない中で、闇雲《やみくも》に「国家を愛せよ」とか抽象的なことを言っても、青年たちの反感を買うだけだというのだ。さらに、そんな雑な議論に飛びつくの

29　徳富蘇峰『大正の青年と帝國の前途』民友社、一九一六年。青年と国家を同時に論じた大作であり、本編だけで一六〇章、六四六ページもある。

30　宮台真司・石原英樹・大塚明子『増補　サブカルチャー神話解体　少女・音楽・マンガ・性の変容と現在』ちくま文庫、二〇〇七年。

31　ちなみに、長山靖生は徳富の見出した類型が現代の若者でいう「安定志向」「勝ち組」「ひきこもり」「おたく」「フリーター」と類似していることを指摘している（『大帝没後』新潮新書、二〇〇七年）。

32　吉野作造「蘇峰先生の『大正の青年と帝国の前途』を読む」『中央公論』一九一七年一月号。

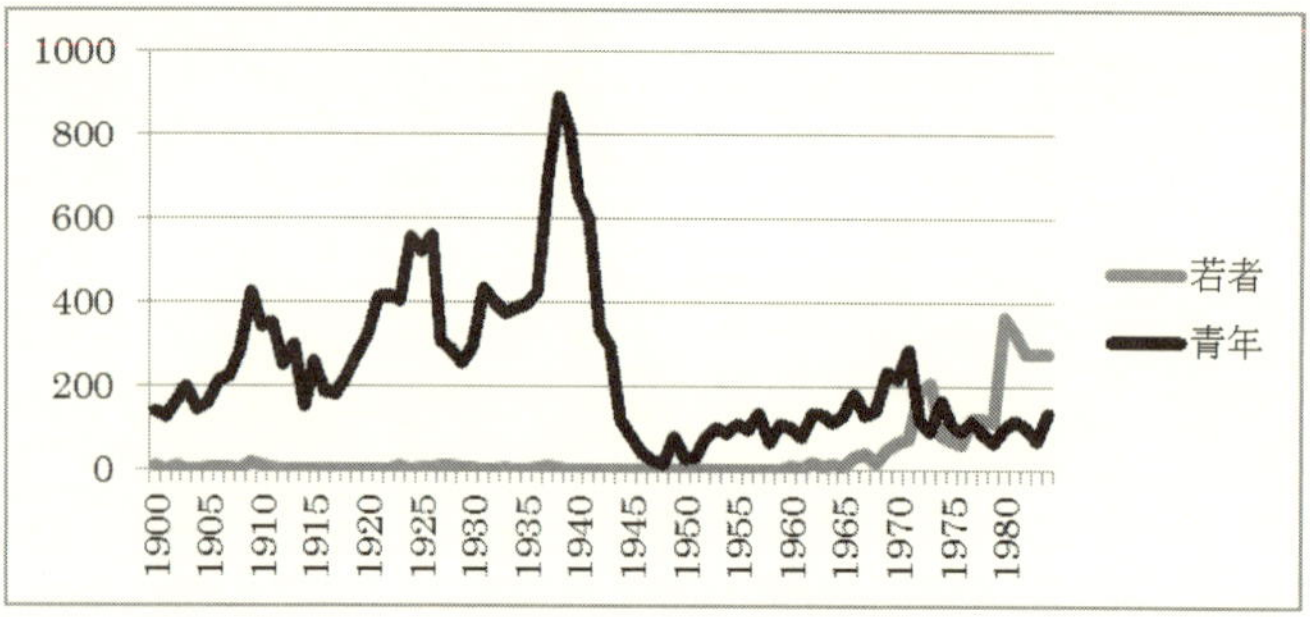

【図1】「若者」と「青年」の使用頻度の変化。朝日新聞電子版における「見出しとキーワード分析」によるヒット数をグラフ化した。広告を抜かし、同義語を含んでいない。

は老人か田舎者だけで、「国家の最も有力なる多少の見識を有する青年」には届かないと皮肉るのも忘れない。もはや一〇〇年近く前の論文だが、「伝統」を重んじる自称愛国主義者の方々にコピーを配って回りたくなる。

ただし、徳富の「青年論」はそこまでひどいものではない。つまり、「近頃の若者はけしからん」と一方的に断じるのではなくて、きちんと社会情勢の変化とともに若者を論じようとしている。また、そのような「青年」を生み出した国家への批判も忘れていない。

戦争が準備した若者論

日本において、世代としての「青年」を語るのが本格的に流行し始めるのは、一九三〇年代後半からである。新聞の記事にも、「青年」という言葉の使用頻度がこの頃急に高まる【図1】。

清水幾太郎（五一歳、東京都）も後に、当時は「青年論がジャーナリズムの大きなテーマであった」と回顧している。[33] なぜ一九三〇年代か。「近頃の歴史も知らない若者」以外はご存じだと思うが、日本では一九三七年に日中戦争が本格化し、一九三八年には第一次近衛内閣により国家総動員法が定められている。急速に日本全体が「戦争」に巻き込まれていった時代なのだ。

戦争というのは、人々にある種の「平等」をもたらす。[34] お金持ちであっても、貧乏人であっても、親が政治家であっても、犯罪者であっても、建前上は誰もが「お国のため」に戦わなければならない。そして、実際に戦地へ赴《おもむ》き、命さえも犠牲にする可能性があるのが二〇歳前後の若者たちである。もちろん、ここで言う「青年」とはほとんどの場合、男の子の話である。だから、この時代の若者論というのはもっぱら、「皇軍兵士」となるべき若者（男の子限定）たちを語ることであった。若者論は、語る人が「若い世代には共通の特徴がある」と思っていないと成立しない。戦争を前にした時、都会に住むセレブ男子も、貧村に住む残念男子も、誰もが平等に徴兵の対象者として「国民」になる。どんな生まれの人であっても、「平等」に「国民」のための「兵士」として語ることができるようになったというわけだ。[35]

つまり、戦争のもたらしたある種の平等幻想が、戦時下の若者論を準備したのである。

たとえば評論家の室伏高信《むろぶせこうしん》（四五歳、神奈川県）が一九三七年に出版した『戦争と青年』という本では、「青年」を「未完成者」として定義して、それを積極的に評価しようとする。[36] 戦時下という重大局面において「死の床」にある「老衰日本」を、「青年日本」の時代にし

33　清水幾太郎編『青年』有斐閣、一九五九年。

34　戦争や徴兵制が平等をもたらすというのは、あくまでも国家側、体制側のロジックである。実際にそれらがどのような「平等」を実現したかは様々な検討が加えられている（高田里恵子『学歴・階級・軍隊　高学歴兵士たちの憂鬱な日常』中公新書、二〇〇八年）。

35　一九三九年からは男子に対する義務教育が延長され、形式上は一九歳まで学校に通うことになった。それまでの義務教育は尋常小学校までだったので、早い人だと一〇代前半で労働市場に出ることになる。逆に帝国大学に進学するようなエリートは二〇代まで学生をしているわけで、一口で「若者」と言いにくい状況がわかると思う。

36　室伏高信『戦争と青年』日本評論社、一九三七年。

ていかなければならないからだ。そして「青年よ、戦え、戦え、この高度認識をもって」と、アジアを「解放」するための戦争を訴える。最後のほうでは作者も盛り上がってしまったのか、「愛の手をもって日本を抱擁し、情熱の火をもって若き日本を燃やそう」と、もうわけがわからない。

ちなみに作者の室伏自身は日本が負けそうになるとさっさと隠遁《いんとん》してしまい、戦後もテレビ論や大衆論などを書き活躍している。自分は死なない位置にいて、若者を鼓舞《こぶ》しているだけで、結局最後は逃げてしまう。なんていうか、都合がいい。このような「都合がいい」感じは、他の若者論にも通じるところがある。

青年賛美の青年雑誌

一九三八年に発刊された『大日本青年』という青年向けの雑誌を見てみよう。ブックレビューコーナーに『日本書紀』を取り上げたり、「娯楽のページ」に掲載される「時局漫才」のテーマが「徴兵検査」であったり[37]、戦時中らしいファンキーな雑誌だ。出版は現在の毎日新聞社なので、そこそこメジャーな雑誌であったのだろう。

同誌では毎号のように大物政治家が登場し、「青年諸君」に対してありがたい言葉を述べている。たとえば当時海軍大臣だった米内《よない》光政（五八歳、岩手県）は「現下の重大時局に際して、国民の中堅層を成す青年諸君にまつところのものは極めて多い」と若者にエールを送る。「青

37 「時局漫才」は日本太郎と愛郷花子の以下のようなやり取りで構成されている。花子「あなたのように眼鏡をかけていては、合格はあやしいものです」太郎「眼鏡は大丈夫、甲種合格です」花子「それは甲ケッコウなんですか?」太郎「ええ、鼈甲眼鏡なんです」（『大日本青年』一九三九年一月一日特大号）。

年諸君に望まねばならぬことは、如何なる困窮に遭遇しても自分を信じ十分の自信を持ち、一方理智を働かせつつ所期に向かって邁進することである」とも言っている。[38]

同様に司法大臣だった塩野季彦《すえひこ》（五八歳、長野県）は「大陸建設のためにこの聖戦を遂行するは、我等の光栄ある義務であり、我等の責任」であり、「青年諸君は今後完成せらるべき大業を担うことを我等とともどもに光栄とするであろう。起てよ青年諸君！」と発破《はっぱ》をかけている。[39]

内務大臣の末次信正《すえつぐのぶまさ》（五八歳、山口県）も「一国の青年は常に「次の時代」という大きな荷物を担っている」とやはり若者を持ち上げる。そして「日本伝統の国体観念に透徹し、かつこれを実践」しろと励ます。[40]その「国体観念」が何なのかは書いてないけど。

興味深いのは、彼らが「近頃の若者はわからん」と一方的に断じるのではなく、「日本の未来は若者にかかっている」という論法で若者に期待をしている点だ。いわば「物わかりのいい大人」たちなのである。

陸軍大将の菱刈隆《ひしかりたかし》（六七歳、鹿児島県）の語り口は、まさに「物わかりのいい大人」そのものだ。

昔の青年と、今日の青年と比べて、昔の青年はこうだったとか、あるいは、昔の青年は、こんなにも偉かったという風に、話をする人があるが、わしは、あれには反対じゃ。昔の青年の

38 『大日本青年』一九三八年五月一五日号。
39 『大日本青年』一九三八年一〇月一日号。
40 『大日本青年』一九三八年九月一日号。

例を引き合いに出して、今の青年を責めては、可哀想でならぬ。昔と今では、時代がまるっき り違っておるのじゃ。[41]

まあ、物わかりがいいフリをして当然なのかも知れない。何せ、彼らが期待する若者たちは、大日本帝国のために命を犠牲にしてまで戦ってくれる貴重な資源なのだから。

狩られる若者たち

もちろん、その薄気味悪さに気付いていた若者もいた。

あの有名な『きけわだつみのこえ』から、執筆当時二〇歳だった学生の手記を見てみよう。彼は一九四二年に京都大学に入学するものの、一九四三年に入営、一九四五年にミャンマーで戦死した。二二歳だった。

ジャーナリズムや世間では何んのかんのと騒ぎ立ててくれますが、むしろ僕たちは有難迷惑を通り越して、密かな憤懣を憶えて来ます。学徒出陣などと言う人々が、数年前学生狩に賛成した事を思えば、今更ながら世間の人が、僕たちが各各心の中で真剣にして来た事は問題にせず、中途にして入営するという事、いわば身分の変化という点しか見ていない事を痛感しています。ジャーナリズムに踊らされている学生も一部にはあるにはありますが、何といっても学

41　『大日本青年』一九三九年一月一日特大号より。ただし菱刈は後半でいきなり「今日の青年に欠けているのは、何であるかといえば、鍛錬の足らぬことじゃ」と言い始めており、ただの調子がいいだけの人なのかも知れない。

生狩の頃の僕たちとこのたびの僕たちが同じ人間である事を、少しも見ていないのですね。[42]

彼の言う学生狩りとは、一九三八年に警視庁が実施した喫茶店、映画館、ダンスホールへの手入れである。

授業をサボっていると見なした学生たちを検挙、改悛《かいしゅん》誓約書を書かせた後に、皇居に向かって敬礼をさせたのだ。二月の学生狩りでは三日間で三四八六人も検挙されたという。総動員体制の最中、徴兵の義務を免れている学生がカフェでサボっているとはけしからん、というわけだ。

当時、学生狩りはその是非を含めて社会的な論争にまで発展していた。たとえば早稲田大学の学生たちは、学生狩りに抗議するとともに、自治会を設置し盛り場へ行くことの自粛自戒を呼びかけた。また国家側の対応も一枚岩ではなく、当時の文部省は防犯だけではなく風紀まで警察が取り締まることに対して抗議をしている。[43]

戦時下のリア充批判

まあ、結局学生狩りに対する様々な議論は「時局の重大」という言葉で片付けられてしまうことが多い。[44] 当時の新聞の読者欄を見ても、この「時局」に学生たちが「安月給取りなど足許にも及ばぬようなメリケン好みのオーバー」を着て「喫茶店、麻雀、ダンス」などを楽しむ、

42 日本戦没学生記念会編『新版きけわだつみのこえ　日本戦没学生の手記』岩波文庫、一九九五年。

43 「行過ぎた学生狩　文部省が抗議」『朝日新聞』一九三八年六月一八日東京夕刊。

44 「要は学生のために」『朝日新聞』一九三八年六月二二日東京朝刊。

さらには「女と手を組んでのアベック闊歩」という「醜態は言語道断」という投書が掲載されている。[45]

これは、今の言葉で言えば「リア充」批判と言ってもいいだろう。リア充とは二〇〇七年頃から流行したインターネット発の用語で、リアルな生活が充実している人や、その状態を指す。具体的には、恋愛や仕事で忙しい人がよく「リア充」と呼ばれる。現代でリア充批判をしてもただの僻《ひが》みにしか聞こえないが、戦時中は「重大な時局」という言葉をつけるだけで、一気に戦争賛美の素晴らしいメッセージになったのである。

このように、戦時下の若者論とはいえ、若者礼賛一色というわけではない。特に大学生に対する批判の声は大きかったようだ。哲学者の三木清（四〇歳、兵庫県）が「学生の知能低下に就いて」という有名な論文を一九三七年五月の『文藝春秋』に発表している。「事変後の学生」、すなわち満州事変後に高校に入った学生は、「知能」が低下しているというのだ。「昔の高等学校の生徒は青年らしい好奇心と、猜疑心と、そして理想主義的情熱をもち、そのためにあらゆる書物を貪り読んだ」という。多分、ご自身のことだろう。

しかし今の学生は「殆ど何等の社会的関心も持たずにただ学校を卒業しさえすれば好い」という気持ちで学校にやってくる。そこで増加しているのは「キング学生」だ。「キング学生」というのは、講談社の発行していた大衆娯楽雑誌『キング』しか読まない学生のことだ。今から見れば文字が多い雑誌で、こんなものを友達が読んでいたら僕は尊敬してしまうのだが、当

45 「読者眼　不良学生狩り」『読売新聞』一九三八年二月一九日朝刊。

然三木は『キング』をバカにしている。

「分数もできない東大生」など「大学生の学力低下」はつい最近も話題になったばかりだが、その議論の原型を三木の論文には見ることができる。[46]

ノスタル爺たちの嘆き

三木と似たような学生批判を評論家の大宅《おおや》壮一（三六歳、大阪府）も書いている。[47] 最近の学生は専門知識以外の知識や思想が欠如しており、内省も乏しい。功利的な「類似インテリ」学生が氾濫《はんらん》しているというのだ。

『日本評論』という雑誌の座談会に登場する新聞記者は次のように述べている。「昭和六七年の所謂社会運動の盛んな頃には、大学というものが非常に非難されたけども、人間としてはあの時分の学生は今の連中よりはできていると思うな。今の連中は型に嵌って、今のは何だか官吏の息子さん達のような感じがしますね」と。[48]

実は、これらの議論は昭和初期に盛り上がった左翼運動を懐かしんでいるのである。[49] 大正デモクラシーなどの影響を受けて、大正時代にはマルクス主義や社会主義がエリート学生にも受容されていた。さらに、昭和初期には「左傾学生」の増加が社会問題になっている。学内でデモをしたり、ビラを配ったり、そこそこの盛り上がりを見せたようだが、「仲間はずれになるのが嫌」で参加した学生が多かったことも、その後の研究で明らかになっている。

46　ただし三木の名誉のために言っておくと、彼が行っているのは単純な学生バッシングというよりも、教育当局への批判でもある。批判力の養成を怠り、官僚主義的でテストの点数がいい学生ばかりを最近の教育行政は育成しているというのである。

47　大宅壮一「類似インテリの氾濫」『中央公論』一九三七年三月号。

48　「座談会　若きインテリは語る」『日本評論』一九三八年九月号。

49　竹内洋「『左傾学生』の群像」竹内洋・稲垣恭子編『不良・ヒーロー・左傾』人文書院、二〇〇二年。

つまり、三木たちの若者論は、自分たちが若かった時代にはまだ左翼運動や学生騒動があり、その頃の学生は「人間としてできていた」が、今の学生は「知能を低下させている」という、ある種のノスタルジーなのである。そういえば、最近似たようなお説教を全共闘世代のおじいさんから聞いたような気がする。

さらに付け加えるならば、一九三〇年代後半に起こったのは「大学の大衆化」と「教養ブーム」である。当時は徐々にではあるが大学生が増え始めた時期であり、「帝大生」と「私大生」との差異化が当事者たちの間で起こっていた。「勉強しないでも入れる私立学校が悪い」という風に学生を十把《じっぱ》一絡《ひとから》げにするなという類の議論だ。[50]

また、一九三六年から一九四一年にかけて全一二巻の「学生叢書」というシリーズが刊行され、当時としてはベストセラーになった。同シリーズ内の『学生と教養』は発行から三年で二四刷、『学生と生活』は三年半で三三刷、『学生と読書』は一年で二万九〇〇〇部売れた。[51]「学生叢書」はいわば教養マニュアル本だ。学生が読むべき本や、文章の書き方などをわかりやすく知ることができる。

この「教養ブーム」によって、それまで教養に興味がない人でもにわか教養人になった人も多く、それが自称真のインテリたちは気にくわなかったのだろう。これも、二〇一〇年のサンデルが流行していた時に東大でよく見かけた光景である。

50 高田里惠子『学歴・階級・軍隊　高学歴兵士たちの憂鬱な日常』中公新書、二〇〇八年。

51 竹内洋『教養主義の没落　変わりゆくエリート学生文化』中公新書、二〇〇三年。

自由主義の悪習が若者をダメにした？

若者バッシングと「若者は希望」論の中間に位置するのが、九州帝国大学教授で文学博士だった鹿子木《かのこぎ》員信《かずのぶ》（五三歳、東京府）の議論だ。

彼は若者に「大アジヤを導け！」と期待しつつ、「民主的風潮」や「自由主義」の影響を危惧する。第一次世界大戦後の「世界悪風潮の衝撃」により、「民主主義風潮に乗じ、ひいては自ら自由主義的態度に顚落し、日本青年としての鍛錬、陶冶、学問に欠くるところが甚だ多かった」という。[52] そこで当時の青年たちに「服従に努めよ！服従を学べ！」と訴えかけている。

七〇年以上も前の論考なのに、なぜか既視感があると思ったら「戦後民主主義」批判に似ているのだ。もっと既視感たっぷりなのは、年配者に席を譲ることを躊躇《ちゅうちょ》する若者を嘆く劇作家の岸田國士《くにお》（四九歳、東京府）である。[53]

岸田によれば、日本は「大正以来、様々な風潮の送迎に、国民は進むべき目標を失った」。「西欧的」と「近代的」を誤解した。そして「西洋の思想」も「わが国古来の風習」もただ表層だけを受容すればよいとなってしまった。その最たる集団が若者であるという。これも「大正」を「敗戦」に直せば、今でもばっちり通用する。

どれだけ彼らの「若者語り」が現代と変わらないかを確認するために、二〇〇七年に発行された教育学者の野口芳宏《よしひろ》（七一歳、千葉県）というおじいちゃんの「若者語り」を見ておこう。野口おじいちゃんによれば「若者の混乱や崩れ」の原因の一つは「戦後民主主義」であるとい

52 『大日本青年』一九三八年五月一五日号。

53 岸田國士「風俗の非道徳性」『文藝春秋』一九四〇年六月号。

う[54]。

そして戦後教育が「戦後民主主義の風潮に惑わされて、自由、平等、個性、ゆとりなどの美辞、甘言のはらむ危うさに気づく深い思慮を怠った」ことにため息をついている。「戦後民主主義」を「第一次世界大戦後の自由主義」に置き換えれば一九三〇年代でも立派に通用しそうな古典的若者論だ。古典としてぜひ図書館の書庫奥深くに封印してしまいたい。

「異質な他者」と「都合のいい協力者」

この頃までに、現代に通ずる若者バッシングの基本的なパターンは登場していることがわかると思う。がっかりするほど、一九三〇年代から進歩していない。基本的にバッシングは二パターンだ。一つ目は自分や自分たちの時代と比べて、今の若者はダメだというパターン。若旦那批判や左翼学生批判などだ。二つ目は、若者が羨《うらや》ましくて、今の若者はダメだというパターン。「リア充学生」批判などがそれに当たる。

両者に共通するのは「若者」を自分とは違う「異質な他者」と断じていることだ。自分たちとは違う他者であるからいくらでも批判できるし、彼らを批判することで自分たちの優位性を高めることができる。

ここで、政治家たちが「物わかりのいい大人」を装い、「若者は希望だ」と言っていた理由も明らかになる。

54 「快刀乱麻　日本教育技術学会名誉会長・野口芳宏　学校が家庭を弱くした」『産経新聞』二〇〇七年二月一九日東京朝刊。

「物わかりのいい大人」たちは実在する若者の話をしているのではなく、理想の若者の話をしていたのである。理想の若者像なのだから、自分と比べる必要もないし、羨ましがる必要もない。むしろ、彼らが属する大日本帝国のために命まで捧げてくれる予定なのだから、それは「異質な他者」というよりは、「都合のいい協力者」なのである。

「都合のいい協力者」、それは名目上「こちら側」に属する人々である。だから、彼らが死ねば靖国神社にも国を挙げて奉るし、英雄（英霊）の身分さえも約束する。ただし、実質上の「こちら側」ではない。「若者は希望だ」という政治家本人は戦地に行くわけではないし、希望であるはずの若者に権利を与えるわけでもない。選挙権でさえ、与えられていたのは二五歳以上の男子だけであった。

象徴的な本が、情報局情報官として言論統制に暗躍した鈴木庫三《くらぞう》（四七歳、茨城県）の書いた『国防国家と青年の進路』だ。彼は同書で、大東亜共栄圏の確立の必要性と、いかに青年の存在が重要かを熱く説く。[55]

鈴木によると現代（一九四一年）は江戸時代が残した「自我功利という錆」と「明治以来、欧米から輸入された個人主義、自由主義、民主主義等の思想」が結びついて、大日本帝国には「思想的な感染病」が蔓延しているという。そこでまだ若いが故に、「比較的病が軽」い若者たちが「国家の期待」であり、「大東亜の建設」には若者たちが不可欠だというのだ。

「民主主義」や「自由主義」といった「西洋」の思想のみならず、江戸時代まで否定してしま

55　鈴木庫三『国防国家と青年の進路』大日本雄弁会講談社、一九四一年。マッチョな半裸男子が自己陶酔したような目線で、遥か彼方を指さす表紙が印象的な本だ。さすが大日本帝国とともに戦争を盛り上げた講談社の本だけある。ちなみに鈴木庫三が「言論統制の悪玉」とされるのは戦後定着したイメージであり、実際は教育熱心な人だったらしい。戦後は熊本で公民館の館長をして過ごしている（佐藤卓己『言論統制　情報官・鈴木庫三と教育の国防国家』中公新書、二〇〇四年）。

うのは興味深いが、鈴木の語っている若者が、「非実在青年」であることがわかる。彼が礼賛するのは、まだどこにも存在しない若者なのである。

現代も続く「都合のいい協力者」論

やっぱり戦争って怖い、「若者は希望だ」とそそのかして、戦地に送るなんてありえない、と思っただろうか。だが、このロジックは戦時中に限ったものではない。現代でもよく目にするものなのだ。

たとえば、戦時中の「若者は希望だ」論は、一九九〇年代の起業家政策とよく似ている。バブル崩壊後、日本は起業数の増加を目指し様々な政策を打ち出してきた。政財界から発信されるメッセージを見てみると、起業家という存在は日本経済の救世主であり、雇用創出も担いながら、「公」や倫理観を大切にしつつ、失敗した場合は自己責任を負う存在として規定されてきた。[56] まさに起業家は「都合のいい協力者」である。

起業家に限らず、現代にも政治家や経営者、文化人まで「若者に頑張ってもらいたい」という大人は多い。そのこと自体は、歓迎すべきことなのだろう。僕自身も、若いという理由だけで様々な恩恵を受けてきた。こんな本を出せるのも、まさに僕自身が若者だから、だろう。

ただ、「若者は希望だ」論は、時には暗黙の内に、若者を「都合のいい協力者」と見なしていることがある。若者に、権利や具体的な恩恵やチャンスを与えずに、ただ「頑張れ」とだけ

56　古市憲寿「ポスト1991」『g2』vol.6　二〇一〇年。

叫ぶのは無責任以外の何物でもないと思う。まあ、皇軍兵士になった若者と違い、現代日本で起業をしても、よほどのことがない限りは死なないだけマシだけど。

3 焼け野原からの若者論

オトナにはチョット理解できないアプレ犯罪

長かった戦争もようやく終わった。

「人生二〇年」が若者たちの合言葉だった時代が、終わった。

戦後すぐの流行語に「アプレゲール」（略称「アプレ」）がある。「アプレゲール」とは「戦後」を意味するフランス語だが、戦争直後の若者たちの総称として用いられた。そこには虚無的、退廃的といったニュアンスが込められている[57]。

「アプレ」という言葉を一躍《いちやく》流行語にしたのは、光クラブ事件である。東大生だった山崎晃嗣《あきつぐ》（二四歳、千葉県）は貸金業者「光クラブ」を開始、東大生社長の会社としてもてはやされた。しかし物価統制令違反容疑で摘発されると資金繰りに行き詰まり、債務不履行を起こした彼は二七歳で自殺してしまう。「貸借法すべて精算カリ自殺」という斬新な遺書も話題になった。

光クラブ事件は「アプレ犯罪」と命名される。その後も「アプレ犯罪」（と命名された事件）が相次ぐ。「アプレ犯罪」語りは流行した。佐原六郎は「アプレゲールの社会学」という新聞

57　ただし、「アプレ」は単純な若者バッシングの用語でもなかった。当時一八歳だった少年は、「われわれはアプレかも知れない。しかしこれからの世界を背負っていくのはわれわれなのだと思う」と宣言し、「僕はもっと勉強したい。本当のアプレの姿をつかむために」と言っている（『朝日新聞』一九五五年一月八日東京夕刊）。新聞に投書を送ってしまうくらい教育水準が高くて、自意識も高い若者は昔から「自分探し」をしていたようだ。

論説で、戦争後に起こった混乱状態が強盗犯の増加や闇市などの犯罪の一因であると指摘している。[58] 思想の科学も一九五一年に『戦後派の研究　アプレ・ゲールの実態記録』を出版している。

一九五三年には『読売新聞』によって「アプレ犯罪白書」という特集が組まれた。[59]「オトナにはチョット理解できないアプレ的犯罪」が相次いでおり、「その動機、もしくは手口においてあきれるほど非常識なバカバカしさ」を含んでいるのが特徴であるという。そしてこの「青少年層の〝世代の秘密〟を明らかにすることが「オトナに課せられた大きな仕事」らしい。執筆記者は「オトナ」のはずなのに、随分《ずいぶん》軽い文体で微笑《ほほえ》ましい。

同記事によると「アプレ犯罪」の特徴は、「犯行の動機がアイマイか無動機で行為が極端に衝動的なこと」だという。記事には、大宅壮一先生（五二歳、大阪府）のありがたいコメントまでついている。大宅先生によると「アプレ犯罪」が増えた理由は「生活の文法」が乱れたためらしい。「昔は社会にはシツケというものがあった。秩序正しい社会訓練である。これがなくなった」。そのため今時の若者は「マージャンやろうといった気持で人殺しをやる」らしい。

ちなみに、一九〇〇年生まれの大宅先生の「昔」がいつかは知らないが、戦前にも一八歳の少年が九人を連続殺害したり（一九四二年）、一四歳が幼女二人を殺してから死体レイプをしたり（一九三九年）、二〇歳が何人殺せるかを試すために家族五人を殺したり（一九三四年）、一四歳が教室内で同級生の胸や腕をナイフでめった刺しにして殺害したり（一九三二年）、二〇歳が

58 「アプレゲールの社会学　3つの現象を診断する」『読売新聞』一九四九年一二月一〇日。
59 「アプレ犯罪白書」『読売新聞』一九五三年八月三一日朝刊。

女遊びでお金を使ってしまい資産家を強盗殺人したり（一九二八年）、一七歳の僧侶が近所の女の子をレイプ殺人したり（一九二七年）、不可解で凶悪な犯罪がとにかくたくさん起きていた。[60]

社会学も若者論に参入！

一九五三年に初の社会学者による本格的若者研究『青年社会学』が出版された。[61] 複数の著者による論文集なのでレベルの差はあるが、現代の社会科学の水準と比べて遜色《そんしょく》のない（むしろ上?）内容となっている。基本的には欧米圏の青年研究を参照し、それを日本の具体的な事例に当てはめるという内容になっている。今と一緒である。

ただ興味深いのは、「青年」が実に多様な存在として描かれていることだ。編者は世代としての若者の共通の特徴を描きたかったようだが、実際の内容は「都市の青年」「農村の青年」「非行青年の集団」と言ったように、はじめに細かいセグメンテーションがされた上での分析となっている。

当時の（良識的な）社会学者たちには世代としての「青年」を論じることが無理だったのである。なぜならば、同じ「青年」であっても、その内実があまりにも多様だったからだ。

一九五〇年の時点で日本の都市人口は四割に満たなかった。日本人のほとんどは農村に住んでいたのである。農村に住む若者と、都市に住む若者の生活スタイルはまるで違った。そして都市に住む若者といっても、その多くは工場労働者であり、さらに金属機械工業に従事する若

60　管賀江留郎『戦前の少年犯罪』築地書館、二〇〇七年。ただし、現代と比べて戦後のほうが、少年による凶悪犯罪率が高かったのは事実である。一九五四年には一九歳以下の少年凶悪犯の検挙数が四三六七人、殺人だけでも四〇四人検挙されている。凶悪犯罪のピークは一九六〇年代で、その後は劇的に凶悪な少年犯罪は減少し続けた（土井隆義『〈非行少年〉の消滅個性神話と少年犯罪』信山社、二〇〇三年）。二〇一〇年に殺人事件で検挙された一九歳以下は四六人で、一〇年前の二〇〇〇年と比べても約半数になっている（「平成二二年の犯罪情勢」警視庁）。

61　それ以前に社会学者が若者を主題とした論考として、武田良三「『周辺人』の社会学青年と文化の問題」『理想』（一九四七年）がある。武田は若者を「周辺人（marginal man）」と規定し、その分析を試みた。とはいえ、ほとんどエッセイである。

者と紡績業に従事する若者では、生活スタイルも男女比もまるで違った。

　東京では家出高校生が集団で旅館を泊まり歩き、ダンスホールに出入りして、遊興費に困り窃盗団になった「桃色グループ」が話題になる一方、農村には中学卒業後すぐに農林業に従事する若者が多く存在した。そんな時代に、現代のように「若者は○○だ」とたやすく言い切ってしまえるわけがないのである。

　一方で、心理学は戦前から積極的に若者研究を行ってきた。それは当時の心理学が「青年」という「生物学的な世代」を分析対象としたためで、「社会」との関連性を重視する社会学と違い、若者間の格差を考慮しなくて良かったためだと考えられる。確かに、「生物学的」には都会の若者も農村の若者も同じ「若者」である。[62]

お客様としての若者の誕生

「アプレ」からやや遅れて世間を賑《にぎ》わせたのが「ティーン」（一〇代）だ。「アプレ」よりもさらに若く、敗戦経験を持たないという点で「アプレ」と区別される。[63]今（二〇一一年）の七〇歳くらいの人たちにあたる。

　当時の新聞は「ティーン・エイジャー」を、映画『十代の性典』を見て、恋人がいて、食事中にもジャズを口ずさみ、果てにはジャズ楽団を作って演奏旅行をして、スポーツに夢中になり、人気女優のサインを集めて小さな虚栄心を満足させている存在として描く。あんまりそん

62　たとえば慶應の図書館で見つけた牛島義友『青年の心理』（巌松堂、一九四〇年）を読んでみると、海外の心理学者の説を参照しながら「自我意識の発生」や「反抗期」などについて「生物学的」に淡々と述べられている。日本の事例にも触れているが、インフォーマントは著者の勤めていた津田塾大学の女子学生のみである。だいぶ偏った「青年の心理」だ。ちなみにこの本、僕の一つ前の貸し出し記録は一九四五年一月二三日だった。このペースでいくと次に貸し出されるのは二〇七五年頃になるだろう。
63　難波功士『族の系譜学　ユース・サブカルチャーズの戦後史』青弓社、二〇〇七年。

な一〇代想像できないが、大人にはそれが「これがティーン・エイジャーのありのままの生態」に見えていたのである。[64]

注目したいのは、その「ティーン・エイジャー」の特徴とされる行為がほぼ消費と結びついている点である。映画にしてもジャズにしても、楽しむためにお金が必要だ。

それは、一九五〇年代中頃、マーケットやメディアが消費主体（お客様）としての「ティーン・エイジャー」を発見したと言い換えてもいい。「若者はお客様」論の誕生だ。

そりゃ、企業としては一番人口が多い年代をお客様にするのが賢い。人口比的に見れば、一九五〇年代は今とは比べものにならないほど「若い」社会であった。一九五五年の時点で総人口の二〇・三パーセントが一〇代であった。[65]

アパレル業界による「ティーン・エイジャー」向けのファッションショーも開かれている。「エリもとをつめ、ソデ口をしめて若い愛らしさ」を出したというマントみたいな部屋着や、「タイトではなくプリーツかフレヤーでのびのびした感じ」のスカートや「きどったもの」ではない帽子などが出展されていた。[66]

「ティーン」はマーケットにとっていいお客様であると同時に、大人たちから期待され、そして羨ましがられる存在でもあった。東京教育大学教授だった河盛好蔵《かわもりよしぞう》（五六歳、大阪府）は「アプレ」と違い、「ハイ・ティーン」は戦争時は幼少であり、戦争直後の混乱期の影響も受けていないと指摘する。彼らは、天皇制や家父長制といった「さまざまな束縛」から「きわめて自

64 「黙示録　ティーン・エイジャー」『読売新聞』一九五三年一〇月五日朝刊。

65 内閣府統計局「昭和30年国勢調査」。

66 「ティーン・エイジャーのための服」『読売新聞』一九五五年一一月二四日朝刊。この記事を見ると、ティーンが大人と同列の完全な消費主体というよりも、「大人」と「子ども」の中間的な存在であることがわかる。

然に、大した苦労もなしに免れている」という。[67]「私たちの時代とは比べものにならぬ自由をえている彼ら」に期待しつつも、羨ましいような、憎らしいような論調だ。

戦争後はある種、若者バッシングが一番難しかった時代だとも言える。戦前であれば「満州事変前の学生は素晴らしかった」とか「第一次大戦後の自由主義の風潮がダメにした」のように、「ある時点までは良かったが今はダメ」という論法が使えた。

ところが敗戦によって、日本はそれまでの価値観を廃棄せざるを得なくなった。というか、多くの人は喜んで廃棄したのだが、[68]そうなるとどうやって若者を叩けばいいのかわからなくなる。「アプレ」の場合は犯罪者としての若者に代表性を持たせることで、なんとか若者叩きができていた。

ところが「ティーン」はお客様だ。そして当時の日本人が否定すべき戦前の価値観にも染まっていない。だから「ティーン」を批判するには、何らかのロジックを考えなくてはならない。けっこう大変なのだ。[69]それを思えば現代はいい時代だ。「戦後民主主義」が七〇年近く続いたおかげで、堂々と「戦後民主主義が日本人をダメにした」と言えるのだから。

石原慎太郎が若者だった頃

ようやく若者バッシングの格好のネタが登場した。「太陽族」だ。一九五五年、石原慎太郎（二三歳、兵庫県）が『太陽の季節』で芥川賞を受賞、同作はすぐに映画化され社会現象にまで

67 「若い日本　堅実になったハイ・ティーン」『読売新聞』一九五九年三月三〇日夕刊。

68 ジョン・ダワー著、三浦陽一他訳『増補版　敗北を抱きしめて　第二次大戦後の日本人』岩波書店、二〇〇四年。

69 教育現場や家庭でも混乱が起きていて、「お母さんは古い」と言われてしまうと、たじたじになってしまう大人も多かったようだ。たとえば慶應義塾中等部編『男女共学とその導き方』（岩崎書店、一九五〇年）には、子どもに「頭が古い」と言われた親が、どのように対応すればいいかという指南が掲載されている。

なった。「太陽族」という、『太陽の季節』で描かれたような既成の秩序にとらわれない行動やドライな感性が社会に衝撃を与えたらしい。

ちなみに芥川賞を受賞した翌年には、恐ろしいことに彼に原作・脚本・出演をすべて託した『日蝕の夏』という映画まで公開されている。

石原慎太郎（七八歳）は今となっては「若者には、自衛隊、警察、消防、青年海外協力隊といった、「人のために肉体を酷使する」職業につかせて、1年間拘束すればいい。公に奉仕しながら心身を緊張させることで、脳幹という感情を司る部分が鍛えられる」[70]とご立派なことを言っているが、当時の社会がいかに石原という「若者」にチャンスを与えていたか忘れているのだろうか。もちろん、忘れてると思うけど。[71]

テレビ普及前の日本において最大のマスメディアだった映画を通して、「太陽族」は全国に広まっていった。[72]サングラスにアロハシャツ、「慎太郎刈り」という、今はもう場末の海水浴場にしかいないスタイルが流行したらしい。

『太陽の季節』はじめ一連の「太陽族映画」で問題になったのは、当時としては過激な暴力表現や性描写だ。結果的に立法化は断念されたが、文部省はどうにかして未成年に映画観覧を制限できないかの検討を重ねていた。新聞では、「太陽映画で興奮した少年」が劇中の「恋愛場面刺激され」五歳の少女に暴行を働いたという記事がこれ見よがしに大きく掲載されている。[73]「太陽族」関連の犯罪が相次いで報道され、果てには「服装といい、からだの線からくる感じ

70　「緊急直言　親の死を隠し、弔うことをしなくなった動物以下の日本人に処方する「劇薬」」『SAPIO』二〇一〇年一〇月一三・二〇日号。

71　ちなみに石原慎太郎は当時から不遜だったようだ。新聞には当時の「あつかましい活躍ぶり」が苦虫を噛み潰したような文体で描かれている。ロケハンも衣装合わせも全部自分で仕切り、意気込みを聞かれても、次の長編小説のための休息とうそぶいている（『読売新聞』一九五六年七月一二日夕刊）。

72　「太陽族」と同時代に青春期を過ごしたある新聞記者は、「太陽族」を「古いモラルを打破し、大人たちに立ち向かう」姿が「かっこよく、新鮮そのものの感じだった」と懐古している（「豆鉄砲」『読売新聞』一九七三年八月一二日朝刊）。

73　「映画館で幼女襲う」『読売新聞』一九五六年八月二五日朝刊。

といい、注意したほうがいいですよ」と、「見た目で人を判断しましょう」という現役刑事のアドバイスまで載せられている。[74]

「連中にオキュウを」

一九六四年頃には「みゆき族」がメディアを賑わせた。「みゆき族」とは、銀座みゆき通りで、ロングスカートやアイビーファッションに身を包み、大きな米袋を抱えてたむろしていた若者のことだ。

って、米袋！　「カッコいいからさ。あたしたちの独創よ。だって、パリにお米屋ないもん」というのがその理由らしい。[75]

興味深いのは「みゆき族」が警察の取り締まりにあっていることだ。一九六四年九月、みゆき族の一斉取り締まりが行われた。といっても彼女たちはただ銀座の通りを歩いているだけなので、当然道交法でも軽犯罪法でも取り締まれない。

そこで学校が終わり、彼らが集まる土曜日の午後に一斉補導に踏み切った。「街頭にたむろする若者をバリバリ補導しては〝特別仕立て〟のマイクロバスで続々警察へ」送り、「もう盛り場をうろついたりしません」という誓約書を書かせたという。みゆき族たちは「なんにも悪いことしないのになあ」とぼやきながらも、素直に補導に応じたという。[76]

一斉補導の理由を「勉強も仕事もしないでグニャグニャしてる連中にオキュウをすえるこ

74　「10代　太陽族」『朝日新聞』一九五六年七月二七日東京夕刊。

75　「サザエさんを探して」『朝日新聞』二〇一〇年二月六日朝刊。みゆき族を扱った当時の「サザエさん」では「男性の女性化」という台詞が登場しているという。その意味で、「みゆき族」は草食系男子の先駆けでもあった。また、みゆき族と言ってもそのファッションは多様で、全員が米袋を持っていたわけではない（難波功士『族の系譜学　ユース・サブカルチャーズの戦後史』青弓社、二〇〇七年）。

76　『朝日新聞』一九六四年九月一三日朝刊、同九月二〇日朝刊。

とだと、当時の少年課の刑事は語る。「学生狩り」と違って皇居に向かって敬礼はさせられなかったが、一九四〇年頃にも見たような光景である。おかしい。一九六〇年代にはすっかり「戦後民主主義」が根付いていたはずなのに。[77]

もちろん「みゆき族」狩りの理由ははっきりしている。一九六四年一〇月開催の東京オリンピックだ。世界中から注目を集める国家的イベントの開催される東京、しかも銀座という大人の街に米袋を持った若者がいたのでは雰囲気を壊すというのだ。こうして、我が国初のストリートファッションは一夏で消え去った。[78]

「若者」誕生まであと少し

「ティーン」や「太陽族」「みゆき族」のようなライフスタイルを享受できたのは、都会の一部の若者に過ぎなかった。「ティーン」や「太陽族」という言葉が流行している時に、まだ日本の経済水準は戦前以下だった。『経済白書』が「もはや戦後ではない」と宣言した一九五六年になってようやく、様々な経済指標が戦前の水準を上回ったのである。

多くの若者は貧しさの中に暮らしていた。一九五五年で中学卒の男子初任給は四〇九〇円、女子三八九〇円だった。貧困線以下の金額である。それにもかかわらず、『太陽の季節』がヒットして、「太陽族」が街にあふれたのは、若者たちに中上流階級の生活に対する欲望が生まれていたからだろう。[79]

77　正確に言うならば、一九六〇年代から一九七〇年代にかけて日本では再び「国家」の役割が大きくなっていった。戦前との連続性がしばしば指摘される「国民的事業」の東京オリンピックが一九六四年、大阪万博が一九七〇年に開催されている。また「愛国心の涵養」や「国を守る気概」が盛んに議論されるようになったのもこの頃だ。一九六三年には林房雄による『大東亜戦争肯定論』の雑誌連載が開始されている。二〇年も経てば戦争の記憶は消えるらしい。

78　城一夫・渡辺直樹『日本のファッション　明治・大正・昭和・平成』青幻社、二〇〇七年。

79　橋本健二『「格差」の戦後史　階級社会日本の履歴書』河出書房新社、二〇〇九年。

事実、当時は「成功」に関するハウツー本が多数出版され、サラリーマンたちに人気を博していた。たとえば日常生活の中で「いかに重役に抜擢されるか」など考える習慣をつけることを推奨する『成功するアイデアのつかみ方』や、サラリーマンたる者、常に地位の向上と蓄財を意識せよと説く『サラリーマン36の鍵』などが当時のベストセラーだった[80]。

そして一九六〇年代にはいよいよ高度経済成長が始まる。年平均一〇・四％のものすごい経済成長率を記録していた時代だ。産業構造も大きく変わり、農村から多くの若者が高賃金と都市文化の双方を求めて都会へ出てきた。冷蔵庫も十分に普及していなかった一九六〇年代の農村では、季節の野菜を毎日食べるような単調な生活をしていたのだから、さぞ都会は輝いて見えたのだろう[81]。

日本人の食生活も変わった。新しい加工食品としてハムやソーセージが登場したのもこの頃だし、動物性タンパク質や、脂質、ビタミンの摂取量が増加したのも同じ時期だ。服装も変わった。合成繊維が登場し、ファッションのバリエーションも格段に増えた。

そして、「若者」誕生に重要なのは、メディア環境の拡充である。一九五八年に一五・九％だった白黒テレビの普及率は、五年後の一九六三年には八八・七％まで高まる。青年向けの雑誌の創刊も相次ぎ、一九六四年には『平凡パンチ』が、一九六六年には『週刊プレイボーイ』が創刊されている。

つまり二重の意味で、「世代共通文化」「世代共通体験」が生まれる素地が整ったのが一九六

80　「売れる生活指南書　サラリーマンの生活文法」『読売新聞』一九五八年二月一二日夕刊。若者論だけでなく、ビジネス書もこの五〇年間まるで進化がないらしい。

81　たとえば、一九六七年の段階で農村地域での電気冷蔵庫の普及率は五八％だった。ただし、テレビは九五％も普及していて、全国平均の九六％とほぼ変わらない（内閣府「山村地域の住民の意識調査」一九六七年）。生活水準は都市部と違うのに、テレビから流れてくる情報は一緒という、地域差が顕著な時代だった。

〇年代前半なのだ。一つ目は、人口動態として都市部に人が集まりつつあったこと。二つ目はメディアを通じた共通体験がそれまで以上に容易になったこと。「太陽族」や「みゆき族」に表象されたような「共通文化」が、中上流階級へ参加したいという憧れを駆動させていた。

ここまでくれば「若者」の誕生まであと一歩である。

4 「一億総中流」と「若者」の誕生

若者論ブーム到来

一九六〇年代後半から一九七〇年代にかけて、「若者論」ブームが起きている。

代表的なものだけでも、見田宗介《むねすけ》（三二歳、東京都）の『現代の青年像』（一九六八年）、井上俊（三四歳、宮城県）の『死にがいの喪失』（一九七三年）、平野秀秋（四三歳、台北）と中野収《おさむ》（四一歳、長野県）による『コピー体験の文化』（一九七五年）、小《お》此木《このぎ》啓吾（四八歳、東京都）による『モラトリアム人間の時代』（一九七八年）など、数多くの若者論がこの時期に出版されている。

『社会学評論』という今でも続く超有名な雑誌[82]も、一九七一年に「青年問題」という特集を組んでいる。政府までが一九七八年には『わが国の若者人格論』を発表する。ものすごい若者祭りである。

82　ただし社会学者だけが知る。

一応内容にも触れておくと、欧米の若者と比べて、日本の若者は公共心が薄く、社会に強い不満を持ち、自立心に乏しく、仕事に生き甲斐を感じていないとか、[83] モラトリアムが本来保有していた「大人になるためのステップ」という機能が消失し、大人になれない若者が増えたとか色々な人が好き勝手なことを言っている。[84]

ここで注目したいのは、その内容よりも当時の大人たちが世代としての「若者」をなんとか捉《とら》えようとしていることだ。かなり意図的に、ある種の類型としてシンプルに若者たちを描こうとしている。現代の若者は「カプセル人間」である、「モラトリアム人間」である、といったようにだ。

もちろん、世代として「若者」を語ることの限界は、論者たちも認識していた。井上俊は、世代論は「「世代」内部における個人的・階層的多様性を見落としがち」なので、「世代主義」の発想は「危険」だと指摘する。それでも世代としての「若者」を語るべきなのは、世代が置かれた共通の「状況」と、共有された「体験」があるからだという。[85]

実は当時、井上や小此木などの研究と並び、社会学者や心理学者たちの実証的な若者研究も、数多く存在していた。今日の水準から見ても良識的でまともな研究だ。

しかし、その多くは忘れ去られてしまった。逆に今でもよく引用されるのは『コピー体験の文化』に出てくる「カプセル人間」や、小此木啓吾の「モラトリアム人間」だ。理由は簡単で、まともな研究はつまらなかったのだ。

83　総理府青少年対策本部『わが国の若者人格論』一九七八年。

84　小此木啓吾『モラトリアム人間の時代』中央公論社、一九七八年。

85　井上俊「青年の文化と生活意識」『社会学評論』22-2、一九七一年。より早い世代論批判には早坂泰次郎編『世代論歪められた人間の理解』（日本YMCA同盟出版部、一九六七年）がある。

『モラトリアム人間の時代』を読めば「近頃の若者はモラトリアム人間と言うらしい」とかおじさんも知ったかぶりできる。「異質な他者」としての若者がわかったつもりになる。一方で実証的にデータを並べる研究では、結局「若者」のことはよくわからない。無理して読んでも、研究者以外は「そうか、色々な若者がいるんだなあ」くらいの感想しか抱けない。

こうして、小《こ》谷敏《たにさとし》（三六歳、鳥取県）が後に苦言を呈しているように、[86]その後の若者論は、若者の多様性を無視して、彼らの特徴的なライフスタイルや心理を取り出して、それを誇張するようなものが増えていく。

「一億総中流」と「若者」の誕生

この時期に、もう一つ重要な変化が起こっている。若者語りにおいて、それまで一般的だった「青年」から、「若者」が好んで使われるようになったのだ【図2】。若者論で一世を風靡した社会学者の中野収（六二歳、長野県）は「六〇年代の、なんといえばいいか、とにかくある気分が「青年」ということば《パラダイム》の使用を躊躇させた」と振り返る。[87]「文明と社会の状態が変わり、この年齢層の人々の社会との位置関係が変わったという事実があり、それをみんなが感じていた」らしい。

時代は高度経済成長期。さらにその頃、団塊の世代（一九四七～一九四九年生まれ）がちょうど二〇歳前後の「若者」になった。人数が多くて、「戦争を知らない」団塊の世代（ベビーブ

86　小谷敏編『若者論を読む』世界思想社、一九九三年。

87　中野収「若者像の変遷」井上俊他編『岩波講座現代社会学9　ライフコースの社会学』岩波書店、一九九六年。

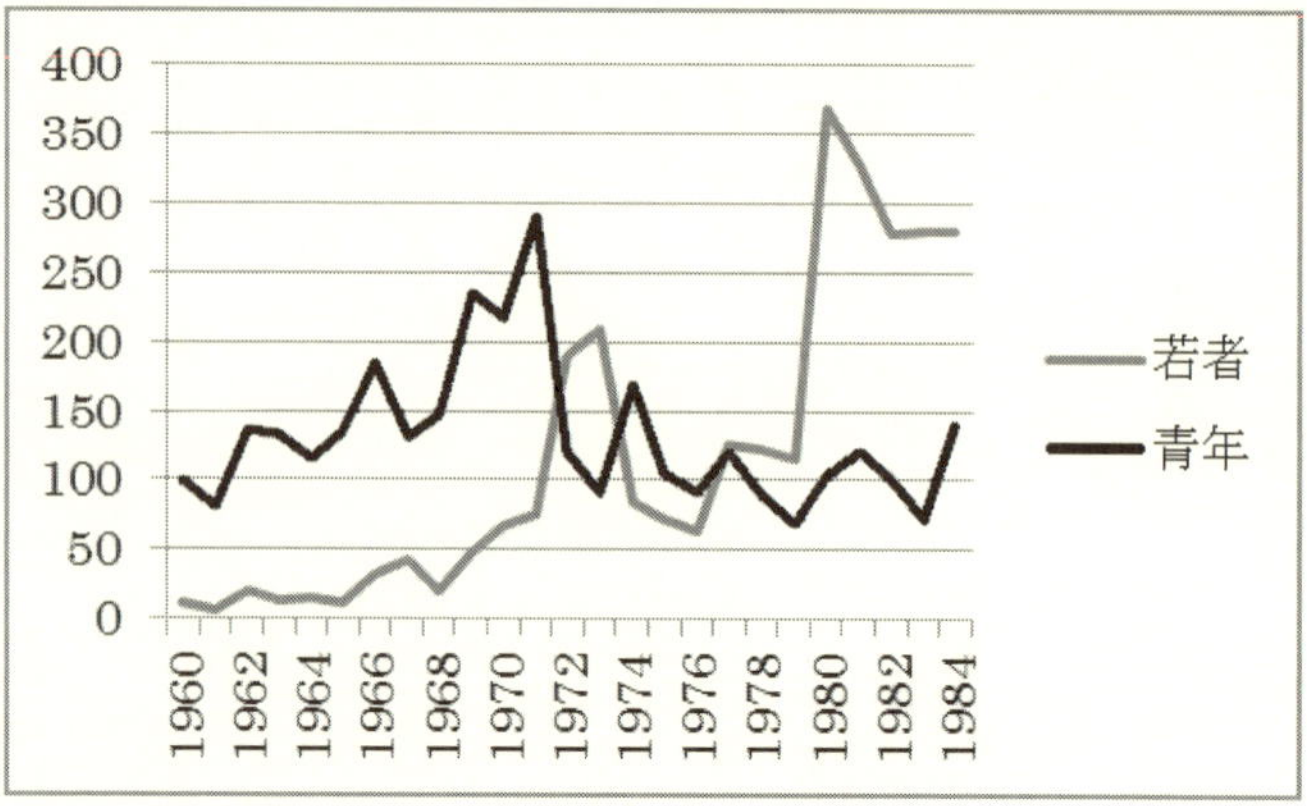

【図2】「若者」と「青年」の使用頻度の変化。朝日新聞電子版における「見出しとキーワード分析」によるヒット数をグラフ化した。広告を抜かし、同義語を含んでいない。（【図1】右側の拡大）

ーマー）が独自のカルチャーを作るというのは先進国共通の現象である。そりゃ、「若者」語りもしたくなる。

　実数としての「若者」が増えただけではない。もう一つこの時代に、日本社会にある変化が起こっている。一九六〇年代後半から一九七〇年代にかけての「中流意識」の浸透だ。

　経済格差がなくなったわけではない。しかし一九七〇年にかけて、日本では多くの人が「自分は中流だ」と思うようになっていた。あの有名な「一億総中流」だ。『国民生活に関する世論調査』によれば自分を「中」だと認識する人は、一九五八年には七二・四%だったのが、一九六四年には八七%に、そして一九七三年には九〇・二%となった。[88]

　世代論が流行するのは、階級論がリアリテ

88　「暮らし向き」を尋ねる五つの選択肢のうち「上」「中の上」「中の中」「中の下」「下」と、「中」が三つもあるのだから「中」が多いのは当たり前である。ただしそれでも一九七〇年にかけて「中」と答える人が増えたことは事実であるし、その傾向は他の調査でも確認できる。もっとも当時の人も「九割が中流」という結果には頭を悩ませ、早くから様々な批判が提出されている（「国民白書に見る生活意識」『朝日新聞』一九六七年七月二日東京朝刊）。

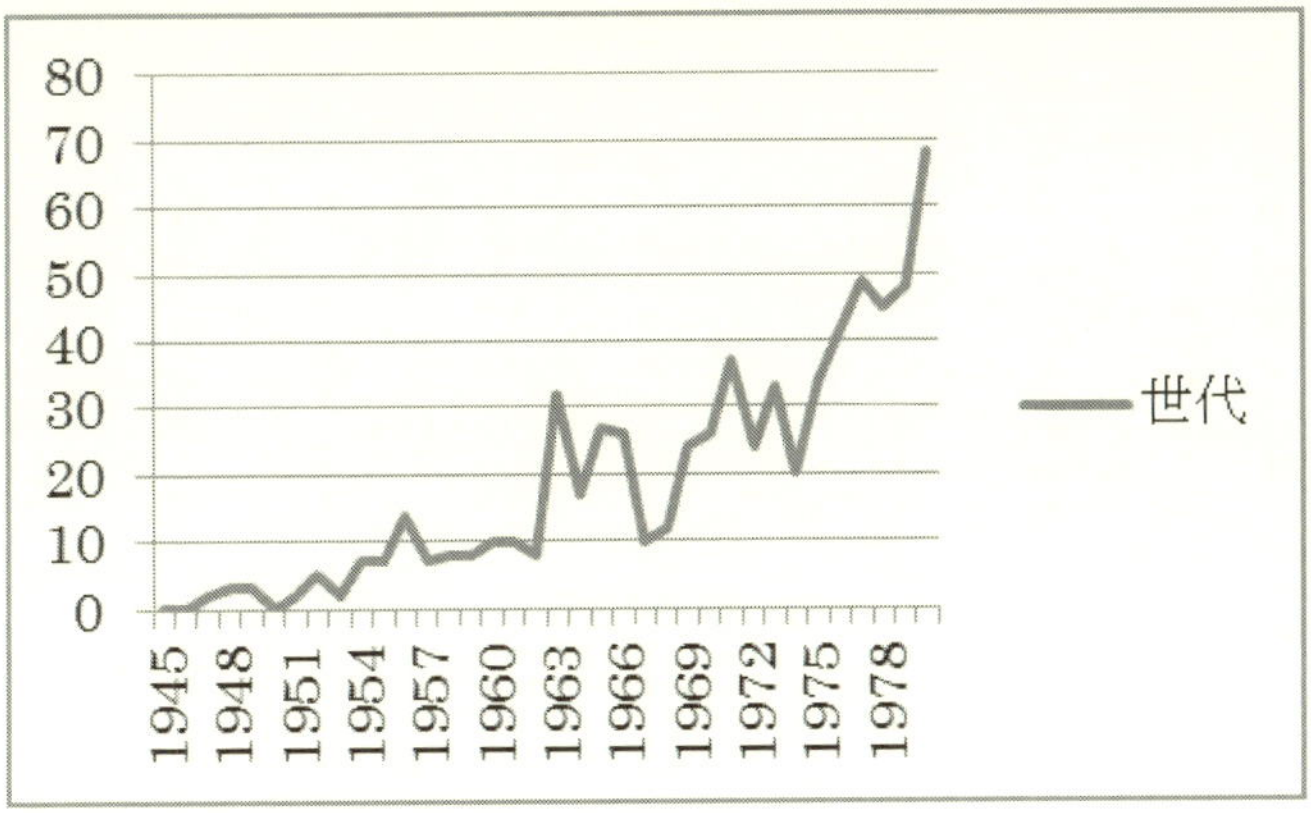

【図3】「世代」の使用頻度の変化。読売新聞電子版での全文検索の結果をグラフ化した。

ィを持たなくなった時である。世代論というのは、そもそもかなり強引な理論だ。階級、人種、ジェンダー、地域などすべてを無視して、富裕層も貧困層も男の子も女の子も、日本人も在日コリアンも外国人もひっくるめて、ただ年齢が近いだけで「若者」とひとまとめにしてしまうのだから。

新聞紙上でも、一九六〇年代中頃以降「世代」という言葉の使用例が増えていく【図3】。階級や地域ではなく、「世代」によって社会や人々を論じる考え方が普及したのだ。

そして、この頃おそらく、「国民的」という言葉の意味するところが変わった。今では「国民的アイドル」とは「世代を超えて親しまれる」という意味だが、一九六〇年代初頭までの「国民的アイドル」とは、「階級を超えて親しまれる」という意味だったのである。

たとえば吉永小百合は『キューポラのある街』（一九六二年）では働きながら定時制高校に通う貧しい少女を演じ、『泥だらけの純情』（一九六三年）では外交官令嬢を演じてみせる。上流から下流まであらゆる階級の少女を演じた吉永は階級を超えた存在であり、だからこそあらゆる階級の若者たちに人気を博したのである[89]。

すべての「階級」が「総中流」になったという、「階級」の消滅幻想が「一億総中流」である。「一億総中流社会」の進行とパラレルに「若者論」が流行していったのだ。

この「青年」から「若者」への言葉の変化には、ただの用語の変化以上の意味を見いだしてもいいだろう。実際にはまだ格差が残されていたにもかかわらず、人々が自らを「中流」と名乗り、そして日本を「一億総中流」と認識したように、「若者」を語る際に、もはや「若者」であること以外の差異は問題にされなくなったのだ。

大げさに言えば、一九六〇年代後半から一九七〇年代にかけて「若者」は誕生したのである。「年齢以外、その多様性は問題とされない均質な集団」として。

完成してしまった若者論

実は一九七〇年代までに、現在まで続く若者論の原型はほとんど登場してしまう。

これまでに登場した若者論を整理しておこう。まず戦前の「異質な他者」論、「都合のいい協力者」論がある。さらに一九五〇年代には「ティーン」論など、若者を消費の主体として描

89　橋本健二『「格差」の戦後史　階級社会日本の履歴書』河出書房新社、二〇〇九年。

く「若者はお客様」論も登場している。また一部の特殊な若者の姿を過度に一般化して賛美やバッシングすることも、「太陽族」に関する議論以降普及していった。

足りないものは、あと少しだ。

新しいメディアとの関わりで若者を語る議論が一九七〇年代に登場した。一九七五年に出版された平野秀秋（四三歳、台北）と中野収（四一歳、長野県）による『コピー体験の文化』で、彼らは「カプセル人間」という用語を発明した。

平野らによると、「情報化社会が価値の多元化を促進し、イデオロギーの解体を導いた」。この「極度に流動性をもつ社会」では、もはや大衆社会論が想定したような、マスコミを通じた大衆の官僚制的支配という図式は通用しなくなる。

そこで登場するのが「カプセル人間」だ。ラジオやレコードなどの情報機器に囲まれながら、個室空間で精神的安定を図る若者たちの姿が想定されている。

「カプセル人間」というと、若者たちが孤立してそれぞれのカプセルに閉じこもる姿をイメージしてしまいがちだが、平野たちが示そうとしたのは、新しいかたちでの若者たちのつながりだ。

彼らは深夜ラジオに注目する。一九六〇年代後半から放送局は続々と若者向けの番組を開始し、深夜ラジオは若者文化の一つになっていた。[90] 若者たちは、同じ深夜ラジオを聞き、彼らが住む個々の密室同士が同じ情報を共有する。そこでは複数のカプセル同士による「共振」が起

90　当時を振り返る資料として秋本治（五七歳、東京都）の「闇に流れる声」『こちら葛飾区亀有公園前派出所』172巻（集英社、二〇一〇年）などがある。

こる。

自分たちの部屋で閉じこもりながらラジオを聞いたり、音楽を聴いたり、電話をしたりする若者は一方では閉じている。しかし、彼らは外界の出来事を知らないわけではない。なぜなら、彼らはラジオなどの情報機器を通じて外部とつながっているからだ。

そう、「ラジオ」を「インターネット」や「ケータイ」や「ツイッター」に変えれば今でも通用しそうな議論である。『コピー体験の文化』の面白いところは、他にも現代の若者論にありそうな議論を先取りして述べている点だ。

たとえば同書には、「このごろは、集まったからといって、たえずおしゃべりをするわけではないようだ。同じ部屋にいて、雑誌をよんだり、ギターをひいたり、漫画をみたり」という文章が出てくる。ほら、今でもありそう。

あとは、深夜ラジオは現代の「祭り」でもあるという指摘。「坂道を昇りつめている近代」は「非日常的なもの」を社会から抹殺し、「祭り」は形骸化《けいがいか》していった。しかし人々は「〈聖なる〉公空間」を求めてしまう。そのような「祭り」なき時代に人工的に演出された「祭り」が深夜ラジオであり、ロックイベントであり、歩行者天国であるというのだ。[91]

これは、すでに指摘した通り格差を無視して「若者」を語る素地ができたのに加えて、現代と変わらないような生活環境が一九七〇年代から整備されてきたからだろう。

91　同じようなロジックで二〇一〇年代の「祭り」を描いたものに、古市憲寿「TGC（東京ガールズコレクション）の正体」『g2』vol.7（二〇一一年）がある。社会学は三五年経っても文体くらいしか変わらないのだろうか。

92　一九七〇年代から一九八

その後の若者論

ここから若者論は盛り上がるのだけど、もうほとんどの若者語りのパターンは出そろってしまったので、ざっくりとだけ確認しておこう。[92] 一九八〇年代の若者論は「新人類論」からはじまって「オタク論」で終わったと言われている。[93]

「新人類」論の特徴は、高度なメディアリテラシーと高度な消費性への期待である。[94] 一九八〇年代は個人向けコンピューターやビデオデッキの発売など新しいメディア環境が急速に整いだしたので、若者たちはその「創造的な受け手」として大いにもてはやされた。「カプセル人間」論の進化版だ。[95]

さらに堀井憲一郎（四八歳、京都府）によれば、一九八三年からクリスマスが若者向けに商品化されたという。[96]「若者」にお金を使ってもらうために、社会がメディアを通じて「若者はこうするべきだ」という情報を流すようになったのがこの頃らしい。

「若者はお客様」論の普及版だが、この「若者」をターゲットとしてマーケットが盛り上がるという図式は、バブル期の一九八〇年代後半、ピークに達する。市場、マーケティング会社、学者が結託《けったく》しての「若者はお客様」論は大いに盛り上がった。

一方で、一九八〇年代後半からは「オタク」叩きがはじまる。ついこの間まで情報機器を使いこなす若者を崇《あが》めていたくせに、一気に犯罪者扱い。「お客様」という「都合のいい協力者」でなくなると、すぐに「異質な他者」扱いするんだから。

〇年代の若者論を概観するには小谷敏編『若者論を読む』（世界思想社、一九九三年）、一九九〇年代と二〇〇〇年代の若者論を概観するには浅野智彦編『若者とアイデンティティ』（日本図書センター、二〇〇九年）がお勧めである。また戦後の若者文化を個別で見ていきたい場合には難波功士『族の系譜学 ユース・サブカルチャーズの戦後史』（青弓社、二〇〇七年）が詳しい。本章もこの三つの本があったから書けた。

93 宮台真司『制服少女たちの選択』講談社、一九九四年。

94 小谷敏編『若者論を読む』世界思想社、一九九三年。

95 メディア論と関連して、「子どもの消滅」論もこの頃叫ばれていた。テレビの普及によって、活字メディアが生んだ大人と子どもという区分が解体させられたというのである。その意味で、この頃「子ども」は「若者」の一部になったのかも知れない。

96 堀井憲一郎『若者殺しの時代』講談社現代新書、二〇〇六年。

若者論の終わり?

実は、一九九〇年代初頭から「若者論の終わり」が指摘され始める。まだ髪が黒かった頃の小谷敏(三六歳、鳥取県)は「若者論が大きなブームを起こすことは、もうない」と言う。[97] それは当時すでに一・五だった合計特殊出生率が示すように、日本が「停滞と成熟」に向かっていくからだ。

そして、もはや若者を一枚岩の集団では捉えられないという指摘が相次ぐ。[98] それを表すように「○○族」という言葉はあまり使われなくなり、一九九〇年代からは「○○系」という言い方が主流になる。[99] そして、若者自身も世代特有の共通の文化集団よりも、仲間とのコミュニケーションという身近な世界を重視するようになってきたという。[100]

こうして「若者」語りはよりニッチな対象を分析するようになっていった。「援助交際女子高生」「バイク便ライダー」「ケータイ小説」「ネットカフェ難民」「ピースボート」といったように。

そんな中で、漠然と「若者」を語ろうとすると、著者の妄想「若者」語りになってしまう。うまくいっても「こんな若者もいます。あんな若者もいます。色んな若者がいます」で終わってしまう。[101] それは一九八〇年代スキームで「若者」を語るのだから、ゾンビ化した「若者」論とも言える。

97 小谷敏編『若者論を読む』世界思想社、一九九三年。

98 宮台真司・石原英樹『増補サブカルチャー神話解体 少女・音楽・マンガ・性の変容と現在』ちくま文庫、二〇〇七年。初版は一九九三年。

99 難波功士『族の系譜学 ユース・サブカルチャーズの戦後史』青弓社、二〇〇七年。「族」よりも「系」の方が緩やかな繋がりを指す。

100 山田真茂留「若者文化の析出と融解 文化志向の終焉と関係嗜好の高揚」宮島喬編『講座社会学7 文化』東京大学出版会、二〇〇〇年。

101 いい例として、原田曜平『近頃の若者はなぜダメなのか 携帯世代と「新村社会」』(光文社新書、二〇一〇年)がある。

一方で、二〇〇〇年以降、若者を主題としながらもヒットした作品には、「社会」と「若者」の関係を描く形式が多くなった。山田昌弘（四七歳、東京都）の「希望格差社会」、鈴木謙介（二九歳、福岡県）の「カーニヴァル化する社会」、三浦展《あつし》（四六歳、新潟県）の「下流社会」、本田由紀（四〇歳、徳島県）の「ハイパー・メリトクラシー化する社会」が記憶に新しい。

北田暁大《あきひろ》（三八歳、神奈川県）の言葉を借りて、わざわざ難しく言えば「近代社会は、全体を見通す視点そのものが不可避的に局所化せざるをえない社会構造を持っている」[102]。だから、思想史的には「局所への撤退」と「全体性を見通す欲望の復権」が指摘される。まさに若者論も今、マニアックな領域での研究と、大きな話になりがちな社会論に二分化しつつある。

もっとも、そのような二分法を採用するとして、「局所」を観察しながら「全体性を見通す」視座を維持することも可能だ。普遍をアプリオリに想定し得ずとも、普遍を探求する態度は近代科学の基本的な視座の一つだからである[103]。

これからも、「異質な他者」としての若者バッシングは続くだろうし、学者たちによる実証研究は続いていくだろう。問題は、一九七〇年頃、「一億総中流」社会とともに本格化した「若者はお客様」論と、研究者による若者文化論だ。人々が「一億総中流」社会を疑いはじめる時、つまり同じ年齢というだけで「若者」に共通の特徴があると考えなくなった時、その二つは危機に陥るはずなのだ。若者論はこれから、どうなってしまうのだろうか。

102　北田暁大「解説」佐藤俊樹『社会は情報化の夢を見る〔新世紀版〕ノイマンの夢・近代の欲望』河出文庫、二〇一〇年。

103　難しく考えがちな人も多いけれど、社会科学者にできることは細かな知見を積み上げて、それをより大きな文脈の中に位置づけようと努力すること、それくらいである。難しく考えるのはいいが、考え途中でもいいのでどんどんアウトプットしてもらわないと、アカデミックサークルと現実世界の距離は開いていく一方である。

5　そして若者論は続く

すごく無理してた若者論

団塊の世代という圧倒的な人口ボリュームを持つ集団と、「一億総中流」という階層消滅幻想とともに成立したのが「若者」であり、「若者論」であった。しかし、団塊の世代が若者でなくなった後も、若者を固有の文化を持つ集団として描くような若者論は量産され続けた。

つまり、若者論というのはすごく無理をして何とか成立しているものなのだ。たとえば一五歳から三〇歳の日本国籍保有者を若者と仮定した時に、二〇一一年で約二〇一三万人[104]。ここでいう若者には、エルメスの時計をつけて青山学院高校に通う「爽やか系男子高校生」[105]も、テレビもインターネットも持たずラジオで情報収集する二三歳イラストレーター[106]も、石巻《いしのまき》市連続殺傷事件の被告として死刑判決を受けた一九歳の少年も含まれる。

二〇〇〇万人に共通の特徴を見いだすのが、いかに難しいかがわかるだろう。性差もある。地域差もある。貧富の差もある。

もちろん、そのような差があることを知りながら、それでもなお世代としての「若者」を語ろうとしたのが若者論であった。

しかし、そうも言っていられなくなった。一九九〇年代後半から始まった中流崩壊論と格差

104　政府統計局発表「人口推計」(二〇一一年四月概算値)。
105　「お部屋をみんなに見せちゃうよ〜」『HR』4号、二〇一〇年。
106　「ひとり暮らしギャラリー」『Tokyo Graffiti』二〇一〇年一〇月号。

社会論の流行である。もう「一億総中流」とは言ってられない、というわけだ。[107] 世代内の格差がない、という前提で「若者」語りができていたのだから、「若者」論的には大ピンチである。

さらに、「ティーン」論からはじまった「若者はお客様」論もピンチを迎えている。消費の主体として発見されたはずの若者が、モノを買わないというのだから。

今でこそ「若者はモノを買わない」という議論が流行している。だがこれは「若者はモノを買う」という前提が共有されているからこそ可能なわけで、いつまで続くかは怪しい。

このまま若者論は消えてしまうのだろうか?

結論から言えば、「若者」語りがこれからも当分終わることはないだろう。たとえば、若者論よりも、もっと大ざっぱな議論も健在だ。かの有名な「日本人論」である。「日本人論」は一億二〇〇〇万人の日本国籍保有者に共通の特徴を語ろうとしている。格差社会論なんて素知らぬ顔で、内田樹《たつる》(五九歳、東京都)の『日本辺境論』のような「日本人論」が時々大ヒットしている。[108] うらやましい。

さらに、若者論には「日本人論」にはない魅力がある。

若者論は、大人の自分探しである

若者論が終わらない一つの理由は、社会学で言うところの「加齢効果」と「世代効果」の混同だ。つまり、自分が年をとって世の中に追いついていけなくなっただけなのに、それを世代

107 実際は「一億総中流」と言われていた時代から経済格差はあったし、格差拡大は一九八〇年代から始まっていた(橋本健二『「格差」の戦後史 階級社会日本の履歴書』河出書房新社、二〇〇九年)。

108 内田樹『日本辺境論』新潮新書、二〇〇九年。

の変化や時代の変化と勘違いしてしまうのである。若者論に限らず、ほとんどの「日本人が劣化した」という議論もこれで説明できる。

さらに、若者論は自己の確認作業でもある。

「今時の若者はけしからん」と苦言を呈する時、それを発言する人は自分がもう「若者」ではないという立場に立っている。そして同時に、自分は「けしからん」異質な若者とは別の場所、すなわち「まっとうな」社会の住民であることを確認しているのだろう。

つまり、「若者はけしからん」と、若者を「異質な他者」と見なす言い方は、もう若者ではなくなった中高齢者にとっての、自己肯定であり、自分探しなのである。

自分が「異質」だと感じたものを素直に認めてしまうと、自分が社会にとって「異質」な存在ということになってしまう。逆に自分にとって「異質」なものを「異質」だと断じてしまうことで、自分は「異質」ではないことになる。

「若者は希望だ」論は、その逆である。若者を「都合のいい協力者」と見なすことで、自分と社会の結びつきを確認しているのである。「今時の若者」も、自分と同じ「こちら側」だから、自分を含めた社会は大丈夫だ、と。

だったら、若者バッシングではなくて、個人攻撃をすればいいじゃないかって？　その通りなのだが、たぶん個人批判は怖いし責任が持てないのだと思う。個人批判ではなく、世代批判のほうがやんわりしている。そして若者語りにしたほうが、なんだか「もっともらしい」。ただし、その「もっともらしさ」が今後どれだけ有効かはわからない。

社会の「ネガ」としての若者

「若者」というのは、大人にとって都合のいい言い訳材料でもある。たとえば車が売れないと「若者の車離れ」と言われる。しかし、そこで言う「車離れ」というのは、昔の若者は車に乗っていたが、今の若者は乗っていないという意味だろう。ということは、今の若者はもともと車に乗っていないのだから、「車離れ」というのもおかしい。

日本国内における新車の販売台数は二〇〇〇年をピークに二〇〇一年から下がり始めている。藻谷《もたに》浩介（四六歳、山口県）が指摘するように、大都市を除いた日本のほとんどの地域において、車は嗜好《しこう》品ではなく必需品である。飽きたから買わない、ということにはならない。じゃあ、なぜ車の販売台数が大きく減ったのか。答えは簡単で、日本の人口構造が変わって、高齢者が増えて若者が減ったからである。[109]

人口構造の変化が原因で車が売れないのだとしたら、それはもうどうしようもない問題だ。だがそれが若者の心理の変化が原因ならば、まだまだ挽回《ばんかい》できる。だから車の販売台数現象を「若者の車離れ」としておくのは賢い判断でもある。車会社はとりあえず安心だし、広告代理店や自称若者マーケターにも仕事ができるし、メディアのネタにもなるんだから。

なんでもかんでも「若者」のせいにしておけばいいというのは、ナチス時代のドイツにおけ

109　藻谷浩介『デフレの正体　経済は「人口の波」で動く』角川oneテーマ21、二〇一〇年。ただし実際は、人口減少のスピードよりも速く自動車が売れなくなっているようだ。詳しくは第二章で検討する。

るユダヤ人への扱いと似ている。戦時下のドイツでは勤勉や禁欲といった厳しいルールが重視されていた。しかし、みんながそれを守れるわけじゃない。そこで、自分たちとは違う「異質な他者」であるユダヤ人に、自分ができないことを「投影」したのだ。[110]

　しかし、「若者」は「ユダヤ人」と違って、完全な「異質な他者」ではない。確かに、かつて自分も若かった者が、自分と同じ国に住む若者を完全なる「異質な他者」と見なすことは、少なくとも日本ではまだ一般的ではない。だから、排除すれば済んでしまった「ユダヤ人」と違って、「若者」に対する批判は止むことがないのだ。こう内藤朝雄（四四歳、東京都）は主張する。[111]

　とはいえ、内藤が心配するほど事態が深刻だとは思わない。だって、しょせん若者論は若者論だ。根拠なき若者論が、政策決定に影響を及ぼす限りにおいて、それは問題だと思う。だけど、「日本の若者がサル化している」[112]とか「ゲーム脳」[113]とかそんなことを本気にする人がどれだけいるのか。そんなことは若者を語ることでしか自分探しができない残念な中高年に、勝手に言わせておけばいい。

「若者」は曖昧だからこそいい

　昔から「若者」は、様々なイメージを与えられてきた。あの有名なドラクロア作品『民衆を導く自由の女神』では、革新の象徴としてパリの若者が描かれている。ナチス・ドイツでは青

110　テオドール・アドルノ著、田中義久他訳『権威主義的パーソナリティ』青木書店、一九八〇年。ただしドイツで起こったジェノサイドには「人種」や「宗教」という変数が重要だという点で、どこまで日本の「若者」と同列に論じられるか留保が必要だ。

111　内藤朝雄「『構造』社会憎悪のメカニズム」本田由紀他『「ニート」って言うな！』光文社新書、二〇〇六年。

112　正高信男『ケータイを持ったサル「人間らしさ」の崩壊』中公新書、二〇〇三年。思えばこの頃から正高信男の「学者らしさ」の崩壊が始まった。

113　森昭雄『ゲーム脳の恐怖』生活人新書、二〇〇二年。かつてインベーダーに熱中した世代も今や五〇代。もうすぐ日本中がゲーム脳に席巻される頃だ。

年が「創造を育む英知」を持った存在として期待されていた。スポーツの世界では、肉体的に二〇歳くらいの若者の有利な競技が多いから、当然若者が賞賛される。

この章でも数々の若者論を見てきた。特に戦後の若者論では「今の若者はここが新しいんですよ」と、若者の新しさが強調されてきた。これって、車の販売戦略と同じである。構造自体はほとんど変わらないのに、外見や名称を変えて「新車」として売り出すことで車産業は発達してきたんだから。[114]

最近では、生まれながらにしてITに親しんでいる世代が「デジタルネイティヴ」と呼ばれているが、同じことは「カプセル人間」の時代にも「新人類」の時代にも言われていた。「もの心ついたときにテレビを知っていた世代」と。[115]

だから、若者論というのは、若者の名を借りた社会語りであったのかも知れない。「若者」というのは実態があるようで、ないような、曖昧なものだから、いくらでも勝手なイメージを付与できる。さらに、若者はどんどん入れ替わる。だから、若者論が入れ替わっても誰も文句を言わない。むしろ歓迎される。「これが新しい若者か」と。

しかも、難しい話はいらない。若者語りは誰でもできる。日本経済の変化について語るのはちょっと難しくても、若者について語るのは簡単だ。自分が若かった頃のこと、自分の常識と比べて、「最近の若い子ってテレビ見ないんだってね」と、どこかで聞きかじったようなことを言えばいいんだから。

114　この節は佐藤俊樹（四七歳、広島県）の「情報化社会」に関する議論を参考にしている（『社会は情報化の夢を見る［新世紀版］ノイマンの夢・近代の欲望』河出文庫、二〇一〇年）。佐藤の話は難しすぎて僕には半分意味不明なので、直接参照するというよりも思考の材料として使用した。

115　平野秀秋・中野収『コピー体験の文化　孤独な群衆の後裔』時事通信社、一九七五年。

若者を語ることの意味と限界

ここまで散々、若者論の限界を指摘してきた。しかし、若者を語ることに意味がないとは思わない。ていうか、意味がないと断言してしまったら、この本の存在自体意味がなくなる。

では、いったいどのようにして「若者」を語ればいいのだろうか。実は、その答えもすでに一九七〇年代までに準備されている。

まず、早坂泰次《たいじ》郎《ろう》（四四歳、宮城県）が指摘していたように、「ある現象があるということと、それを意味づけや評価の道具につかうこと」は異なっている[116]。この章ではあまりにも大ざっぱにまとめてしまったが、それぞれの若者論は、その時代において、それなりに大切な発見や指摘をしている。

本章で述べてきたのは若者論や「若者」語りにパターンがあるということであって、実際の若者が変化していないということではない。「現象」をむやみやたらに、価値判断に結びつけてしまうのが問題なだけである。変化と、劣化は違う。

むしろ、「現象」を細かに研究する必要性はかつてよりも高まっている。一九八〇年代までと違って、僕たちはもはや「若者」を一枚岩の存在として語れないことを知っている。

ある「現象」を若者個人の問題とも、若者特有の問題とも考えずに、社会構造の実態や変化とともに考えること。そういう、当たり前のことをしていけばいい[117]。

116　早坂泰次郎編『世代論　歪められた人間の理解』日本ＹＭＣＡ同盟出版部、一九六七年。

117　その時、「若者」は必ずしも主題ではなくていい。たとえば出生率の低下が叫ばれて久しいが、出産可能年齢を考えるならばそれは「若者」問題でもある。その時、「なぜ若者は子どもを生まなくなったか」ではなくて、「なぜ日本の出生率は低下したのか」と考えることで、若者の心理的変化だけではなく、社会保障や所得格差の変化など社会構造を問題にできる。実際、多くの出生率に関する研究はそのように行われている。

だが、それは統計データだけを使えばいいという話でもない。井上俊（三三歳、宮城県）が自戒を込めて言っていたように「数のうえでモダールな傾向や統計的な「平均像」をもって安易に「全体像」あるいは「典型像」と考えることにはやはり問題がある」[118]。

若者研究が対象としてきた「援助交際する女子高生」や「バイク便ライダー」は確かに数の上では少数派だろう。統計データで多数派を占めるのは、多くの場合「意外に健全で常識的」な人々に決まっている。

しかし、少数派の示す性格や特徴は必ずしも孤立した現象ではない。「少数派」の持つ「多数の中に漠然と存在しているものを比較的明確な形で少数が表現する可能性」を無視することはできない。細やかな発見の積み重ねは、決して無駄ではない。

もちろん、そこで社会的な文脈に目を配ることを忘れてはいけない。個人のアイデンティティや文化の問題に回収されがちな「若者」の問題を、社会的な問題として構造的に描き出すことが本書の目指すところである。

「構造」として僕が重要だと考えるのは、バブルが崩壊した一九九一年以降の日本社会の変化だ。バブル崩壊によって、一九七〇年代以来当たり前とされてきた「いい学校、いい会社、いい人生」モデル（日本型メリトクラシー）が崩れた。大企業は、年功序列、終身雇用という日本型経営をもはや若者に提供できなくなった。そんな「中流の夢」が崩壊した時代に、今の若者は生きている。

118　井上俊「青年の文化と生活意識」『社会学評論』22-2　一九七一年。

若者論の系譜

本章を終えるにあたって、ここまで参照してきた若者論を【図4】にまとめておこう。

本章では若者論を大きく「異質な他者」論、「都合のいい協力者」論、「文化論」、「実証研究」の四つに区分した。

若者を「異質な他者」と見なす若者バッシングは一〇〇年以上前から繰り返し行われていたし、戦時下には若者を「都合のいい協力者」と見なす議論が散見された。

要するに、大人たちの若者語りのレベルは、一世紀にわたってまったく進歩がない。

ただし現代的な意味で「若者論」が成立したのは、「一億総中流」と同時並行的だと考えられる。地域の差、貧富の差、性差などをすべて無視して年代的に近いだけで「若者」と語ってしまうような議論は、国内における階層差がなくなったというイメージが共有されないとそのリアリティを持たないからである。

だから、「格差社会」という言葉が流行する現代において、若者論は存続の危機に立たされている。少なくとも、バブル崩壊前と同じスキームで「若者」は語れないし、語るべきでもない。そこに「若者」を語る意味はある。[119]

だから結局、この本が主にスポットライトを当てるのも、バブル崩壊後の社会を生きてきた二〇代を中心とする若者たちということになる。その意味で、普通の会話で多くの人が使う

119　ただし、マーケティングの道具としての若者論は、ますます意味を持たなくなっていくだろう。そもそも人口のボリュームとしても小さいし、「若者が流行の最先端にいて、流行を作り出す」というのは、「若者はお客様」論の作り出した一種の幻想である。

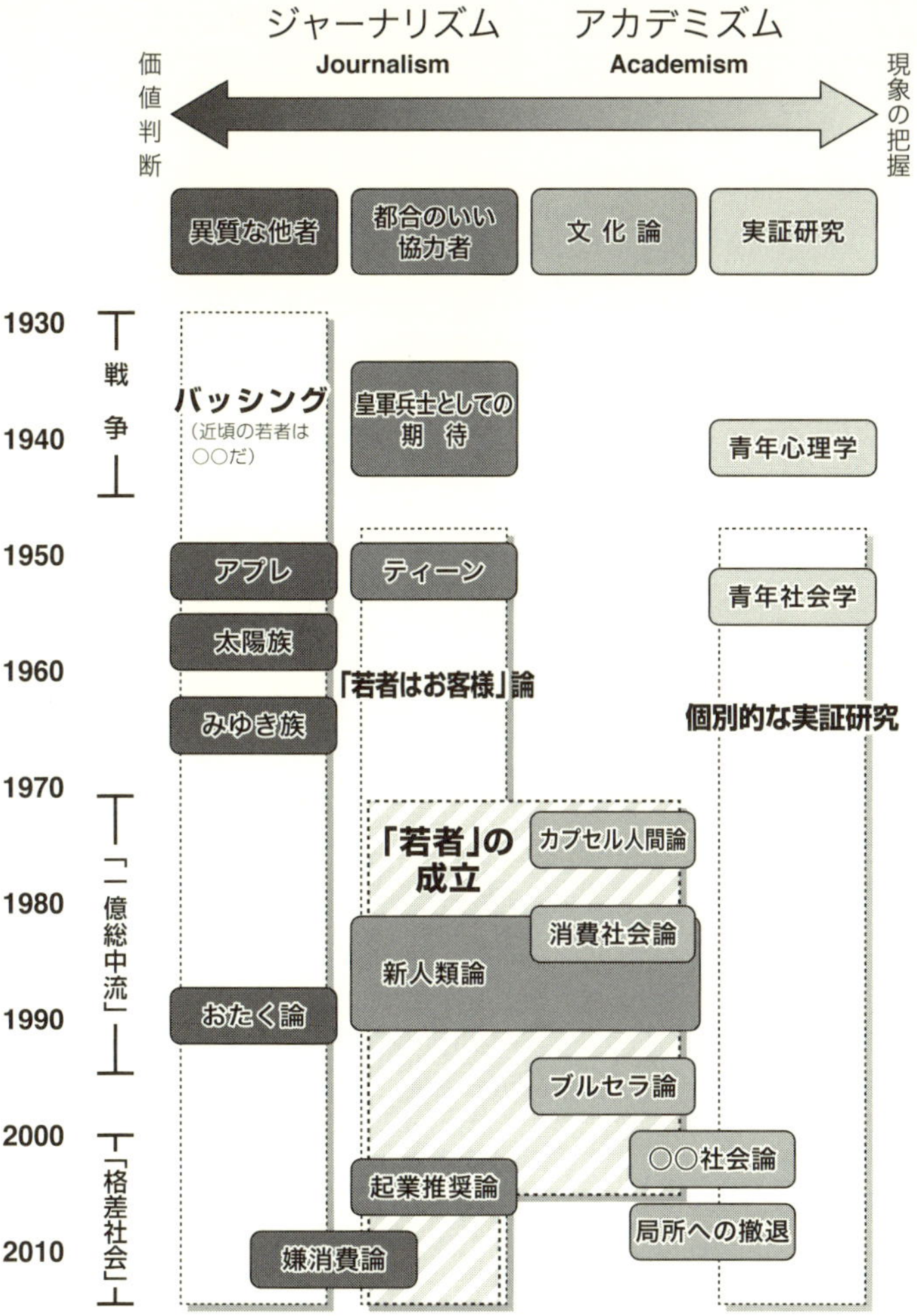
ジャーナリズム
Journalism
アカデミズム
Academism
価値判断
現象の把握
異質な他者
都合のいい協力者
文化論
実証研究
1930
1940
1950
1960
1970
1980
1990
2000
2010
戦争
「一億総中流」
「格差社会」
バッシング
（近頃の若者は○○だ）
皇軍兵士としての期待
青年心理学
アプレ
ティーン
青年社会学
太陽族
「若者はお客様」論
みゆき族
個別的な実証研究
「若者」の成立
カプセル人間論
消費社会論
新人類論
おたく論
ブルセラ論
○○社会論
起業推奨論
局所への撤退
嫌消費論

【図4】若者論の変遷

「若者」と、本書が扱う「若者」に大きな差はないと考えてもらっていい。

では、実際に若者はどのように現代社会を生きているのだろうか。それはかつてと、どのように変わったといえるのだろうか。次の章から見ていこう。

第二章　ムラムラする若者たち

若者たちがどんどん「内向き」になっているらしい。この章では、主にデータを参考にしながら若者たちが本当に「内向き」になっているのか、もしそうならば、どのように「内向き」になっているのか、なぜ「内向き」になってしまうのかを考えていく。キーワードはちょっと下品に言えば「村々（ムラムラ）」、もう少しかっこ良く言えば「コンサマトリー化」だ。

1　「内向き」な若者たち

新聞社説から見る二〇一一年の若者像

成人の日は、新聞の社説が面白い。各新聞が勝手に様々な若者像を想定し、その「若者」に向けて思い思いのことを説くからだ。大人たちの描く「若者語り」がいかに自由奔放で気ままなものかは前章で見てきた通りだが、僕も一応成人側の人間なので、目くじらを立てないで毎年生温《なまあたた》かく新聞の社説を拝読することにしている。

二〇一一年は、若者の内向き志向を嘆きながらも、閉塞《へいそく》感のある時代に生まれてしまったことに同情しつつ、それでも若者に頑張って欲しいと鼓舞《こぶ》するというのが各紙において共通していたパターンだった[120]。

朝日新聞は「電車でゲームや携帯に没頭する君たちを見ると大丈夫か、と心配が先に立つ」らしく、読売新聞は留学生数の減少や、フェイスブックの利用者が少ないことを根拠に若者が「内向き志向」であると嘆き[121]、毎日新聞は投票率の低さを引き合いに出し「もっと早く選挙権が欲しいと考えるくらいがあるべき姿」と発破《はっぱ》を掛け、産経新聞は「ネット上に愚痴」をこぼしたり、社会は「どうせよくならない」とあきらめたりする態度は「若者らしくない」と断じる[122]。

確かに若者たちが「内向き」になっているというのは最近よく聞く話だ。「内向き」には色々な意味があると思うが、もしも新聞各紙の描く若者像が正しいとしたならば、今時の「若者」の姿は次のようになるだろう。

彼らは時代の閉塞感を敏感に受け止めてきたから、安全で確実な道を選んで生きる。インターネットを使って世界中とつながる可能性こそは持っているものの、英語力が足りないため自由な交流ができているわけでもない。留学生も減っているし、青年海外協力隊への参加者も減っている。他人を押しのけてまでは成功を求めずに、むしろ身近な仲間たちを大切にする。社会を変えようともしないし、投票にも行かない。

ああ、どれも「なるほどね」という感じだ。ただ「なるほどね」で済ませてしまっては「若

120　あと、坂本龍馬を朝日、読売、産経の三紙が取り上げていた。二〇一〇年NHK大河ドラマ『龍馬伝』の影響だろう。勝手にベスト坂本龍馬賞を決めておくと、「雲は坂の上ではなく、インターネットのクラウドに」と言っていた朝日新聞。

121　読売新聞によるとフェイスブックは「世界各地から5億人を超える人々が参加して、英語で情報交換を進めている」が、「こうしたサービスを利用する日本人は少ない」という。ところで、今のフェイスブックは多言語対応が進み英語に限らず世界中の様々な言語でやり取りがされていることは、ちょっとフェイスブックを使ってみれば誰でもわかることである。

122　産経新聞の社説で面白かったのは、「心からのメッセージを贈ることにしよう」として色々勝手なことを言った後に「おとなの身勝手な言い分」と反省していることだ。保守系の新聞を名乗るなら、もっと自信を持って欲しい。

者」をタイトルに掲げた本としては許されない気がする。
そこで、ちょっと真面目に「内向き」が本当なのかをデータとともに見ていくことにしよう。

2　社会貢献したい若者たち

意外にも社会志向

まず、若者たちの「意識」を見ていこう。若者に関する意識調査は膨大にあるが、多くの調査には、「一瞬の暇つぶし」「マーケティングデータ」以上の意味はない。なぜなら、ある特異に見える結果が示されていたとして、その結果が本当に「特異」であることを示すには、他の何かとの比較が必要だからだ。[123]

たとえば他の世代と比較して若者だけが「特異」な数値を示すならば、それは確かに考察してみる価値があるデータである。また、過去における同世代の若者と比べて何かの変化が認められるならば、それもまた分析すべきデータである。

そこでけっこう役立つのが、内閣府が実施している「社会意識に関する世論調査」だ。三〇年以上同じ内容を聞いている項目もあるので、ざっくりと日本人の意識の変化を追いたい時には便利だ。[124]

123　その他に研究者がよく行うのは、緻密な調査票で採取したデータをもとに、質問項目ごとの相関関係を統計ソフトによって明らかにするような手法だ。

124　最近のものはネットで公開されているので、ちょっとでも税金の元を取りたい人は活用してみたらいいと思う。ただし、数十年間同じ項目を聞き続けているということは、質問のレベルも数十年前のものということなので、当然限界もある。

「社会志向か、個人志向か」というのは三〇年以上続く、定番質問の一つである。ここでは「国や社会のことにもっと目を向けるべき」か「個人生活の充実を重視すべき」の二つの考え方から「あなたのお考え」に近いものを聞いている。

さて、若者の「内向き」志向が本当なら、「個人志向」の若者が多いはずだ。最新の二〇一一年データを見てみると、二〇代の若者のうち「社会志向」なのは五五・〇%、「個人志向」が三六・二%、残りが「一概に言えない」か「わからない」だ[125]。

あれ、意外にも今時の若者は国や社会のことを考えたいと思っているらしい。そして僅差だが、高齢者よりも「社会志向」の数の割合は多い。七〇歳以上で「社会志向」なのは五四・一%、「個人志向」なのは三〇・六%である。

しかも、過去と比べても「社会志向」の若者はすごく増えている。【図1】は二〇代における「社会志向」と「個人志向」の割合の推移を表したものだが、「社会志向」は一九八〇年代には三割弱だったのが徐々に上昇していき、一九九〇年代には四割を超え、直近の五年は五割を超えるようになった。この数年の若者は、調査開始以来最高に「社会志向」なのである。

同じ「社会意識に関する世論調査」では、「日頃、社会の一員として、何か社会のために役立ちたいと思っていますか」という社会貢献意識も聞いている。二〇一一年調査によれば、二〇代の若者の実に五九・四%が社会のために役立ちたいと思っているという。

一九八三年調査では、社会のために役立ちたいと答えた二〇代はわずか三二%だった。とい

125　ちなみに二〇一一年調査は一月に実施されているので、調査の結果は震災の影響を受けていない。研究者は今から二〇一二年調査の結果を楽しみにしているはずだ。

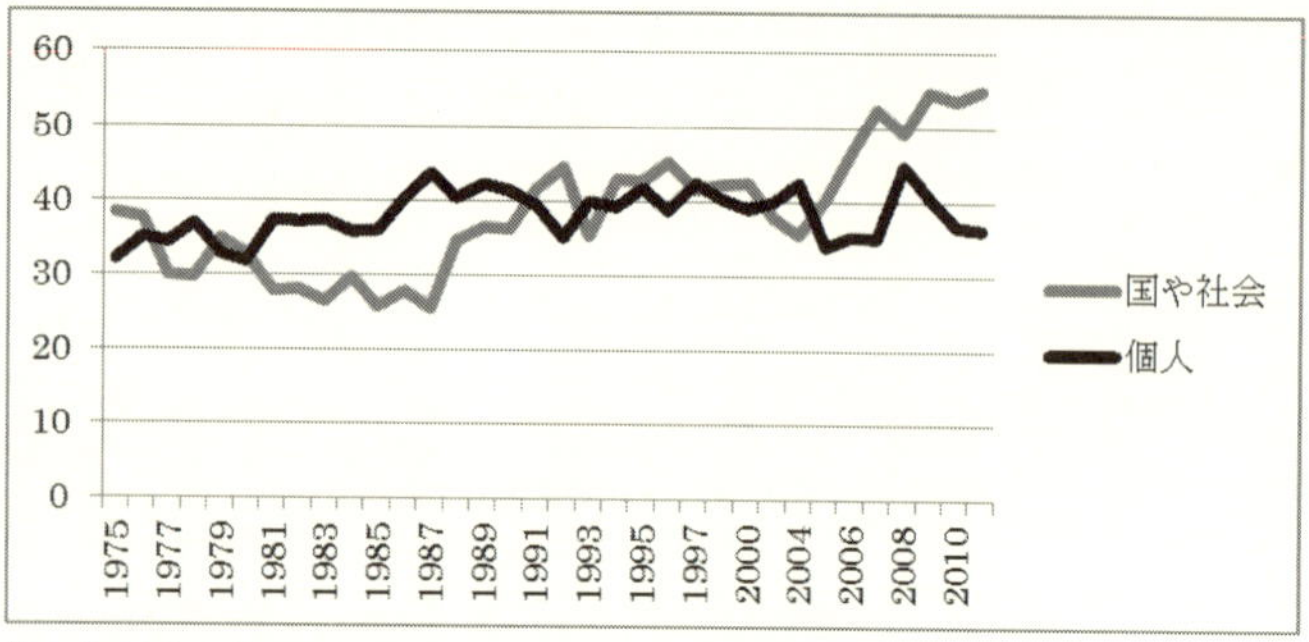

【図1】社会志向か個人志向か（20代）（「社会意識に関する世論調査」）

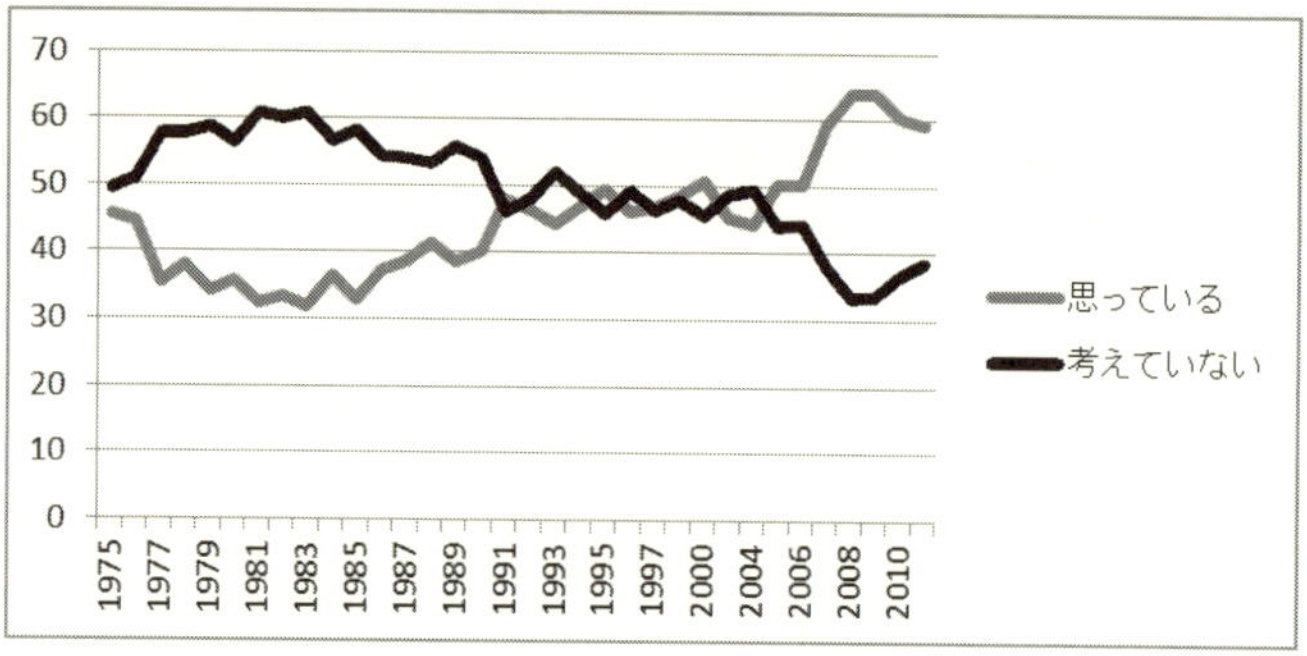

【図2】社会の役に立ちたいと思っているか（20代）（「社会意識に関する世論調査」）

うことは、三〇年足らずで、実に社会のために役立ちたい若者が二倍にもなったことになる【図2】。最近の若者はただ「社会志向」なわけではなく、社会に貢献したいとも思っているのだ。

社会貢献ブーム

なるほど、近頃の若者は意外と社会のことを考えているようだ。確かに思い当たる事例はいくつかある。

たとえば二〇〇五年、医学生だった葉田甲太《はだこうた》（二一歳、兵庫県）と石松宏章《ひろあき》（二一歳、大分県）は、ふとしたきっかけで一五〇万円あればカンボジアに学校が建てられることを知る。彼らは仲間を集め、チャリティーイベントを開催し、ついには小学校の開校にまでこぎ着けた[126]。その活躍は二〇一一年秋に、向井理《おさむ》（二九歳、神奈川県）主演で映画化までされる。

葉田や石松だけではない。二〇〇九年に設立された「ＳＷＩＴＣＨ」という学生団体は、イベントを開催して得た収益を、バングラデシュでストリート・チルドレンを支援するために寄付している。また旅行会社のＨＩＳとタイアップして、「バングラデシュ国際交流の旅」というスタディツアーなども企画している[127]。

ピースボートという世界一周の船旅には、社会貢献をしたい若者たちが多く参加している。旅先では「カンボジア地雷問題検証ツアー／九万八〇〇〇円」などのオプションツアーが用意

126　葉田甲太『僕たちは世界を変えることができない。』小学館、二〇一〇年。彼から団体を引き継いだ石松宏章の活躍は、『マジでガチなボランティア』（講談社文庫、二〇〇九年）で楽しむことができる。

127　学生団体「ＳＷＩＴＣＨ」オフィシャルブログ http://ameblo.jp/switch012/

されており、乗船者たちは思い思いの社会貢献を楽しむことができる。

メディアが若手社会起業家を取り上げることも増えた。山口絵理子（二五歳、埼玉県）は、慶應義塾大学在学中のバングラデシュでのインターンをきっかけに、マザーハウスという会社を起業。麻（ジュート）を使った高品質バッグを現地で生産し、輸入販売している。一方的な寄付や支援ではなくて、途上国の自立を促すモデルが注目を浴びている。

若者が目を向けているのは海外だけじゃない。原宿から始まったゴミ拾いボランティアプロジェクト「グリーンバード」の活動は、日本中に広がった。二〇〇九年度のゴミ拾い参加者は延《の》べ二万四〇〇〇人にのぼったという。同活動には多くの若者も参加している。

第五章で詳しく扱うように、東日本大震災に対する反応も記憶に新しい。実際に被災地に行く若者はもちろん、日本の各都市で募金を募ったり、節電をインターネット上で呼びかけたり、様々な形での若者のボランティア活動が見られた。まるで、この時を待っていたかのように。

このように、若者たちの間でさながら「社会貢献ブーム」とも呼べるような現象が起きている。大人たちの悲観を覆すように、若者たちは少しも「内向き」ではなく、さらに海外にも目を向けているのだ。

――という話では、残念ながら終わらない。

ボランティアする若者はそんな増えてない

一応、きちんとデータを確認しておこう。総務省「社会生活基本調査」を用いて、調査時点から過去一年の間にボランティア活動を行った人の割合を見てみよう。

五年ごとの調査で、しかも直近のデータが二〇〇六年というのが残念なのだが、ボランティア活動に参加する二〇代の数は一九七〇年代からほぼ横ばいである。しかも、全年齢の平均よりもボランティア活動への参加率は低い【図3】。

つまり、「社会志向」の若者は増えているし、「社会に貢献したい」と考えている若者も増えているにもかかわらず、実際に社会貢献活動に参加している若者は増えていないことがわかる。

一応、ボランティアや福祉の世界では一九九五年が「ボランティア元年」ということになっている。同年一月一七日に発生した阪神・淡路大震災には全国から延べ一三〇万人もの人が被災地の救援に駆けつけ、しかもその多くはボランティア初経験者だったという。

当時の調査によると、震災ボランティアの六六・六％がボランティア初体験、年齢は二〇歳から二四歳が三割を超え、平均年齢も二六・三歳と若い。ちょうど大学の春休みと重なったこともあり、事実ボランティアの六割が大学生だった[128]。

また一九九八年にはＮＰＯ法も施行され、多額の基本財産を持たない団体も法人格を持てるようになった。今でこそ登記だけでＮＰＯも一般財団法人も一般社団法人も設立できるように

128 「ボランティア7割が初めて　阪神大震災発生から3ヶ月」『朝日新聞』一九九五年四月一七日朝刊。朝日新聞が一九九五年三月中旬から下旬にかけて神戸市など震災地において面接方式で行った意識調査。回答者数は七〇九人。

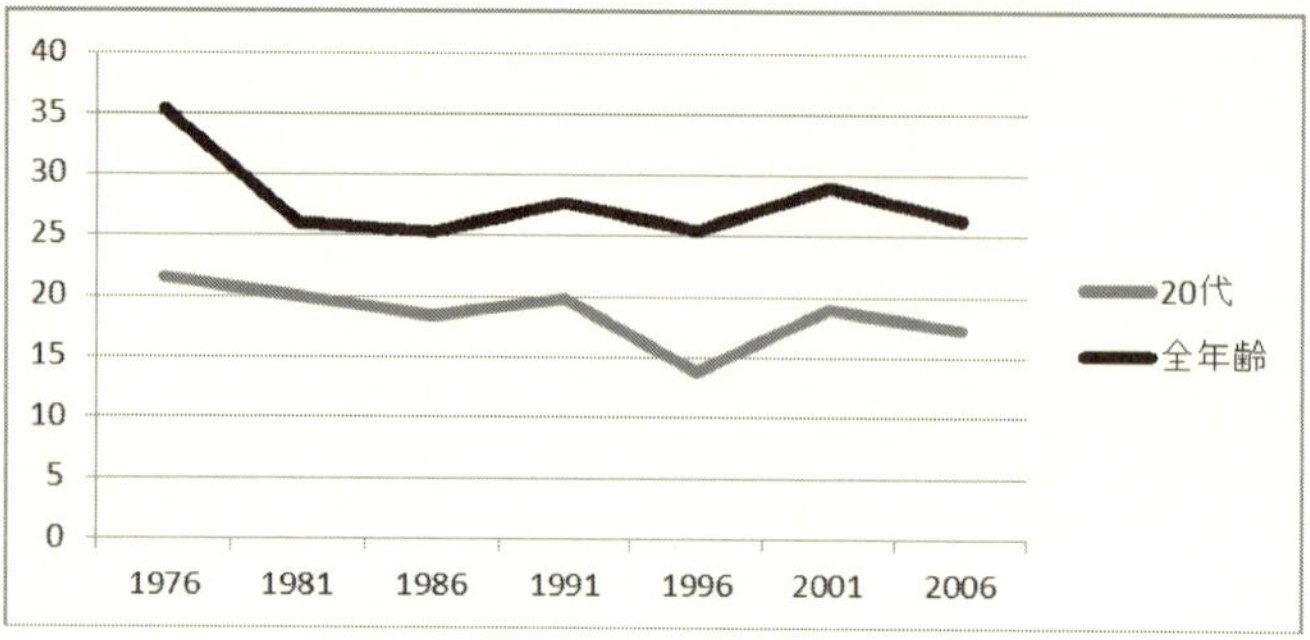

【図3】ボランティア活動への参加率（「社会生活基本調査」）

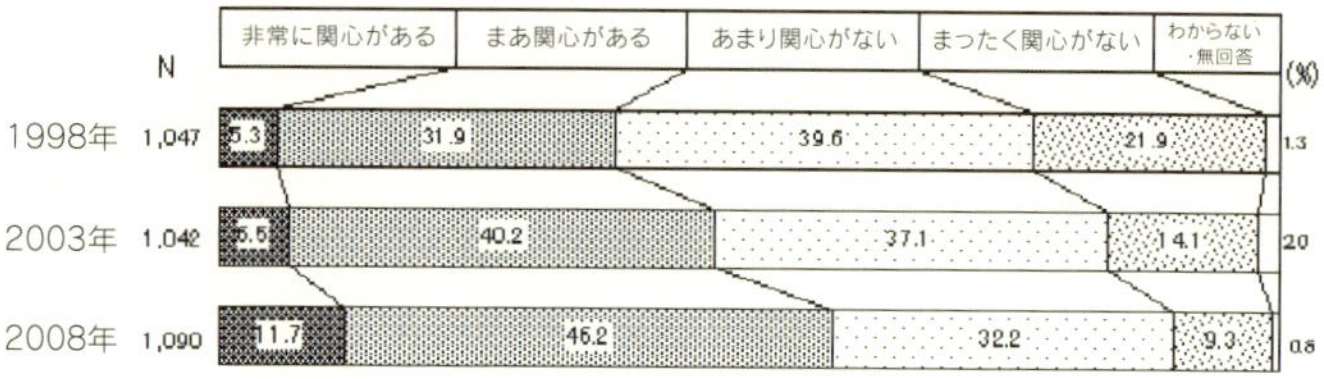

【図4】政治に対する関心度（「世界青年意識調査」）

なったが、ＮＰＯ法成立以前は、草の根でボランティア団体を作ろうと思ったら法人格を持たない任意団体として活動するしかなかったのだ。

しかし「ボランティア元年」やＮＰＯ法成立は、特にボランティア人口を増やす起爆剤にはならなかったことがわかる。一九九六年調査は、一〇月の時点で過去一年間のボランティア経験を聞いているので、震災時にだけボランティア活動をした人はカウントされない。もし調査が一九九五年に実施されていたら、グラフはだいぶ違った図になったかも知れない。

しかし、どちらにしても「ボランティア元年」と言っても、ボランティアが日本にそこまで根付いたわけではないことはわかる。震災ボランティアの数字が反映されるであろう二〇一一年調査に期待したい。[129]

若者の政治離れは本当か？

社会志向で社会貢献したいと思っている若者は、きっと選挙にも行っているはずだ。ボランティアはちょっと敷居が高いかも知れないが、投票なら地元の投票所に行くだけだし、最近は商店街が「投票に行ったらコーヒープレゼント！」とか謎のサービスをしているし。

意識調査を見ても、政治に関心のある若者は増えている。「世界青年意識調査」を見ると、「政治に関心がある」と答えている一八歳から二四歳の若者は、一九九八年の第六回調査時には三七・二％だったのが、二〇〇三年には四六・七％、二〇〇八年には五七・九％まで上昇し

129　ただし「世界青年意識調査」（対象者は一八歳から二四歳）を見てみると、二〇〇二年調査にボランティア活動を「現在、活動している」と答えた日本の若者は三・三％だったのが、二〇〇七年には五・六％まで増えている。またボランティア活動を「以前、したことがある」若者は二〇〇二年に三一・七％だったのが、二〇〇七年には四三・九％まで上昇している。一度でもボランティアに参加すれば「以前、したことがある」になってしまうため、結果を過剰に評価することはできないが、着実にボランティア活動を経験したことがある若者は増えていると予想される。

わかる。

ている【図4】。わずか一〇年で、かなりの数の若者が政治に関心を持つようになったことがわかる。

だが、衆議院議員選挙の年齢別投票率を見てみると、データが確認できる一九六七年以来、二〇代の投票率はずーっと減少傾向にある【図5】。一九七〇年代に関しては、六割くらいが投票に行っていたのだが、一九八〇年代には五割にまで下がり、一九九三年にはついに五割を下回り、そして一九九六年の第四一回衆議院選挙では三六・四%まで下がってしまう。

ただし、二〇〇五年からは再び盛り返し、民主党への政権交代で盛り上がった二〇〇九年の衆院選には四九・五%の二〇代が投票に行っている。なんだ、やればできるじゃん。やっぱり「このままじゃまずい」と思った若者たちが、ついに政治に目覚め、この国を動かすという責任感を持ち始めたようだ。

念のため最新の選挙、二〇一〇年に行われた第二二回参議院選挙の投票率を確認しておこう。全体の投票率は五七・九%、二〇代の投票率は三六・一%だ。ん? 二〇〇七年に行われた第二一回参院選の二〇代投票率三六・〇%とほとんど変わらない。

しかも若者の投票率が増えた二〇〇五年と二〇〇九年の衆院選も、実は三〇代以上の投票率のほうがずっと高い。二〇〇五年は「郵政選挙」と呼ばれ、小泉純一郎・自民党祭りが日本中で起こった。全体の投票率は六七・五%である。また、二〇〇九年は自民党から民主党への政権交代が懸かった選挙で、全体の投票率は六九・三%。小選挙区比例代表制が導入された一九

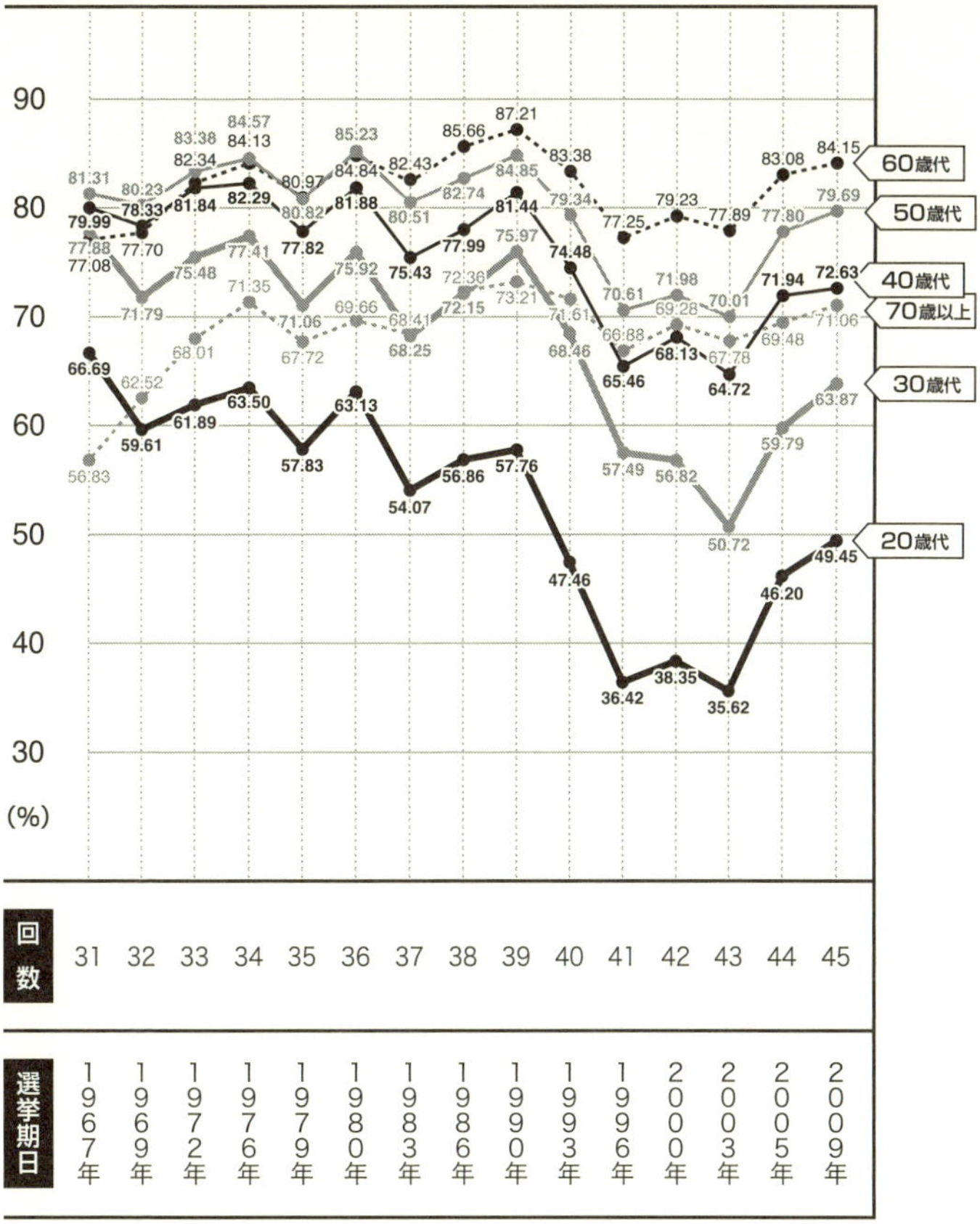

【図5】衆議院選挙の年齢別投票率の推移（出典：「明るい選挙推進協会」）

九六年以降の最高記録だ。

毎日新聞の社説が心配していた通り、若者が選挙に行かないというのは本当らしい。一九九五年頃が投票率のボトムなので、その時二〇代だった今の三〇代と四〇代に「最近の若者は投票に行かない」と言われる筋合いはないが、それ以前の世代よりも投票率は確実に下がっているのだ。

3　ガラパゴスな若者たち

若者の海外離れは本当か？

では次に「内向き」の根拠としてよく挙げられる、若者の海外離れを見ていこう。

日本全体の統計を見てみると、海外出国者数は一九九〇年に初めて一〇〇〇万人を超え、二〇〇〇年には一七八一万人と過去最大を記録している。その後、二〇〇一年のアメリカ同時多発テロとアジアにおけるＳＡＲＳ流行の影響で二〇〇三年に出国者数は一三二七万人まで減少しているが、ここ数年は一六〇〇万人から一七〇〇万人程度で推移している。

一方で、二〇代の海外出国者数は、一九九六年をピークに、一九九七年から長期的な凋落傾向にある。一九九六年には四六三万人いた出国者が、一〇年後の二〇〇六年には二九八万人にまで減少している。

出国率ベースで見てみよう。一九九七年には二四・一％と、四人に一人にあたる二〇代が海外に行っていたにもかかわらず、二〇〇二年には一九・九％まで低下、二〇〇七年も一九・四％である【図6】。かつては二〇代（特に女の子）が他のどの世代よりも海外に行っていたのだが、二〇〇〇年代に入ってからは他の世代に抜かれている。二〇一〇年の二〇代における海外出国率は一九・七％だった。

最近の若者は海外にも行かない、けしからんと思うだろうか。しかし、今でも二〇代の二割もが海外に行っているのだ。しかも二割というのは一九九二年頃の水準に戻ったに過ぎない。特に女の子に関しては、四人に一人の割合で海外へ行っている。一九九〇年代の若者が海外に行き過ぎだったのだ。

留学生の数の変化も見ておこう。確かに、日本人の海外留学者数は二〇〇四年の八万三〇〇〇人をピークに、毎年減少し続け、二〇〇八年には六万七〇〇〇人にまで下がっている。

留学者数の推移は【図7】の通りだが、不思議なことに気付かないだろうか。留学者数のピークはバブル時代ではなく、つい最近の二〇〇〇年代中頃なのだ。二〇〇八年の六万七〇〇〇人という留学者数は確かに前年と比べると一一％の落ち込みだが、一九九八年水準に戻ったに過ぎない。

しかも、この間に日本の若者人口は減少している。留学生が多いと推測される二〇代の人口は、一九九六年から二〇一〇年にかけて三割近く減少しているのだ。だから、留学適齢人口あ

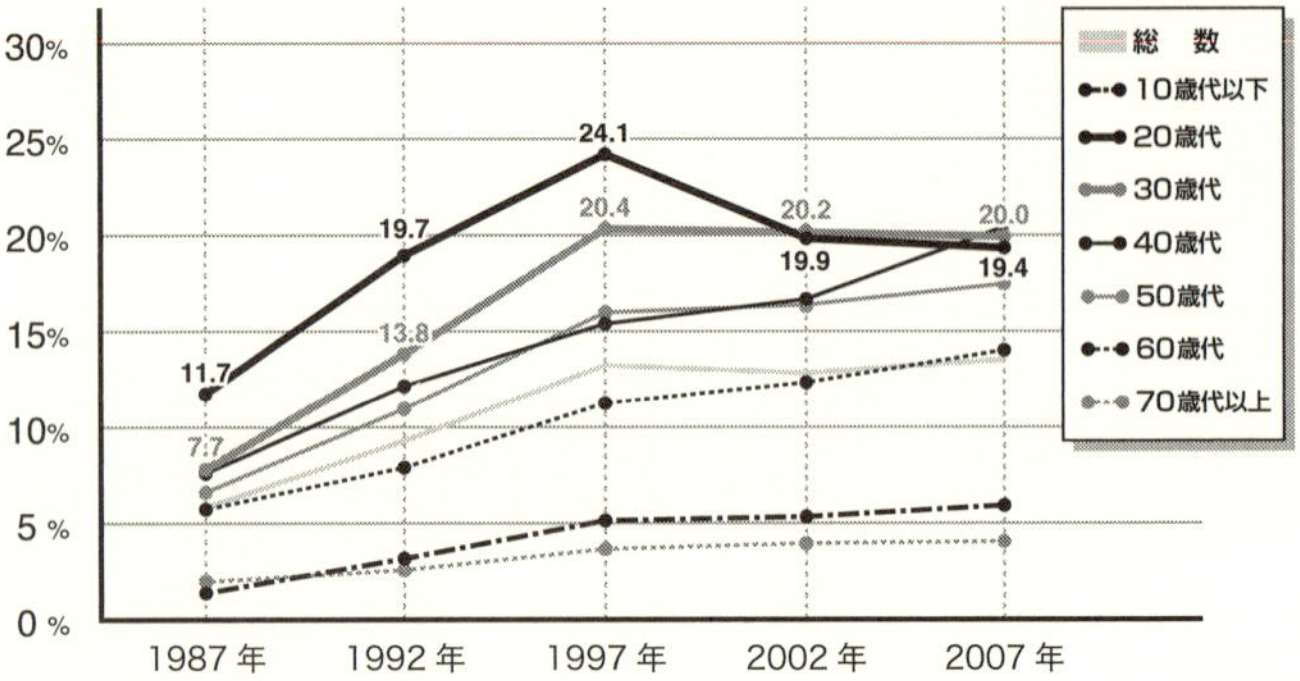

【図6】海外出国率の推移（出典：廣岡裕一『「若者の海外旅行離れ」に関する考察』2008年）

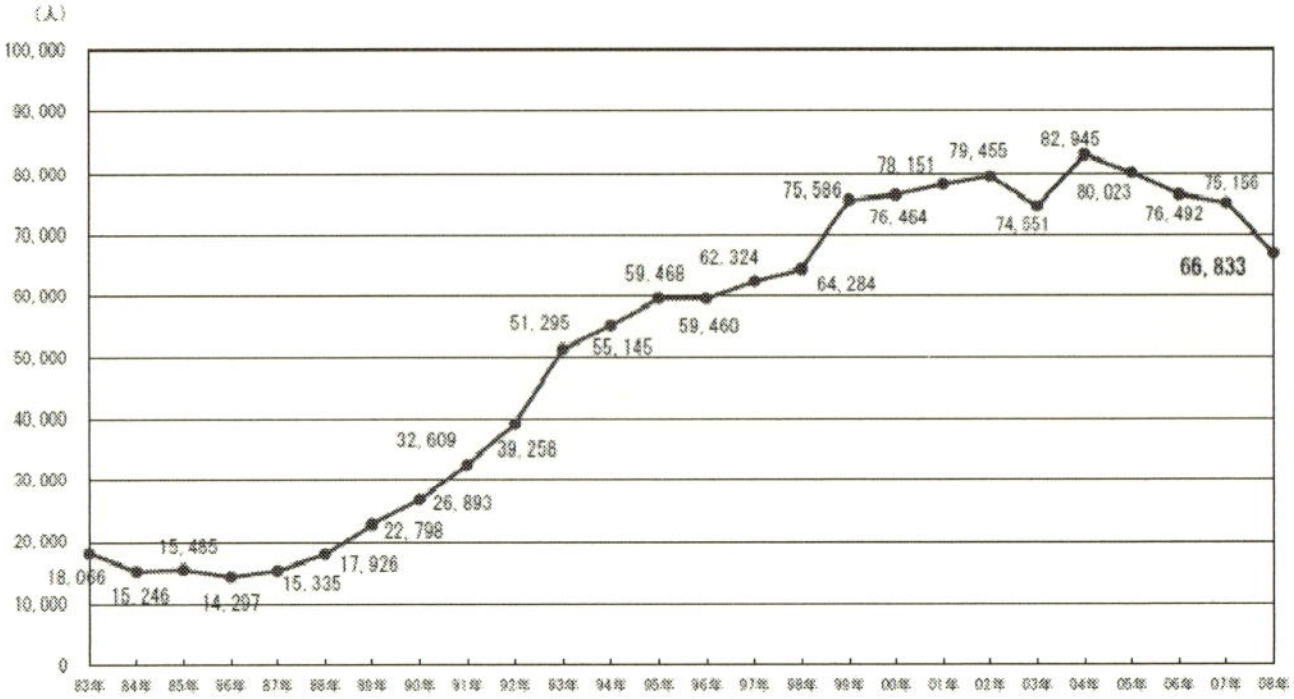

【図7】日本から海外への留学者数の推移（出典：文部科学省[130]）

130　出典　文部科学省報道発表「日本人の海外留学者数」について（二〇一〇年一二月二二日）。

131　留学者率で考えてみるとバブル真っ盛りのはずの一九八

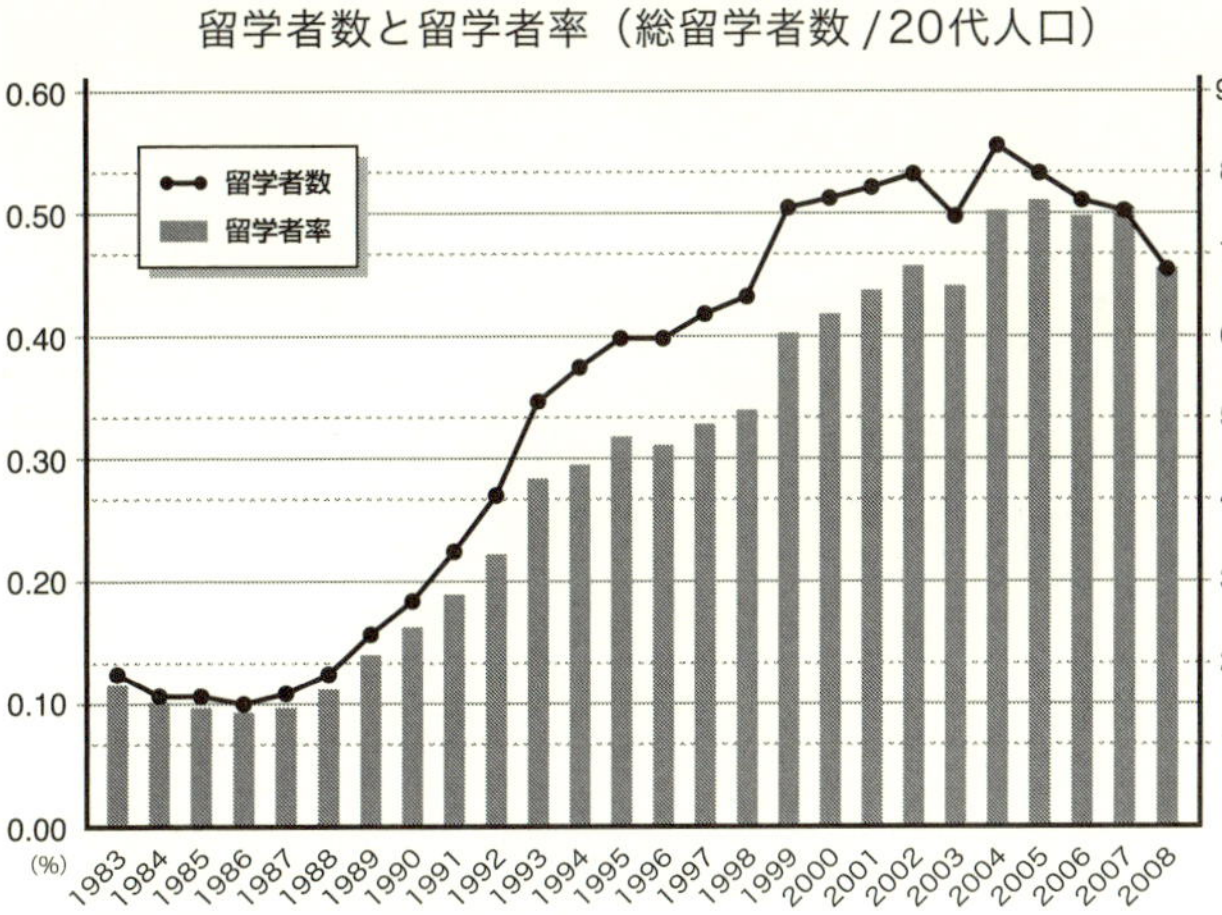

【図8】留学者数と留学者率の推移[132]

たりの留学生数という「留学者率」で考えてみると、留学生の数は未《いま》だに過去最高水準と言える【図8】。その割合は、バブル期の二倍以上だ。

　つまり、不況だ、格差だと叫ばれている最近のほうが、バブル時代よりもよっぽどみんな留学しているのだ。今までアメリカなど英語圏一辺倒だった留学生が、中国などに目を向け始めて行き先が分散化したため、大人は留学生が減ったような印象を受けてしまうのだろう[131]。

　海外で働く若者も増加傾向にある。たとえば、一九八〇年よりオーストラリアとの協定を皮切りに導入されたワーキングホリデー制度がある[133]。日本は二〇一一年一月現在、ニュージーランド、カナダなど一一ヵ国とビザに関する協定を結んでいる。

〇年代後半は約〇・一%、一九九〇年代中頃に約〇・三%になり、二〇〇五年頃にようやく〇・五%を超える。ただし留学する若者の割合が過去最高水準とはいえ、留学するのは二〇〇人に一人に過ぎない。これを「若者」問題と考えるのにはかなり無理がある。

132　このグラフはブログ「僕らの自由はここにある」を参考にした。同ブログは、「若者の海外旅行離れ」「若者の留学離れ」という言説に関して、本書よりもずっと丁寧に検証しているので、興味のある人は一度チェックして欲しい。http://wirfere.wordpress.com/

133　「広い国際的視野をもった青少年を育成し、ひいては両国間の相互理解、友好関係を促進することを目的」とし、一八歳から二五歳（国によっては三〇歳まで）の若者に対して相手国での一定の就労を認める制度である。最近では「ラストリゾート」などの仲介会社を使えば、ビザの手続きから現地での送迎、ホットラインの確保など何でもやってくれる。

参加者は、一九八一年には八八四人、一九九〇年には八九七四人だったが、二〇〇八年には二万八六八人の日本人がこの制度を利用している。二〇〇〇年代に入ってから、数値はほぼ横ばいだが、こちらもやはりバブル期と比べると、二倍以上の若者が海外で働いていることになる。

若者が地元化しているって本当か？

若者が地元化している、最近の若者は都市に憧れないという話も「内向き」の一例としてよく挙げられる。たとえば、二〇〇八年に放送された「久米宏経済スペシャル新ニッポン人現わる！」では「一マイル族」と名付けられた若者が特集されていた。同番組の定義する「新ニッポン人」とは「お金を使わない二〇代の若者」のことであり、「自宅から半径一・六km以内で暮らす若者」が増えているのだと言う[134]。

観光地ガイドブック『るるぶ』は、二〇〇三年から「町田市」や「品川区」といった市区単位で情報を提供する「狭域版」を発行している。「住民が自分の町を再発見できる雑誌があってもいい」のが創刊の動機で、増刷を繰り返す人気の号もあるという。地元さえも「観光先」になるという視点は、「旅行といえばハワイ」というような感覚を持っている人からみれば信じられない話だろう[135]。

キャンパスが東京の世田谷にある国士舘大学は、池袋で実施した「デリバリー入試」が好評

134 テレビ東京系列、二〇〇八年六月一日放送。

135 「日本人の「旅」大解明」『週刊東洋経済』二〇〇九年三月二八日号。

を博したという。[136] 入学課は「自宅に近い所で、平常心で受けてもらいたい」と説明しているが、池袋から世田谷までは電車で三〇分。これも地元化、なのかも知れない。

僕が最も驚いたのは博報堂の原田曜平《ようへい》（三三歳、東京都）の描く若者像だ。[137] 原田が千葉県松戸で出会った二一歳の女の子二人組は、「新宿」という漢字が書けなかったという。原田によれば、彼女たちは松戸だけで生活していて、ごくまれに東京に行っても常磐線の止まる日暮里か上野までしか行かず、新宿は縁もゆかりもないエリアだからだという。

さらに驚きの報告は続く。彼女たちが行ってみたい場所は「お台場」。なぜなら、「お台場があと一年でなくなってしまうから」。何かの情報が間違って伝わってしまったようだが、松戸に住む彼女たちにとって「お台場」はそれほどリアリティがない場所らしい。

松戸がそんな大変なことになっているのかと、ある日曜日の昼下がり、僕も松戸の若者に話を聞きに行ってみた。[138] まず、駅前のゲームセンターにいたカップルにインタビューをしてみる。浦安に住むダイスケ（二四歳、♂）と松戸在住のヒカリ（二五歳、♀）は中学の同級生。付き合いはじめて一年ちょっとになるという。

彼らによく行く場所を聞いてみると「遊ぶ場所は松戸か浦安」という答えが返ってきた。やっぱり松戸、地元化が進んでいるらしい。念のため東京にも行くかを聞いてみると「はい、しょっちゅう行きますね。近いんで」との答え。ん？

「渋谷とか新宿とか上野とか。よく行くお店は伊勢丹、丸井、高島屋。松戸だと入っているお

136 「学力ってなんだろう」『朝日新聞』二〇一〇年二月一九日朝刊首都圏版。
137 原田曜平『近頃の若者はなぜダメなのか』光文社新書、二〇一〇年。
138 二〇一〇年七月一八日。この日は松戸でインタビューした後、南船橋のIKEAとららぽーとでもフィールドワークをしてきた。行動軌跡だけを見ると、実に普通の休日の過ごし方である。まあ実際ただの余暇活動みたいなものなんだけど。

店が若者向けじゃないんで。映画観るとかちょっとした買い物くらいなら松戸とかでいいんですけど、さすがに松戸と浦安だけじゃ……」というわけらしい。そもそもダイスケは職場が品川にあるといい、東京にはほぼ毎日通っていることになる。

もっと地元っぽい子を探そうと思い[139]、ダイエー前の公園にいた高校生のヒロアキ（一七歳、♂）と大学生のタカシ（一九歳、♂）に話を聞いてみる。彼らは地元のカードゲームショップで半年ほど前に知り合った遊戯王カード仲間。ダイエーには、カードゲームの試合のために来たという。

二人とも実家暮らしで、家を出たいという気持ちはない。来年就職のヒロアキは「知り合いが多いところに住んでいたい」し、タカシも「地元で暮らすのに満足している」という。ただし東京にはちょくちょく行くようで、特にタカシは秋葉原に出かけることが多い。うーん、これを地元化と言っていいのだろうか。

一応、松戸では一三人の若者（一七歳から二二歳）に話を聞いてみた。ほぼ全員が松戸周辺在住だが、東京にもよく出かけると答えていた。一番東京に行く頻度の低い子（一八歳、♀、大学生）で「まだ（東京は）よくわからないんであんまり行かないです。月に一回か二回くらい」との答え。残念ながら原田がインタビューしたような子には会えなかった。

まあ、ここでも順当にデータを探してみるのが良さそうだ。

139　この時点でバイアスがかかっているため、社会調査失格である。そもそも「日曜日の昼間、松戸にいる若者」に話を聞く時点で、だいぶ標本が偏っている。「地元化」していない若者は松戸にいないだろうからだ。そのわりには、「地元化」している若者に会えなかったのはまことに残念なことである。

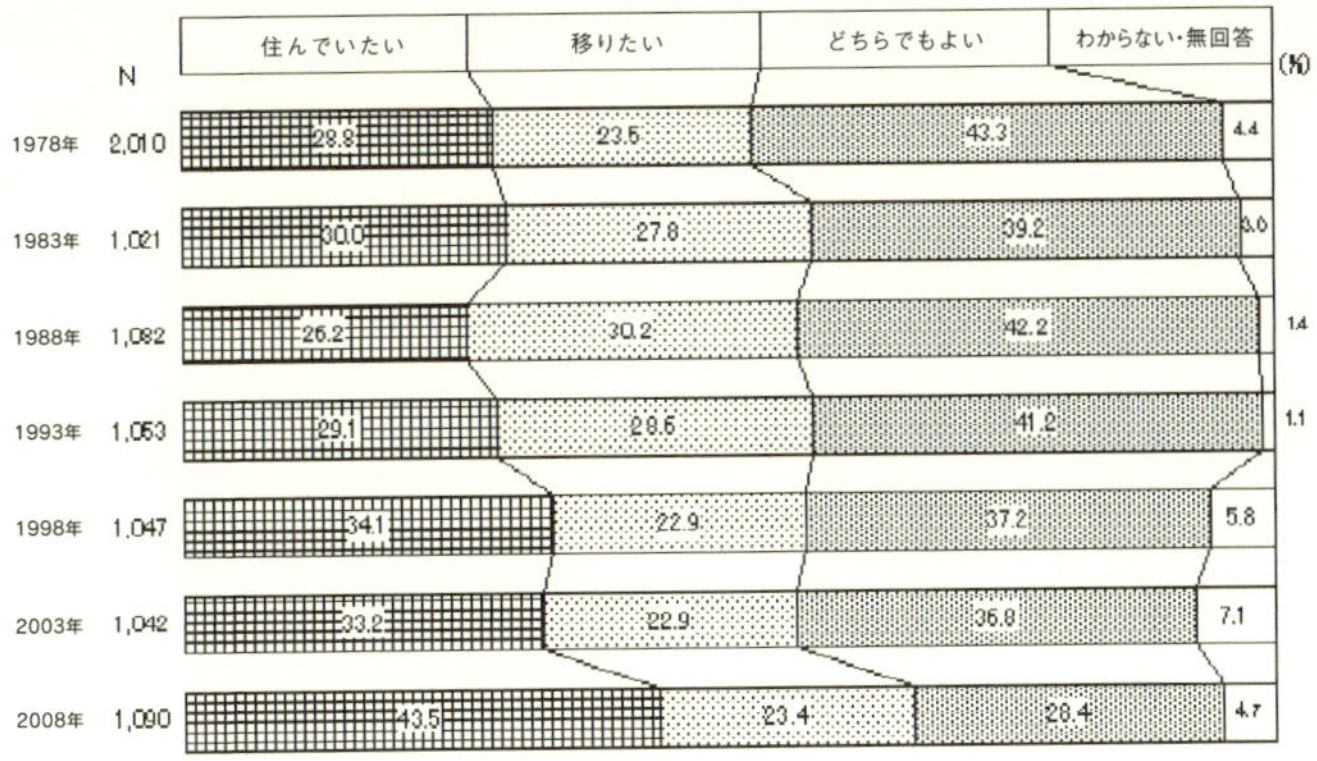

【図9】地域への永住意識（「世界青年意識調査」）

長期的には地元化、らしい

一八歳から二四歳の若者を対象とした「世界青年意識調査」には「将来もずっと今の地域（市町村）に住んでいたいと思いますか」という設問がある。そこで「住んでいたい」と答える若者の数は、【図9】のように増加傾向にあることがわかる。

特に二〇〇七年に調査が実施された第八回（二〇〇八年発表）の結果では、「住んでいたい」と答える人が、二〇〇三年の三三・二％から約一〇ポイントも上昇している。確かに意識の面では地元志向が進展しているように見える。[140]

では、実際の人口移動はどうなっているのか。

「学校基本調査」によれば、高校と同じ都道府県の大学へ進学する人の割合は上昇傾向にある。一九九〇年には三五・五％、二〇〇〇年には三八・八％だったのが、二〇一〇年には四二・〇％まで上昇している。地元の大学へ進学する人は確かに増えている

140　とはいえ、他の年齢と比べると若者のほうが都市に魅力を感じているようだ。二〇一〇年実施の「大都市圏に関する世論調査」（内閣府）によると二〇代の七六・八％が「大都市圏に魅力を感じる」と答えている。全世代平均の五九・四％よりもだいぶ高い数値だ。もちろん「魅力を感じる」ことと「実際に住む」ことは違うんだろうけど。

のだ。[141]

高校を卒業して就職する人で、県内で働く人の割合は二〇一〇年で八〇・四％だった。[142] ここ一〇年で見ると一番県内就職率が高い（地元志向）のは二〇〇四年の八二・五％、県内就職率が低い（地元志向ではない）のは二〇〇九年の七八・一％である。ここ数年で地元志向が高まったとは言えなさそうだが、四〇年前の一九七〇年に県内就職率は六八・七％だったので、長期的に見れば県外で働く高校卒業者は確かに減っている。[143]

全年齢で見た時の三大都市圏（東京圏、大阪圏、名古屋圏）への人口流入は、長期的に減少傾向にある。一九六〇年代には六〇万人を超えていた転入超過数だが、バブル崩壊後の一九九〇年代前半には逆に転出者のほうが多くなってしまった。最近の三大都市圏の転入者の数を見てみると二〇〇一年には九三万人いた転入者が、二〇一〇年には七九万人にまで減っている。[144]

このように、長期的なスパンでの「地元志向」は本当らしい。だけど、あくまでも高度成長期と比べた時の話だ。当時は農村人口が多く、地元で働き口のない「二男三男」たちは都市に出るしかなかった。いわゆる「金の卵」というやつだ。

農家は働き口のない二男三男を都会に出し、都会の企業は安価な労働力として農村出身の若者を求めた。[145] その利害の一致が起こした人口移動であり、「地元志向」といった気持ちの問題なんかじゃない。[146] 実際、農家側は地元に雇用機会を増やすことを望んでいたというデータもあり、みんなが好きで都会に出てきたわけではないのだ。

141　出身高校の所在地と入学した大学の所在地が同じ都道府県の人の割合（文部科学省「学校基本調査」）。ただし一九八〇年の割合は三八・一％で二〇〇〇年と水準が変わらない。それ以降で、最も県内進学率が低くなるのは一九九二年の三四・九％である。

142　全日制高校を卒業して就職する人の県外就職率（文部科学省「学校基本調査」）を反転して使用。

143　高校生の県内就職率は一九八〇年には七五・七％、一九九〇年には七六・二％と長期的に増加傾向にある。

144　総務省「住民基本台帳人口移動報告　平成二二年基本集計結果」。ただし、二〇一〇年において都道府県間の移動が最も多いのは二〇代だった。たとえば東京都に転入してきた三九万人のうち、四二・四％は二〇代である。残念ながら年齢別の転入・転出者数が公表されたのが二〇一〇年からのため、過去のデータと比べることはできない。

145　加瀬和俊『集団就職の時

今は地方都市が発達したことにより、大学も働き先もない「本当の田舎」が減って、「そこそこの都市」が増えた。それが若者を同一都道府県内に留《とど》まらせる一つの要因になっているのだろう。

一方で、東京大学入学者の出身地の、中央と地方の比率は一九七〇年代から現在まであまり変わっていない[147]。その意味で、「地元志向」は「それでも変わらず中央を目指す若者」と「もう中央を目指さないでそこそこ生きていく若者」という二極化の兆候なのかも知れない。

4　モノを買わない若者たち

「嫌消費」って本当か？

「若者がモノを買わなくなった、これでは日本経済も真っ暗だ」というおじさんたちの悲痛な叫びを聞くことが多くなった。だが「モノ」といっても色々ある。「若者がモノを買わない」と言っている論者たちは、何を根拠に若者の消費離れを嘆いているのだろうか。

試しに、最近一番ヒットした若者の消費離れ本、マーケターの松田久一《ひさかず》（五三歳、兵庫県）による『「嫌消費」世代の研究』を見てみよう。彼は同書の中で、モノを欲しがらない若者たちのことを「嫌消費」世代と名付けた。この本が目を引くのは帯だ。今時っぽい覇気のなさそうな女の子が「クルマ買うなんてバカじゃないの？」と言っている。

代　高度成長のにない手たち』青木書店、一九九七年。

146　「地元化」というとコンビニ前にたむろするような若者を思い浮かべてしまうが、今でもこの国にはコンビニもない「本当の田舎」も多くある。そういった地方に住む若者は「地元化」さえもできない。

147　「東京大学学生生活実態調査」では東大生の家庭の所在地を聞いているが、この四〇年間の「東京都」出身者はずっと三割程度である。ただし関東出身者は一九七〇年代は五割程度だったのが、一九八〇年代後半から上昇しはじめ、二〇〇九年調査では五九・五％だった。どちらにせよ、この一〇年に関しては横ばいと言っていい。

「クルマ買うなんてバカじゃないの?」というのは、実際に著者が若者から聞いた台詞《せりふ》らしい。本文の冒頭でも「大型テレビなんていらない。ケータイのワンセグで十分」「日本語が通じない海外旅行なんて楽しめない」という若者の声に、著者が「耳を疑った」エピソードが紹介されている。

普通ならここで「これだから近頃の若者は」と言って終わるところだが、さすがマーケティングを商売にしている著者だけあって、きちんと統計にあたり、自分が代表を務める会社で二〇〇〇人規模のインターネット調査もしてみた[148]。さらに、なぜかディルタイやマンハイムなど昔の学者を参照しながら世代論の有用性と限界まで論じている。まるで難しい言葉をやたら使ってみたい大学生のレポートみたいだ[149]。

まず松田は総務省「家計調査年報」を使って、二人以上の世帯における自動車とテレビの平均購入数の推移を確かめる。二〇代の自動車とテレビの平均購入数は確かに減少傾向にあることがわかる。

その後は、若い世代、特に一九七九年から一九八三年生まれの「バブル後世代」の若者たちに「嫌消費」傾向が強いことを、ご自慢のインターネット調査データを使って明らかにしていく。「嫌消費」というのは、個人の収入が増えたにもかかわらず、支出を減少させたいと思っている人のことである[150]。

この本を終始貫く価値観は、「若者が自動車、家電を欲しがらなくなった。海外旅行にも行

148　インターネット調査の問題点、結果を見るときの注意点をまとめた論文としては、長崎貴裕「インターネット調査の歴史とその活用」『情報の科学と技術』(58-6　二〇〇八年)を参照。インターネットを利用している人、それも主に調査会社にモニター登録をしている人だけに回答を求めるため、回答が偏ってしまうというのが留意点の一つである。

149　せっかく難しい古典まで紐解いているのに、それが考察に生きていないのが残念である。

150　一九七九年から一九八三年生まれと言えば調査時には二五歳から二九歳。結婚や子育て、将来のことを考えて少しでも貯金をしておきたいと考える人が多いのは、今に始まったことではないと思うが、同調査は過去との比較がないのでわからない。

かなくなった、大変だ」ということだ。

だって著者のデータを信じるのならば、一番「嫌消費」度が強いはずの「バブル後世代」のほうが、他の世代と比べてファッション、家具・インテリア、ゲームなどにはお金を使っている。要するに消費傾向が、海外旅行や大型テレビなどではなくて、身近な「衣・食・住」に向いてきていることが問題だというのだ。

嫌消費っていうからもっともの凄い消費離れが起こっているのかと思ったら、どうやらただの自動車・家電・海外旅行離れのことらしい[151]。

それならあんまり異論はない。確かに、若者の「自動車離れ」は進んでいる。「全国消費実態調査」を確認すると、三〇歳未満の自動車購入費は一九八九年には六四七五だった数値が、一九九九年には四四一四、二〇〇九年には三三五一まで下がっている[152]。

また、「乗用車市場動向調査」[153]を見ても、三〇歳未満の主運転者の割合は一九九七年に一八%だったのが二〇〇九年には八%まで減っている。これは、自動車免許取得可能となる一八歳から二九歳人口の減少スピードよりも急激な減少だ。

そして耐久消費財をあんまり買わないのも本当だ。「全国消費実態調査」によれば、二九歳未満の「家電」など耐久消費財に使うお金、そして所有率は三〇歳以上と比べて確かに少ない。ただ立派な家電だと思われるゲーム機、パソコン購入にかける費用は他の世代よりもよっぽど多い。だから「家電」を買わないというのはちょっと言い過ぎだ。

151　山岡拓の『欲しがらない若者たち』（日本経済新聞出版社、二〇〇九年）でも、主に取り上げられているのは自動車、アルコールなどである。なぜおじさんは自動車が好きなのか。いつか中年論を書く機会があったら、ぜひ考察したいテーマである。

152　ここでは単身世帯、二人以上の世帯を合わせた「総世帯」での調査を使用した。あくまでも世帯主の年齢による調査のため、実家暮らしの若者の動向は確認できないが、松田が使用している「家計調査」の「二人以上の世帯」に限った調査よりはマシだと思う。また「全国消費実態調査」のほうが、サンプル数も約六万世帯（「家計調査」約八〇〇〇世帯）あり精度が高い。（数値は平均費用）

153　日本自動車工業会「二〇〇九年度乗用車市場動向調査」。

「あなた」のせいでモノが売れなくなった

他の調査を見ても、似たような傾向が確認できる。日経流通新聞が二〇一一年に実施した調査によると、二〇代の男の子はファッション、書籍、化粧品、ゲームなどにかけるお金が三〇代（団塊ジュニア世代）と四〇代（バブル世代）よりも高く、女の子は友人や会社関係の飲食費、通信費などが高い[154]。またユナイテッドアローズからシャネルまで、ブランド品の購入意欲も三〇代から四〇代より、二〇代のほうが高いという。

また団塊ジュニア世代やバブル世代よりも一ヵ月に自由に使えるお金も多い。自由に使えるお金の平均は二〇代で五万二七七円だが、一〇万円以上と答えた人も一三・二％いる。なんだ、みんなお金けっこう使ってるじゃん。まあ当たり前の話で、結婚して子育てをする人が増える三〇代、四〇代より、独身が多い二〇代のほうが自由に使えるお金は多いに決まっている。

要するに、若者は決してモノを買わなくなったわけじゃない。買うモノとそのスケールが変わっただけの話なのだ。昔ほど自動車は買わない。お酒も飲まない。海外旅行も行かない。だけど「衣・食・住」など生活に関わるモノは買うし、通信費など人間関係の維持に必要なコストはかける。

博報堂発行の広告雑誌の言葉を使えば「過剰な消費や拡大を目指さない、サステイナブル消

154 『日経流通新聞』二〇一一年一月五日。二五歳から二九歳、三五歳から三九歳、四五歳から四九歳の男女を対象に行ったインターネット調査。各世代のサンプル数は約一〇〇〇で、合計三二四二人から回答を得たという。

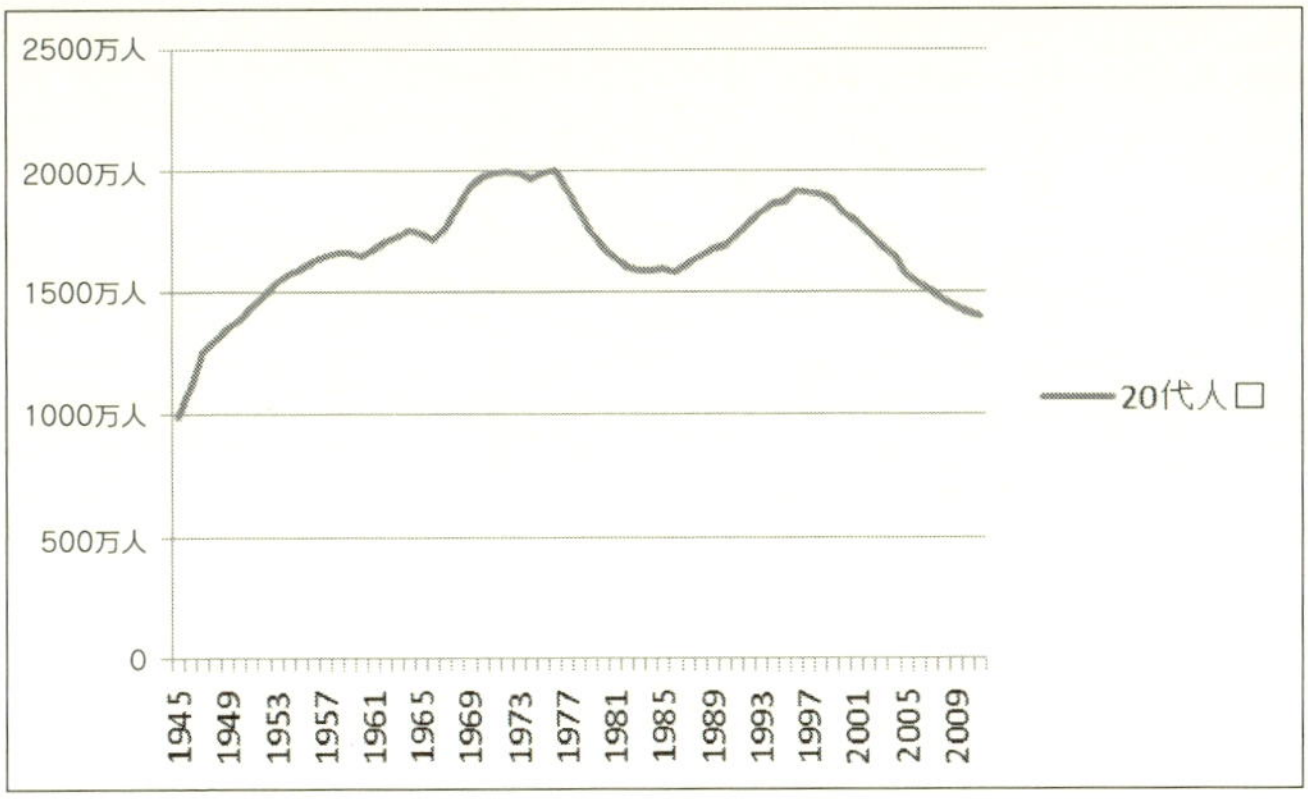

【図10】20代人口の推移（出典：統計局「日本の長期統計系列」を基に作成[157]）

費の若者たち」ということになる。[155]だから消費傾向自体は、確かに「内向き」と言ってもいい。

ただし、若者の人口減少スピードが急激なため、「若者が自動車を買わなくなった」「海外旅行に行かなくなった」など、いくつかの事実が過剰にインパクトを持ってしまったのだろう。二〇代の人口は一五年前の一九九六年と比べて二六%、一〇年前の二〇〇一年と比べて二一%も減っているのだ。そりゃ、若者の分母が二割も減れば、消費は落ち込んだように見えるだろう【図10】[156]。

だから仮に「若者がモノを買ってくれない」と文句を言うのならば、若者に文句を言う前に、日本の出生率をここまで低くした政策担当者、それを支持した当時の国民に言って欲しい。つまり、多くの人は、過去の自分たちを恨んで欲しい。[158]

また、第一章で確認した通り、「若者が流行を作り出すトレンドセッター」という切り口自体、

155 『広告』二〇一〇年一〇月号。

156 戦後二〇代が一番多かったのは団塊の世代が大人になった頃で、一九七六年には二〇〇〇万人もの二〇代がいた。次のピークはいわゆる団塊ジュニアが大人になる頃で、一九九六年にも一九一三万人もの二〇代がいたのである。

157 二〇一〇年、二〇一一年に関しては「人口推計」を参照した。

158 ちなみに二〇年後に、二〇代人口は今よりさらに二割以上減って約一〇九七万人になるので覚悟しておいて欲しい。って覚悟しなくちゃいけないのは、僕の世代か。

一九八〇年代に作り出されたフィクションである。当時の「若者」は人口ボリュームとしてもそこそこ大きかったし、「若者」当人も自分たちが流行発信源という自負があったのだろう。[159]

ということは、いつの間にか消費者を踊らせるはずだったマーケターや広告会社たちが、かつて自分たちの作り出したフィクションに踊らされている、という皮肉な構図が「若者がモノを買わない」論の真相でもある。

若者をめぐる「微妙な感じ」

データとともに日本の若者が本当に「内向き」になってしまったのかを見てきた。何だか歯切れの悪い分析ばかりになってしまった。世の中が騒いでいるほど「内向き」とまでは言えないが、「外向き」と言い切れるわけでもない。

若者の社会貢献意識は高まっているのに、実際の社会貢献にそこまで参加しているわけではない。また選挙に行く若者の数は確かに減り続けている。大規模デモが頻繁に起きるわけでもない。新聞社説の焦りもわかる。[160]

留学生数にしても、バブル期と比べるなら「留学生は増えた」と言えるが、ここ数年は思いのほか急激にその数が減っていて、その傾向が続きそうな気もする。ワーキングホリデーにしても、参加者が横ばいというだけで、増加しているわけでもない。グロスで見た二〇代の海外出国者数は確かに減少している。

159　一九八〇年代前半は、人口ボリュームで考えると二〇代の数は決して多くない。だから正確に言えば、一九七〇年代後半から続いた「若者祭り」の影響が大きかったと考えられる。

160　ちなみに若者の政治離れを新聞社説で心配し、「デモしない若者たち」という特集まで組んでいた『毎日新聞』（二〇一一年三月一日夕刊）は、実際に一万人規模の反原発デモが高円寺で起こった時点ではいっさい報道しなかった。

また、かつてより海外に向かう若者が減っていないことをもって「内向きではない」とは言い張れない。留学者とワーキングホリデーに行く若者を合わせても一〇万人には届かない。ざっと計算して、二〇〇人に一人の割合だ。

生まれた場所に愛着を持つ若者も増えているし、大都市圏への移動人口も減っている。しかし学力上位校の若者たちは、依然として都市部の有名大学を目指す。若者が一概《いちがい》に「地元化」しているとは言い切れない。

消費に関しても、自動車を買う若者は確かに減っているが、使うところにはきちんとお金を使っている。他の世代よりも消費欲は旺盛《おうせい》な面もある。ただし、消費傾向が「外向き」から「内向き」になったと言われるなら、その通りでもある。

なんていうか「微妙」なのだ。データの解釈次第で「内向き」とも言えるし、「内向きじゃない」とも言えてしまう。きっと、この「微妙な感じ」が若者像を混乱させてしまう原因の一つなのだろう。

ここではとりあえず、「内向きと言えるが、言われるほど内向きじゃないし、ここ数年で急激に内向きになったのでもない」という曖昧な立場でお茶を濁《にご》しておく。次の節では、「コンサマトリー化」という補助線を引いて、もうちょっと議論の見通しを良くしていこう。

5　「幸せ」な日本の若者たち

高まる一方の生活満足度

二〇〇五年頃から、様々なメディアで「不幸な若者」や「かわいそうな若者」がクローズアップされることが多くなった。増える一方の非正規雇用、低賃金で働くワーキングプア、どんどん厳しくなる就活戦線、現代版ホームレスとも言えるネットカフェ難民たち。

だがここに、「不幸な若者」像を持っている人にとっては驚きであろうデータがある。僕もある本で知ったのだが[161]、あまりにもみんなの食いつきがいいものだから、色んな人に言い触らした。本田由紀（当時四五歳、徳島県）もびっくりしてた。

どうやら今の若者たちは自分たちのことを「幸せだ」と感じているらしいのだ。

複数の世論調査によれば、多くの若者たちは今の生活に満足している。しかも、若者が元気だったらしい一九七〇年代と比べても、新人類が闊歩していたらしい一九八〇年代と比べても、バブルがはじけても世間はまだまだお祭り気分だった一九九〇年代と比べても、その満足度は高いのである。

内閣府の「国民生活に関する世論調査」によれば、二〇一〇年の時点で二〇代男子の六五・九%、二〇代女子の七五・二%が現在の生活に「満足」していると答えている[162]。こんなに格差

161　豊泉周治『若者のための社会学　希望の足場をかける』星雲社、二〇一〇年。この章の幸福度に関する記述も、同書を参考にしている。もともとはハーバマスやアレントといった難しそうな思想家の研究をしている人の本なので、ちょっとついていけない箇所もあるが、全体的に最近出た若者本の中ではかなりの良作である。

162　「満足している」と「まあ満足している」の合算。「日本人の意識」調査に関しても、「満足」と「やや満足」を合算した数値を本文中には示してある。狭義の「満足」だけの推移を見ても、同様の上昇傾向が確認できる。

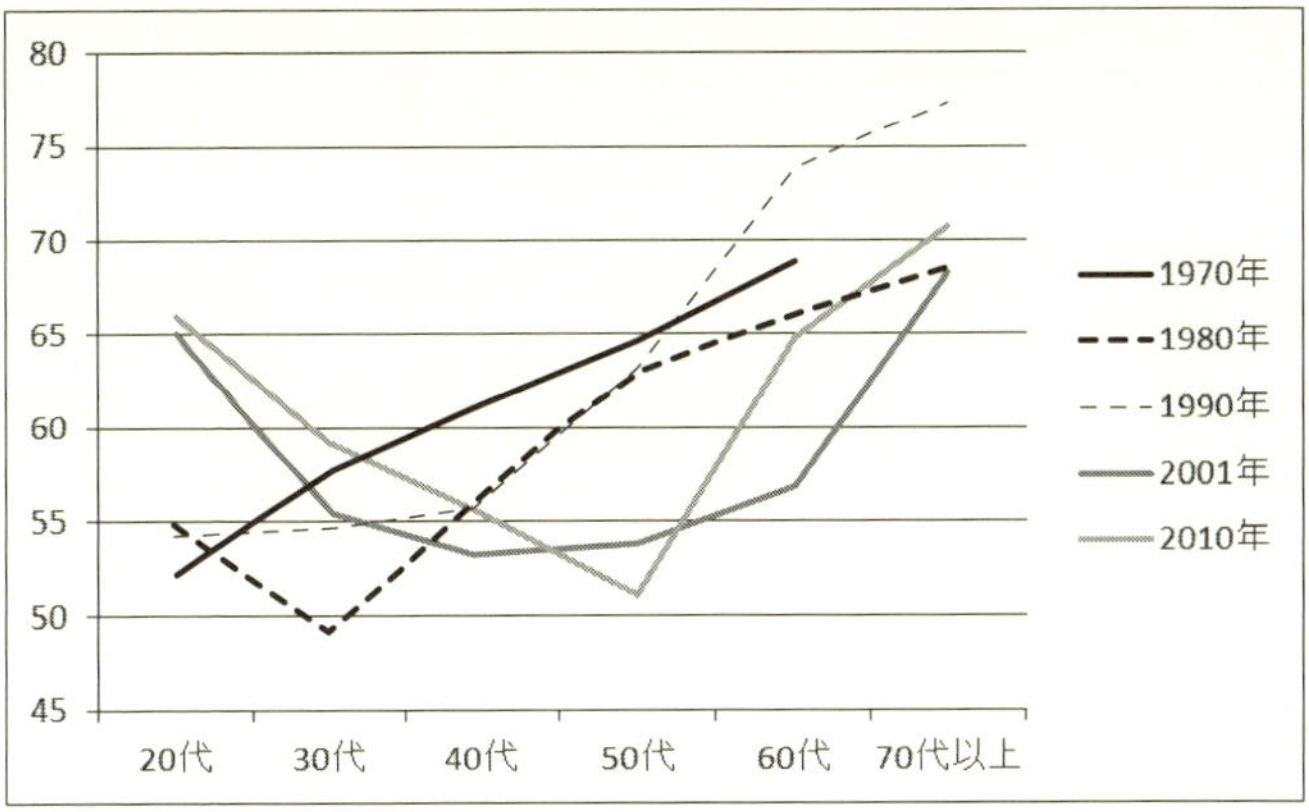

【図11】年代別の生活満足度の推移（男性[163]）

社会だ、若者は不幸だと言われながらも、今の二〇代の約七割は生活に満足しているのだ。特に男の子に関しては、過去四〇年間で一五%近くも満足度が上昇している【図11】。

高度成長期が終わっていなかったはずの一九六〇年代後半の二〇代の生活満足度は、六〇%程度。一九七〇年代には五〇%くらいにまで下がった年もある。それが、一九九〇年代後半からは七〇%前後を示すようになってきた。現代の若者は、過去の若者よりも自分たちのことを「幸せだ」と感じているらしいのだ。

同様の傾向はNHK放送文化研究所の「日本人の意識」調査からも確認できる。「今、どのくらい幸福か」という設問に対して、「満足」だと答えた人は一九七三年から二〇〇八年にかけて倍増している。「世界青年意識調査」でも「中学生・高校生の生活と意識調査」を見ても、二〇〇〇年

163　一九七〇年調査に関しては、「七〇代以上」という項目がなく、「六〇代以上」だけだったので、図の中で「六〇代」となっている数値は実際には「六〇代以上」である。「国民生活に関する世論調査」はなぜか二〇〇〇年には実施されていないので、二〇〇一年の数値を示してある。

代に近づくほど、幸福度が上昇している。

また生活満足度や幸福度を年代別に見てみると、四〇代から五〇代の「中年」のほうが数値が低いことがわかる。「若者は不幸だ」と心配している自分たちのほうが、よっぽど幸せじゃなかったのである。

不満はないけど不安がある

ただし「そっかー、若者は幸せなのか、良かったねー」という話では終わらない。若者たちが本当に幸せなのかを疑ってしまうようなデータもあるからだ。

生活満足度の件で参照した「国民生活に関する世論調査」では、「日頃の生活の中で、悩みや不安を感じているか」ということも聞いている。二〇一〇年の調査によると、二〇代の六三・一%が悩みや不安を感じているというのだ。

同じ設問が確認できる一九八〇年代以降の不安度の推移を見てみると、「不安がある」と答える二〇代は、一九八〇年代後半には四割を切るものの、バブルが終わった一九九〇年代前半から上昇し始めて、二〇〇八年には六七・三%に達する。一方の「不安がない」二〇代は、バブル崩壊以降ずっと減少傾向にある【図12】。

半数以上の若者が、自分のことを「幸福だ」と感じながら、同時に「不安だ」とも思っているのだ。これはいったい、どういうことなのだろうか。

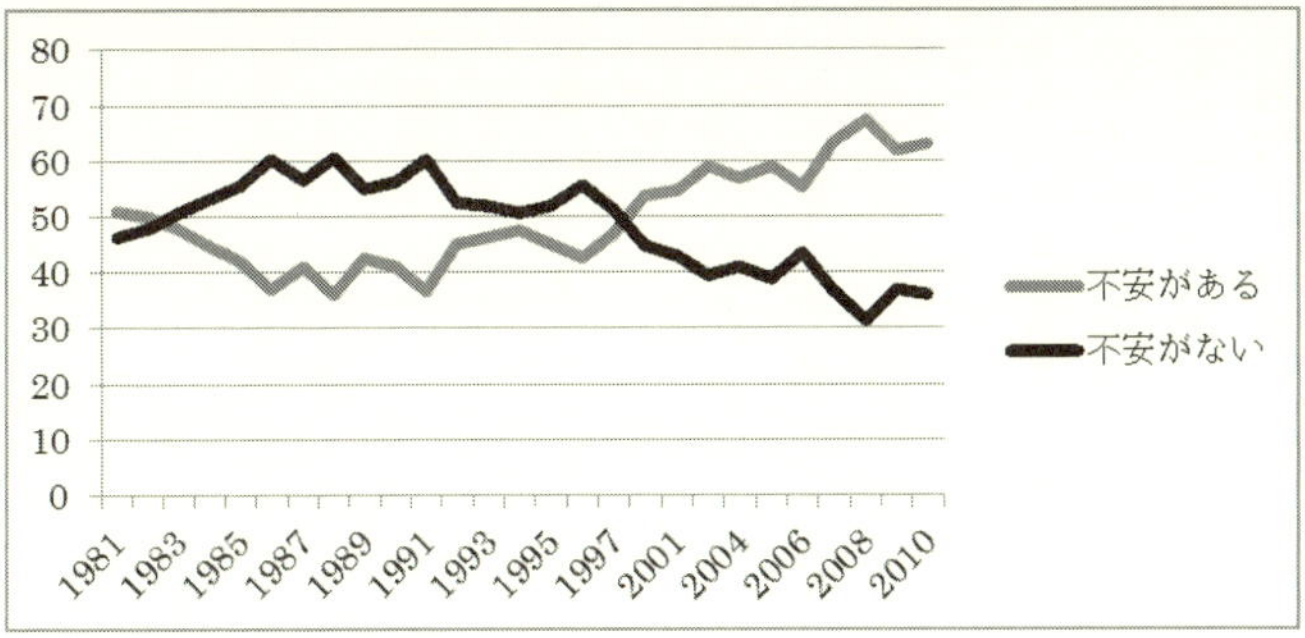

【図12】20代の不安度の推移

また「大きな」ことを聞いた時も、若者の「不安」は明らかになる。日本青少年研究所が二〇〇〇年に実施した国際比較調査によれば、「二一世紀は人類にとって希望に満ちた社会になるだろう」という考えに対して、日本の若者の六二・一%が「そう思わない」と答えている。他国に比べて、異常に絶望的な数値だ。

また、「自国の社会に満足していますか」という風に「大きな」ことを聞くと、満足度は、生活満足度という「小さな」ことに比べてずっと悪い数値を示す。

「世界青年意識調査」によれば、二〇〇八年の時点で自国の社会に対する満足度は四三・九%。不満は五四・一%に上る。アメリカの満足度は六七・六%、イギリスの満足度は六一・二%で、日本は比較対象になっている五ヵ国の中でワースト2の満足度だ。

社会に対する満足度はピークがバブル前夜の一九八八年の五一・三%だ。まるで日本の経済成長とシンクロするように、社会に対する満足度は一九七二年の調査開始時の二五・九％から一九八八年まで上昇し続けていた。それが一九九三年調査からは満足度の減少が始まる。

まるでジグソーパズルのようになってきた。わけがわからなくなりそうなので整理しておくと、若者の生活満足度や幸福度はこの四〇年間でほぼ最高の数値を示している。格差社会だ、非正規雇用の増加だ、世代間格差だ、と言われているにもかかわらず、当の若者たちは今を「幸せ」と感じている。

一方で、生活に不安を感じている若者の数も同じくらい高い。そして社会に対する満足度や将来に対する希望を持つ若者の割合は低い。この結果をどのように考えればいいのだろうか？

「幸せ」な若者の正体

元京都大学教授の大澤真幸《まさち》（五二歳、長野県）は、調査回答者の気持ちを以下のように推察する。[164] 人はどんな時に「今は不幸だ」「今は生活に満足していない」と答えることができるのだろうか。大澤によれば、それは、「今は不幸だけど、将来はより幸せになれるだろう」と考えることができる時だという。

将来の可能性が残されている人や、これからの人生に「希望」がある人にとって、「今は不幸」だと言っても自分を全否定したことにはならないからだ。

逆に言えば、もはや自分がこれ以上は幸せになると思えない時、人は「今の生活が幸せだ」

164　大澤真幸「可能なる革命　第1回『幸福だ』と答える若者たちの時代」『atプラス』07号（太田出版、二〇一一年）。大澤先生、「幸せな若者」にビックリしすぎである。

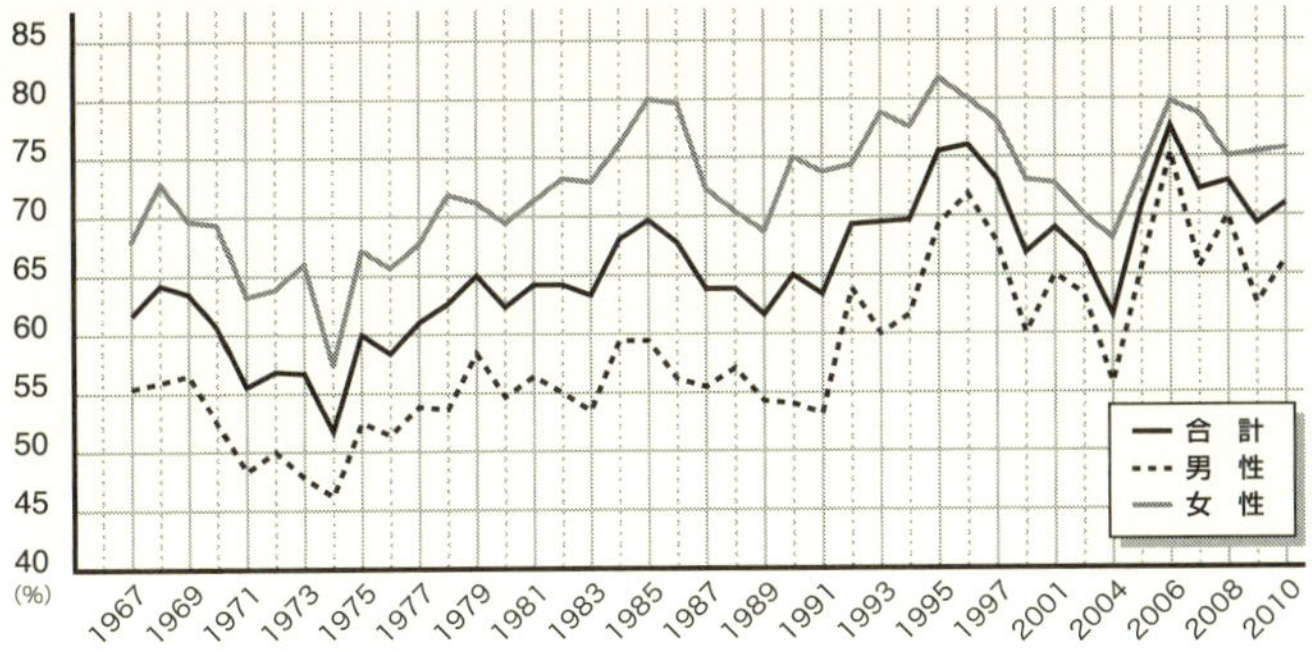

【図13】 20代の生活満足度の推移

と答えるしかない。つまり、人はもはや将来に希望を描けない時に「今は幸せだ」「今の生活が満足だ」と回答するというのだ。

事実、多くの調査で共通して、高齢者は幸福度や生活満足度が高い。体力も衰えた高齢者が、まだ若い人よりも「今の生活」に満足しているというのは、一見おかしな話だ。しかし、高齢者にはもう、「今よりもずっと幸せになる将来」を想定できない。だから、彼らは「今の生活」に満足していると答えるほかないのだ。

大澤の説を裏付けるように、二〇代の生活満足度が上昇するのは一般的に「不況」と言われるような、「暗い時代」が多い【図13】。たとえば、生活満足度の一九八〇年代のピークはバブル前の一九八五年。一九九〇年代のピークはバブルも終わり、オウム真理教事件と阪神・淡路大震災が起こった翌年の一九九六年。二〇〇〇年代のピークは格差社会論が盛り上がった二〇〇六年だ。

「今日よりも明日がよくならない」と思う時、人は「今が幸せ」と答えるのである。これで高度成長期やバブル期に、若者の生活満足度が低かった理由が説明できる。彼らは、「今日よりも明日がよくなる」と信じることができた。自分の生活もどんどんよくなっていくという希望があった。だからこそ、「今は不幸」だけど、いつか幸せになるという「希望」を持つことができた。

たとえば、一九五〇年代に集団就職で秋田県から東京へ上京してきたある若者（二〇歳、♂）は、自動車整備工場で毎日実働一〇時間ほど働いていた。先輩からの悪口、いじめ、嫌がらせは日常茶飯事だった。秋田弁がコンプレックスとなり、休みの日もほとんど外出はしないで、友人もできなかった。それは「地獄」のような日々だったが、「苦労の後には、きっと輝かしい未来が見えてくる」という信念だけが彼を支えていたのだ[165]。

しかし、もはや今の若者は素朴に「今日よりも明日がよくなる」とは信じることができない。自分たちの目の前に広がるのは、ただの「終わりなき日常」だ。だからこそ、「今は幸せだ」と言うことができる。つまり、人は将来に「希望」をなくした時、「幸せ」になることができるのだ。

コンサマトリー化する若者たち

幸せな若者の正体は、「コンサマトリー」という用語で説明することもできる。コンサマトリーというのは自己充足的という意味で、「今、ここ」の身近な幸せを大事にする感性のこと

165　佐々木進『集団就職世代が日本を救った！　二流人生は今輝いている』東京図書出版会、二〇一〇年。自費出版のため文章がすごいことになっているのだが、逆に技巧のない文章に胸を打たれる。

166　本来はタルコット・パーソンズという昔の社会学者の概念で、「自己満足」に近い意味で使われている（武田良三監訳『〔新版〕社会構造とパーソナリティ』新泉社、二〇〇一年）。「コンサマトリー化する若者」に関しては豊泉周治『若者のための社会学　希望の足場をかけ

だと思ってくれればいい。

何らかの目的達成のために邁進《まいしん》するのではなくて、仲間たちとのんびりと自分の生活を楽しむ生き方と言い換えてもいい。[166]つまり「より幸せ」なことを想定した未来のために生きるのではなくて、「今、とても幸せ」と感じられる若者の増加が、「幸せな若者」の正体なのではないだろうか。[167]

これで「生活」の「満足度」という「小さな」ことを聞いた時に比べて、「社会」といった「大きな」ことを聞く時に、若者たちの満足度が下がる理由も説明できる。彼らは「社会」という「大きな世界」に不満はあるけれど、自分たちの「小さな世界」には満足しているのである。

もっとも、コンサマトリー化という現象は、近年、突然始まったことではない。同様の指摘は数十年前の研究者も行っているからだ。

一九七〇年代の日本では産業化が進展し、衣食住という物質的な欲求が満たされつつあった。そこで経済的な豊かさを求めて「勤労」や「節約」をするのではなくて、人びとはコンサマトリーな価値を持つ行動を取ると指摘したのが経済学者の村上泰亮《やすすけ》（四四歳、東京都）だった。[168]

当時の若者研究者たちも似たような発言をしている。社会学者の濱島朗《はましまあきら》（四七歳）は、豊かな社会が「はるかな未来よりも身近かな『いまとここ』に身を沈める若者たちを生みおとす」

る』（星雲社、二〇一〇年）が最も手際よくまとまっている。

167　たとえば二〇一〇年に実施された「日本人の情報行動調査」でも、「世間のできごとより、自分の身の回りのできごとに興味がある」と答える割合は若年層ほど高く、一〇代で七九・四%、二〇代で七四・三%だった。この割合は五〇代では五七・五%、六〇代で五〇・六%だった（橋元良明『メディアと日本人　変わりゆく日常』岩波新書、二〇一一年）。ただし、こうした統計を読む時に注意しなくちゃいけないのはワーディングだ。「社会意識に関する世論調査」によれば社会志向の若者が増えているのは前述した通りだが、この調査も「世界や社会のことよりも、個人的なことに興味がある」と質問文を変えれば結果が大きく変わる可能性がある。要するに「世間」という言葉は「世界」や「社会」に比べてキラキラしてないのだろう。

168　村上泰亮『産業社会の病理』中公クラシックス、二〇一〇年。初版は一九七五年。

ことを指摘していた[169]。もはや共通の目標や生きがいが喪失した時代において、若者たちは政治に対して無力感と無関心を抱き、「私生活へのとじこもり」が起こるという。今でも物知り顔の文化人が言ってそうなことだ。

バブル前夜の一九八〇年代も同様だ。筑紫哲也（四九歳、大分県）は当時の若者を指して「半径二メートルだけの視野」の「身のまわり主義」が広まりつつあることを指摘していた[170]。第一章でも述べた通り、一九七〇年前後に現代まで連《つら》なる若者語りのパターンはほぼ完成してしまうことを考えれば不思議ではない。

どちらにせよ、経済発展が至上命題だった高度成長期が終わり、公害など経済成長の負の側面が顕在化し、オイルショックにより経済成長がマイナスに転じた一九七三年頃に、この国に一つの転機が訪れたのは間違いがない。その意味で、日本社会のコンサマトリー化は一九七〇年代から徐々に進展してきたと言える。

ただし、一九七〇年代と二〇一〇年代がシームレスに地続きというわけではない。一九八〇年代にピークを迎えた受験戦争に象徴されるように、一九七〇年代と一九八〇年代は日本中が「いい学校、いい会社、いい人生」という「中流の夢」に支配された、メリトクラシー[171]と組織化の時代だったと言える。それはコンサマトリーな価値観を持った若者も「企業」で「社畜」として働くことで「若者」を卒業していく時代だった。

だけど一九九〇年代以降、「中流の夢」が壊れ「企業」の正式メンバーにならない若者が増

169　濱島朗「現代社会と青年層」濱島朗編『現代青年論』有斐閣、一九七三年。この本を読むと四〇年間「若者論」と呼ばれる分野に大した進歩がなかったことがわかる。

170　筑紫哲也他『若者たちの神々1』新潮文庫、一九八七年。初版は一九八四年。

171　メリトクラシーとは、身分や家柄ではなく「能力」のある人が社会を支配する仕組みのことで、通常日本語では業績主義と訳される。ニュアンスとしては学歴社会や受験競争社会に近い。

えていく中で、いつまでもコンサマトリーでいられる若者が増えていったことが予想される。しかも、「失われた二〇年」と言われる一九九〇年代以降、なぜか急に生活満足度が上がっていく。

　ここで現代の若者が幸せな理由にもう一本、新しい補助線を引こう。「仲間」だ。

6　村々する若者たち

仲間がいれば無敵だ

　一九九〇年代以降顕著になったのは、若者たちにとって「友人」や「仲間」の存在感が増してきたということだ。内閣府が行った「国民生活選好度調査」では、国民に一〇点満点で「幸福度」と「幸福度を判断する際、重視した事項」を聞いている。[172]そこで一五～二九歳の若者の実に六〇・四％が「友人関係」と答えていて、他の世代と比べて突出して高かったのだ。[173]

　充実感や生きがいを感じる時に「友人や仲間といるとき」と答える若者も増加し続けている。[174]一九七〇年に「友人や仲間といるとき」に充実感を抱く人は三八・八％だったが、一九八〇年には五八・八％にまで上昇、一九九〇年には六四・一％になり、一九九八年以降は約七四％前後で安定している。この数値は国際的に見ても高いものとなっている。[175]

「友人」や「仲間」を大切にする若者といえば、二〇一〇年の流行語大賞を思い出す。早稲田

172　内閣府「国民生活選好度調査」二〇一〇年。

173　国民全体では「健康状況」と答える人が最も多くて六九・七％で、「友人関係」は三八・五％で六番目の重要度だった。質問項目は違うが、一九六八年に社会学者によって行われた意識調査では、一五歳から二九歳でも六割以上の人が「健康」が「いちばん大切なもの」と答えていて、他の「愛情」や「自由」などと比べて突出して割合が高い（見田宗介『現代の青年像』講談社現代新書、一九六八年）。

174　山田真茂留「若者文化の析出と融解　文化志向の終焉と関係嗜好の高揚」宮島喬編『講座社会学7　文化』東京大学出版会、二〇〇〇年。

175　内閣府「第八回世界青年意識調査」二〇〇九年。

大学野球部主将だった斎藤佑樹（二二歳、群馬県）は、六大学野球のラストシーズンで優勝を決めた時、以下のような決め台詞を放った。

何か持っていると言われ続けてきました。今日何を持っているのか確信しました……それは仲間です。

フレーズとしては長すぎるし、いったいどこで流行したのかも知らないが、現代の若者を象徴する言葉として記録されるべきという意味で、まさに「流行語」にふさわしい[176]。言い回しを変えれば『ONE　PIECE』にも出てきそうな台詞だ。

累計発行部数が二億部を超えた現代版聖書『ONE　PIECE』を貫く思想は、「仲間のために」と要約することができる[177]。『ONE　PIECE』の中では自己利益は追求されず、仲間たちへの献身が最優先される。敵の姿がはっきりしない、絶対的な悪のいない世界でルフィ（一九歳、フーシャ村）たちは、終わりのない「仲間探し」を続けているのである。

現実の若者たちも事情は一緒だ。もはや「若者文化」と呼ばれるものがない時代で、「一人じゃない」ことを確認するためには、物理的に「仲間」と一緒にいるのが一番手っ取り早い。社会学者の山田真茂留《まもる》（三八歳）も、現代の若者がアイデンティティの根幹を、身近な人間関係など様々な「関係や集団の参与それ自体」に求めるようになっていることを指摘する[178]。

176　インターネット上では「持ってるのはハンカチだろ」と揶揄されていた。

177　内田樹「街場の『ONE　PIECE』論1　『流動するもの』へのひたむきな信頼」尾田栄一郎『ONE　PIECE　STRONG　WORDS』集英社新書、二〇一一年。

178　山田真茂留「若者文化の析出と融解　文化志向の終焉と関係嗜好の高揚」宮島喬編『講座社会学7　文化』東京大学出版会、二〇〇〇年。ただし現代の若者に意識としての世代意識がないのかは微妙で、たとえば「ゆとり世代」は当人たちにとってもアイデンティティの準拠点となっていることが多いと思う。もっともそれが、アイデンティティをなす足場の一つに過ぎない点が「若者文化」のあったとされる時代だと違うのかも知れない。

この「仲間」などの身近な関係を大切にする姿勢は、その集団の外から見れば「内向き」に見えるのかも知れない。事実、山田は若者たちの関係性が「閉鎖的な共同体への逆戻り」になるのではないかと危惧しているし、事実自分の所属する仲間たちのコミュニティを大切にする若者たちは、「ムラ社会」の住人のようである。

だけど誰も斎藤佑樹や『ONE　PIECE』の麦わら海賊団を「内向き」とは評さない。それは、みんな斎藤佑樹や麦わら海賊団の活躍を知っているからである。宮台真司（三五歳、宮城県）がかつて指摘したように、仲間集団という「島宇宙」は他の「島宇宙」からは見えにくい[179]。

その意味で、若者を一方的に「内向き」と断じてしまうのは「若者」という「島宇宙」を知らないがゆえの嘆きとも言えるだろう。だって、大学卒業後、一つの企業だけで働き、出世レースに明け暮れて、趣味と言えばゴルフとマージャンくらいしか知らない「お父さん」のほうが、僕から見ればよっぽど「内向き」に見える。

村々していれば幸せだ

まるでムラに住む人のように、「仲間」がいる「小さな世界」で日常を送る若者たち。これこそが、現代に生きる若者たちが幸せな理由の本質である。

社会学では「相対的剥奪《はくだつ》」と言うのだけど、人は自分の所属している集団を基準に幸せを考

179　宮台真司『制服少女たちの選択　After 10 Years』朝日文庫、二〇〇六年。初版は一九九四年。最近は、「島宇宙」と似た概念として「クラスター」がよく使われる。

えることが多い。

たとえばコンビニで時給九〇〇円のバイトをしている人は、同じ職場の人が自分とまったく同じ仕事をしているのに時給九八〇円を貰《もら》っていたら「何あいつ、私と同じ仕事してるのになんで時給が八〇円も高いわけ？　店長に贔屓《ひいき》されてるの？」と穏やかな気分じゃないだろう。

だけど、その人は年収数十億円を稼ぐセレブに憧れることはあっても、おそらくセレブと自分を本気で比べることはないだろう。なぜならば、コンビニで働く自分にとってセレブは「違う世界の人」だからだ。

同じ理由で、景気後退期ほど生活満足度は上昇する傾向にある。国全体の景気が悪いときは、みんなが困っているので剝奪感は感じない。だけど景気が良くなると、羽振《はぶ》りが良い人が自分の周りでも現れ、将来への期待も高まるので、自分の収入がちょっと増えたとしても剝奪感を覚えてしまうのだ。

だから若者たちが「今、ここ」にある「小さな世界」の中に生きているならば、いくら世の中で貧困が問題になろうと、世代間格差が深刻な問題であろうと、彼らの幸せには影響を及ぼさないことになる。

彼らが自分たちの幸せを測る物差しにするのが、自分と同じ「小さな世界」に属する「仲間」だとすれば、「仲間」以外の世界がどんな状況になっていようと関係がない。

その意味で一九九〇年代に起こったのは「島宇宙」の出現というよりは、「世間」の崩壊と言ったほうが適切だろう。そもそもマスメディアが普及する前、人びとはそれぞれが住む小さなムラという「島宇宙」に生きるしかなかった。

一九九〇年代以降の「島宇宙」に特徴があるとしたら、一九七〇年代、一九八〇年代にピークを迎えたテレビや雑誌主導で作り出された日本共通の「世間」というものが、徐々に瓦解《がかい》し始めたという点である。

「世間」という準拠集団がなくなった時代では、「島宇宙」という「小さな世界」がすべてだ。「今日よりも明日がよくなる」とも思わずに「今、ここ」で「仲間」たちと生きる若者たち。つまり彼らは「村々」しているから幸せなのである。

村々からムラムラへ

若者たちが「仲間」や「友達」を大切にして、ムラのようなコミュニティの中で生きている。だけど、その村々している状態は延々と続くわけではない。

まず、「仲間」や「友達」というのは、「家族」や「会社」のような法律などのルールを介する集団よりもずっと壊れやすいものだからだ。

そして、変わらない「仲間」と過ごす日々は、長く続きすぎると時に若者たちに閉塞感をもたらす。日本一になるという目標がある斎藤佑樹や、毎日が冒険の麦わら海賊団と違って、多くの人が「仲間」と暮らすのは、何も起こらない退屈な日常だからだ。そんな若者たちの心象風景をよく表現しているのが浜崎あゆみ（二一歳、福岡県）の『SEASONS』という歌だ。[180]

繰り返してく毎日に少し　物足りなさを感じながら
不自然な時代のせいだよと　先回りして諦めていた

二〇歳前後の若者と話をしていると「何かしたい」「このままじゃいけない」という台詞をよく聞く。

二〇〇五年にカンボジア支援のボランティア団体を立ち上げた石松宏章（二一歳、大分県）は、ナンパと合コンを繰り返す大学生活に物足りなさを覚えていた。[181] 女の子と遊ぶのは楽しいけれど「何かが足りない」という気持ちは膨《ふく》らむ一方だった。リア充も意外と退屈らしい。

そんな中、友人を通じて誘われたのが「カンボジアに小学校を建てる」という計画だった。石松は即座に「やるやる！」と答えた。「今度こそ真に自分が打ち込めるものが見つかった」と思ったのだという。

この石松の行動に若者たちの行動を解く鍵がある。なぜ統計的には社会貢献したい若者の数は増加し続けているのに、実際の活動に参加する人はそこまで増えていないのか。なぜ若者の投票率は下がる一方なのか。

それは、日常の閉塞感を打ち破ってくれるような魅力的でわかりやすい「出口」がなかなか

180　浜崎あゆみ『SEASONS』（二〇〇〇年）。彼女の歌の軌跡は（マスメディアが描いてきたような）時代の趨勢とも重なる。デビュー当時は居場所のなさや、日常の閉塞感を歌っていたのが、二〇〇四年には新自由主義的な価値観を高らかに歌い上げ（『INSPIRE』）、さらには起業家のように創造的破壊とか言い始める（『talkin' 2 myself』二〇〇七年）。だが最近は結局「愛」ということに落ち着いたようだ（『Virgin Road』二〇一〇年）。

181　石松宏章『マジでガチなボランティア』講談社文庫、二〇〇九年。

転がってはいないからだ。[182]

何かをしたい。このままじゃいけない。だけど、どうしたらいいかわからない。そんな若者たちをムラムラさせるような、わかりやすい「出口」があれば、喜んで若者たちはその扉を開けるのだ。

第五章で詳しく論じるが、震災ボランティアがその象徴だろう。自分のつまらない日常を変えてくれるくらいの「非日常」が到来し、そして「非日常」と日常をつなぐ経路が確保されたのならば、「内向き」のはずの若者たちも動きだすのである。

その意味で、彼らを「ムラムラする若者たち」と呼ぶことができるだろう。[183] 若者たちは「何かをしたい」という「ムラムラ」する気持ちを抱えながら、実際には変わらないメンバーと同じような話を繰り返して「村々」している。そして「村々」を打破してくれるような「非日常」があれば、「ムラムラ」してそれに飛び込んでいく。

だけど「ムラムラ」した状態は長くは続かない。どんな非日常も、やがては日常になっていくからだ。

「非日常」というのは、村々する若者たちにとっての村祭りのようなものだ。次の章では村々する若者にとって、四年に一度の村祭り「ワールドカップ」を手がかりに、若者と「日本」という国の関係を考えてみよう。

182　二〇一〇年に実施された「日本人の情報行動調査」によれば「政治は難しすぎて自分にはわからない」と答える人は一〇代で七一・四％、二〇代で六五・三％だった（橋元良明『メディアと日本人　変わりゆく日常』岩波新書、二〇一一年）。そうだよね、確かに政治は難しすぎる。東電のことも原発のことも、世の中に納得できないことがあったとしても、具体的に何をしたらいいのか皆目見当もつかない。

183　古市憲寿『希望難民ご一行様　ピースボートと「承認の共同体」幻想』（光文社新書、二〇一〇年）から一押しの言葉なのだけど、見事に誰も話題にしてくれない。本章はこの言葉を強調するためだけに書かれたと言っても過言ではない。

第三章　崩壊する「日本」？

四年に一度の祝祭。サッカーのワールドカップの時には日本中に日の丸を振る若者たちが現れる。大人たちに「ナショナリズム」と心配されたこともある盛り上がり。この章では、ワールドカップに熱狂する若者たちを手がかりに、僕たちが住む「日本」という国の成り立ちや「ナショナリズム」という魔法について考えていく。

1　ワールドカップ限定国家

渋谷でワールドカップを戦う

二〇一〇年六月二四日夜一一時。駅前のスクランブル交差点は、いつもの渋谷とは違う喧噪《けんそう》に包まれていた。ハチ公前には、やけに青い服装をした人が多い。日の丸の旗を掲げ、プラスチック製のブブゼラを吹き鳴らすグループも目立つ。

決勝トーナメント進出のかかったＦＩＦＡワールドカップ・日本vs.デンマーク戦が、二四日の深夜二七時三〇分から放送される。彼らはその試合を見ながら、渋谷で盛り上がろうというのだ。見た限り多くは大学生など二〇代前後の若者たちだった。

僕は「イエローカードってもらった後、どこにしまうの?」と聞いてしまうくらいサッカーには疎《うと》いが[184]、四年に一度の盛り上がりを観察するために試合の夜、のこのこと渋谷まで来てしまった。

スクランブル交差点で偶然、大学の友達に会う。慶應大学三年生の彼女たちはこれから試合を観戦しに、スポーツバーに向かうところだという。ミチコ（二一歳、♀）は「サッカーに普段は興味ないし、ルールもそこまで詳しくない」が、今日は友人に誘われたから一緒に試合を観戦する。同じキャンパスの友人を中心に、色々な人が集まっているという。

彼女にとってワールドカップの試合は、「早慶戦とまったく同じ」だという。ちなみに翌二五日の夜にはサッカー早慶戦が開催され、その試合にも彼女たちは行く。そのどちらも同じく「パーティーのようなもの」らしい。「みんなで盛り上がって、楽しいみたいな感じ」。

渋谷駅界隈《かいわい》の盛り上がりは、スクランブル交差点をピークとして距離が離れていくにつれ、その勢いをなくしていく。センター街を抜けた先にも日本代表のユニフォームを着た若者たちが多くいたが、駅前のように大声を出しながらブブゼラで盛り上がるわけではない。

あるスポーツバーの前には静かな行列ができていた。列に並ぶショウタ（二五歳、♂）に話を聞くと、彼は今夜、一つ前の試合でスポーツバーで知り合った友人たち五人と、サッカーを観戦するらしい。彼らは皆、飲食系のフリーターだという。

184 きっと知らなかったのは僕だけだと思うが、一応説明しておくとイエローカードは審判が提示するだけで、選手が試合中自分で保管しておく必要はない。

2010年6月25日早朝撮影

駐車場に座っていた七人組にも話を聞いてみた。彼らは駒澤大学のサッカーサークル仲間らしい。うち二人は現役の大学生で、残り五人は卒業生の社会人だ。彼らにとって「今日は同窓会のようなもの」だと言う。忙しくてなかなか会えない同窓生にとって、ワールドカップというのは格好の会うためのきっかけになったのだ。

試合が始まると渋谷の局所にグループができていく。渋谷駅周辺では大規模なパブリックビューイングが行われていないため、スポーツバーに入れなかった人たちは、居酒屋が設置している小さなテレビの周りに集まる。

そこでは、さながら昔の街頭テレビを見るような集団が生まれていた。ていうか、テレビが小さすぎて試合進行なんて満足に見えもしない。だから後ろのほうにいる人たちは、自分の携帯電話を取りだして、ワンセグでゲームの様子を確認していた。

試合に進展があるたび、大声で盛り上がり、その日出会った人同士が肩を組み、「ニッポン、ニッポン」と叫ぶ。

クライマックスはなんと言っても日本チームが勝利を決めた瞬間だ。人々が一斉にスクランブル交差点を目がけて走ってきた。スポーツバーで試合を観戦していた人も合流して、スクランブル交差点ではハイタッチの嵐が続く。渋谷の街が明らむまで、「ニッポン」の勝利を彼らは祝い続けていた。

日本を祝ったのは、渋谷に集まった若者だけではない。真夜中の試合だったにもかかわらず、後半の視聴率は四〇・九%に達した。日本の半数近くの世帯が次の日が平日だったのに、ワールドカップを観戦したことになる。

「あー、気持ちよかった！」

日本チームは決勝トーナメントに歩を進めた。六月二九日に開催された試合の対戦相手はパラグアイ。試合時間はデンマーク戦と同じく夜中だ。[185] またもや、ルールがわからないのに僕はのこのこと渋谷まで出かけていった。

渋谷の街は前回以上の盛り上がりだった。まだ試合開始前からスクランブル交差点の中央ではハイタッチと「ニッポン」コールが行われている。大きな日章旗を振っている集団も多い。街には小雨が降り始めたのにみんな元気だ。[186]

ただ盛り上がりをよく見てみると、実際に騒いでいる層はそれほど多くないことがわかる。まず集団の中心には一五人程度、ものすごい盛り上がっている「祝祭系」の若者がいる。彼らは、試合中もずっと盛り上がっているため、当然試合なんて少しも見てはいない。おそらくテレビに映っていたのはこの「祝祭系」が中心だ。

その彼らを囲んでいるのが報道陣、そしてブロガーなどの「観察系」の人々だ。「これマジ、ブログネタじゃん」とか言いながら、「祝祭系」の若者を携帯電話のカメラで撮る。実数としては「観察系」のほうが断然多い。

そして、「観察系」のさらに外側にいるのが「観戦系」だ。彼らは、自分の携帯電話を使って試合動向をきちんと追っている。大学生のカズヤ（二〇歳、♂）も「観戦系」の一人だ。彼は、「家で一人で試合を見ているのも寂しいので、一緒に盛り上がりたい」と思って渋谷に来

185　正確に言えば、デンマーク戦よりもやっかいな時間である。デンマーク戦は、三時スタートだったので、ちょうど試合も終わる頃に電車も街も動き始める。しかしパラグアイ戦は二三時に試合スタートで、試合終了は一時過ぎ。ちょうど終電がなくなる時間だ。深夜二時に渋谷に放り出されてどうしろ、と。

186　友達から群衆の中にパラグアイ国旗を投げ入れてみてはどうかという、ナイスな実験案を提案されたのだけど、あいにく夜の渋谷でパラグアイ国旗は見つからなかった。ていうか、現代アート作家じゃないので、そこまではできない。

たのだという。

スクランブル交差点を渡ったTSUTAYAの前では「観戦系」が二〇人ほど集まっていた。彼らは基本的には一人か二人で携帯電話をのぞき込んでいるのだが、試合に進展があるたびに一緒に叫ぶのだ。

タイガ（一九歳、♂）とジュン（二〇歳、♂）は二人で同じ携帯画面で試合を追っていた。もともとは「見物の見物をするつもり」で渋谷に来たのだが、「結局はただの見物になっちゃいましたね」と笑う。

2010年6月29日深夜撮影

しかし、若者たちのワンセグを通じた必死の応援も空《むな》しく、日本はパラグアイに負けてしまう。あれほど「ニッポン」を応援していた若者たちだ。彼らはもしかしたら暴徒と化すのではないかと期待していたら、まったくそんなことはなかった。
日本チームが負けたとわかった瞬間、至る所で聞かれたのは「お疲れー！」という爽《さわ》やかな声だ。え？「お疲れ」？
渋谷に集まった若者たちは、口々に「お

疲れー」「あー、気持ちよかったー！」「四年後にまた会おう！」とハイタッチをしながら別れていったのだ。別に「ニッポン」が負けたことに悔しそうでもない。むしろ晴れ晴れとした顔の人が多かった気がする。まるで何かをやり切ったかのような。[187]

期間限定で出現する国家

ワールドカップでの若者たちの盛り上がり方を見ていると、まるで「日本」という国家はワールドカップの、それも試合中にだけ期間限定で出現するもののように思える。「四年後にまた会おう！」という若者たちのハイタッチがそれを象徴している。

それは、二〇〇六年のワールドカップの時も同じだったようだ。

カンボジアに学校を建てた医大生・葉田甲太（二三歳、兵庫県）は、二〇〇六年のワールドカップに合わせてチャリティーイベントを企画した。彼は、そのイベントに向かう電車の中でふと考える。自分たちがこれから応援する「日本」という国は、いったい何なのか、と。

イベントはそんな悩みを一瞬で消してしまうくらいの喧噪の中、過ぎていった。葉田は仲間たちとともにひたすら「日本」という国を応援した。知らない人同士で手をつないで「日本」という国の勝利を祈った。とにかく「ニッポン、ニッポン」と叫んだ。そして、サッカーの試合が終わると、集まった人々はそれぞれの家路につく。

187　試合終了後、終電が出てしまった渋谷でタクシーをつかまえるのは本当に大変だった。ちょっと歩いたくらいではなかなか空車のタクシーに出会えず、結局恵比寿の先まで歩いてようやくタクシーに乗れた。「お疲れ」という声が聞こえた瞬間、僕は「自分で戦ってもいないで何が「お疲れ」だ」と彼らをバカにしていた。だが「お疲れ」はそれからタクシーがつかまらず、真夜中の競歩をする羽目になった僕自身に向けられた言葉でもあったのである。

渋谷に向かう途中、電車には僕と同じように日本代表のユニフォームに身を包んだ若者がたくさんいた。その若者の背中を見つめながら、僕は、日本という国のことを少しだけ考えた。（中略）普段「日本」という国を意識しない僕たちが、「ニッポン、ニッポン」と叫んでも、それは本当に日本という国を愛し、日本という国を応援しているんだろうか？[188]

大学生らしいフレッシュな悩みだが、確かに考えてみれば、日常生活の中で僕たちが「日本」という国を意識する機会というのはあまりない。ワールドカップやオリンピックをのぞけば、せいぜい海外に行った時、そして大震災に見舞われた時（第五章）くらいだ。

インフラとしての「日本」

「日本」というものは、「日本」以外のものが立ち現れないと、なかなか意識されない。

それは現代の「日本」が多くの人にとって、インフラのようなものだからだろう。言い換えれば、僕たちは「日本」というものにどっぷりつかりすぎていて、その存在になかなか気付かないでいる。

「日本」にいる多くの人は、生まれた時から「日本」にいる。それが他の集団とちょっと違うところだ。高校や大学、会社などは、普通何らかのテストを受けて、ようやくその集団に入ることが許される。だけど、「日本」に入れるかどうかは、多くの場合生まれる前に決まってい

188　葉田甲太『僕たちは世界を変えることができない。』小学館、二〇一〇年。二〇一一年に向井理主演で映画化までされる本だが、著者の自意識が前景化しておらず、自分を適度に落としながら書いているので多くの人に好感を持って読まれるだろう。羨ましい。「カンボジア」に学校を作る団体が、「日本」を応援するイベントでお金を集めるというのが現代的である。

る[189]。だから、「日本」のことを、意識する必要もない、あまりにも当たり前のものだと考えてしまう。

それは、僕たちが「日本」からフリーであることを意味しない。「インフラとしての日本」は僕たちの生活を空気のように覆っている。たとえば、文字通りのインフラである電気やガス、水道、道路に加えて、警察官が守る治安、公立学校の提供する教育、病気にかかった時や失業した時の社会保障など、有形無形様々なサービスを僕たちは「日本」から受けている。

なぜ「日本」は僕たちにこんな色々なサービスをしてくれるのだろうか。それは僕たちが、そのサービスを強制的に買わされているからだ。所得税、住民税、消費税などという形で、僕たちは「日本に住むことによって得られるサービス一式」を買わされている。

普通、モノやサービスを買う時には複数の選択肢が用意されている。ホームセキュリティならセコムかアルソックか、スポーツウエアならナイキかアディダスか、というように。しかし「日本」には競合他社がいない。だから「日本」内にいる限り、僕たちは当たり前のように「日本」の提供するサービスを「一式」という形で買うしかない[190]。

しかも、多くの人はサービスを買っているという意識もあまりない。なぜなら、「日本に住むことによって得られるサービス一式」（税金）は、給与から天引きされてしまうことが多いためだ。日本人のほとんどを占める給与所得者の税金は、給与から源泉徴収されることになっている。また、現行制度では働く学生の場合、年間一〇三万円までの収入なら親の扶養からも

189　生まれた後から「日本」に入ることが認められる場合もあるが、五年以上の居住経験、膨大な手続き資料などクレジットカードの申し込みとは比べられないくらい大変だ。それまで「日本人」ではない人で、「日本人」になることが許可されるのは毎年一万五〇〇〇人前後である。

190　「強制的に買わされる」というのが、国家と資本主義の違うところだ。それは国家だけが独占的に、暴力の行使と徴税を許されているからだ。萱野稔人の言葉を借りれば、税金は暴力団のみかじめ料と本質的には同じものである（萱野稔人『カネと暴力の系譜学』河出書房新社、二〇〇六年）。ただし、民主主義国家・日本の主権者は、有権者たる国民なので、少なくとも形式上はその仕組みを支持し、維持しているのは「僕たち」日本国民である。

外れず、納税義務も発生しないため、実際に払うのは消費税くらいだ。

「日本」という魔法の中で

「日本」を東京ガスや東京電力といったただのインフラ提供会社のように描いてしまったが、もちろん「日本」は、ただのインフラではない。もっと、すごい。

二〇一〇年のワールドカップでは、本田圭佑《けいすけ》(二四歳、大阪府)という選手が一躍、日本中のヒーローになった。サッカーに興味のない僕でも本田くらい知っている。しかし、なぜ僕たちは本田圭佑を応援することができたのだろうか。

本田圭佑を応援した多くの人にとって、本田圭佑とは血縁関係にあるわけでもないし、直接話したこともないはずだ。多くの場合、彼を応援した人と、彼の関係は、ただ同じ「日本人」というだけである。

なぜ当たり前のことをわざわざ文字にした? と思うだろうか。だけど、よくよく考えてみるとおかしくないだろうか。

なぜ一度も直接出会ったことがない人を、僕たちは応援できるのか。

本田圭佑が嫌いな人は、別に他の選手の顔を思い浮かべてもらっていい。ワールドカップで日本を応援した「あなた」は、あの日本チームの中にたった一人でも、実際に面識のある人がいただろうか。家族、恋人、旧友、幼なじみ、クラスメイト、そのどれもいない人が大多数ではないだろうか。

だとすれば、チームメンバーの誰一人にも面識がないにもかかわらず、なぜ「あなた」は日本チームを応援することができたのだろうか。

他の例で考えてみよう。たとえば神奈川県在住の大学生。彼はニュースサイトでたまたま今、ＪＲ四国で起きた列車事故に関する記事を見ている。彼は胸が痛む。被害者のことを不憫に思う。しかし、この事件は「彼に関係がある」のだろうか。彼は四国生まれでもないし、四国に行ったこともない。被害者に会ったこともない。

たとえば居酒屋で「日本のあるべき姿」や「日本経済の再生」について議論する、酔っ払ったサラリーマン。彼らはデフレや円高について、最近テレビや雑誌で聞きかじった情報をもとに、政治や経済について熱く語る。しかし、彼らは政治家でもなければ官僚でもない。為替介入に携《たずさ》われるわけでもない。彼らが今夜何を話そうとも、明日からの「日本経済」は何一つ変わらない。

なぜ出会ったことがない人々で構成された集団の試合を必死に応援できるのか。なぜ神奈川県の大学生が、四国で起きた事件に心を痛めるのか。なぜ政治家でも官僚でもないおじさんが、「日本の経済」を憂うのか。それは、彼らには、というか僕らには、ある魔法が掛かっているからである。

一度も出会ったことがない人を「日本人」だと思い、一度も訪れたことのない場所を「日本」だと思ってしまう魔法。「日本」という国家が明治以来一四〇年もの間、掛け続けてきた魔法。その魔法は「ナショナリズム」と呼ばれている。

2 ナショナリズムという魔法

平和で安定していた江戸時代

ナショナリズムというのは、ここ数百年の中で人類が発明した最大の仕掛けの一つと言ってもいい。ナショナリズムという魔法のおかげで、日本という国は教育水準が上昇し、産業化が進展し、快適なインフラが整備され、そして多くの命を失ってきた。

ナショナリズムがいかにすごい魔法なのかを、江戸時代と比べながら確認していこう。[191]「なぜ若者を主題とした本でナショナリズムの話?」って感じだが、「日本の若者」を考える上で、若者が暮らすその「日本」という国を概観しておくことが必要だと考えたからだ。もはやインフラや空気のようになってしまった「日本」だが、それゆえに普段暮らしているだけでは気がつかないような仕組みやメカニズムが「日本」には隠されている。

たとえば「日本」は島国ということもあって、僕たちは何となくこの国は数千年も、数万年も前からあったんだろうなと考えてしまう。だけど、江戸時代まで、多くの人は「日本」という単位で何かを考えるということはなかった。「国」と言えば藩や村を意味したし、自分が生

191 ナショナリズムに関しては、主に小熊英二『日本という国』(理論社、二〇〇六年)を参照している。中学生向けの本だけあって、すっごくわかりやすい。慶應義塾大学SFCで小熊さんが受け持っていた「近代史」という授業と同じ水準だ。あれ?

まれた場所を出ることもなく一生を終える人も多かった[192]。

そして身分制度があったため、「日本」に生まれたからといって、誰もが「日本人」になれたわけではなかった。基本的に農民の子は農民にしかなれなかったし、商人の子は商人にしかなれなかった。武士からしてみたら、農民を同じ「日本人」なんて思えなかっただろう。

言い換えれば、江戸時代まで、「日本人」はいなかったと言ってもいい。もちろん、今から江戸時代を振り返れば江戸の町人も、堺の商人も、紀州の農民も「日本人」にしか思えないが、当時の彼らが自分たちのことを「日本人」と認識していたかは非常に怪しい[193]。共通のメディアも教育制度もない以上、自分たちを「日本人」と教えてくれる人もいなければ、「日本人」と思う必要もなかったからだ。

江戸時代は、非常に安定した時代だった。だって、自分の一生は生まれた場所と親の身分で決まってしまうのだ。農村に農民として生まれれば、生まれた村で農民として生きていく以外の選択肢はほぼない。そもそもそれ以外の選択肢があるなんてことを知らないで、彼らの一生は終わっていった。自分探しなんてしなくていい。競争もあんまりない。衝突もあんまりない。貧富の差も固定されている。

為政者（江戸幕府）としても、こんな楽な仕組みはない。選挙もないし、リコールもない。みんな国や政治のことなんて何もわからない。だから少数の支配者が国を思うように支配できたのだ。

192　江戸幕府は「正保日本図」など地図事業を実施し、日本国の姿を把握しようとしたが、その地図を手に入れることができたのは支配階級か、余裕のある町民など一部の人に限られた。

193　ただし、一八世紀以降は欧米諸国の船が頻繁に日本近海まで来るようになり、為政者や知識人に加えて、名士クラスの農民も「日本の危機」を感じることがあったという（牧原憲夫「日本はいつネーションになったか」大澤真幸・姜尚中編『ナショナリズム論・入門』有斐閣、二〇〇九年）。

もっとも、江戸幕府がそこまでひどい政治をしていたわけではない[194]。特に幕末の頃は、経済が順調で、生活水準も上昇しつつあった。

それで何が問題だったんだろうか？　別に平和で安定した社会ならそれで良かったんじゃないの？　今でも「江戸時代は良かった」って、住んだこともないのに言う人がいるし。

江戸時代の弱点

問題は、その「安定」した社会が、「外部」から揺るがされた時に発覚した。地域差と身分差のある江戸時代のような社会は、戦争に弱かったのだ。

たとえば、欧米連合艦隊と長州藩の間で起こった下関戦争でも、農民や町民が戦争に協力することはなかった[195]。対外戦争ではないが、戊辰戦争では会津城下の商人、職人など各地の民衆がさっさと戦場から逃げ出したという。

幕末は、欧米列強からいつ侵略されるかわからない時代だった。戦争時に、武士しか戦ってくれないというのは、非常に心許《こころもと》ない。たとえば江戸末期の日本の人口は三三〇〇万人程度だったが、武士の割合はその家族を含めても一割以下。対外戦争になっても、兵力が三〇〇万人しかいないことになる。

しかも、民衆を無知な状態にしておき、一部の為政者が政治を独占するという仕組みは、「閉ざされた世界」じゃないと続かない。二〇一一年初頭にはエジプトのムバラク独裁政権に

194　かつては江戸時代の人々、特に人口のほとんどを占めた農民は、年貢や諸役の負担などで苦しめられていた被支配層として描かれることが多かった。たとえば初版が一九四七年に発刊された児玉幸多『近世農民生活史』（吉川弘文館、二〇〇六年）では、諸処のルールに厳しく統制された農民の姿が描かれている。一方で、網野善彦の一連の研究をはじめ、江戸時代の人々の自律性、多様性を描くことがこの三〇年ほどブームである。

195　協力するどころか、「非常な迷惑をしました」「散々な目にあったものです」と「被害者」として文句まで言っている（古川薫『幕末長州藩の攘夷戦争　欧米連合艦隊の来襲』中公新書、一九九六年）。戦争はあくまでも「自分たちのもの」ではないのである。

対する大規模なデモが起こったが、その直接的、間接的なきっかけにはインターネットの存在があったと言われている（第四章）。一般人が気軽に外国の情報を手に入れられる時代に、独裁的な政権を維持するのは非常に難しいのだ。

日本が開国を迫られた一九世紀も、その状況にちょっと似ている。欧米では「交易」や「イノベーション」によって人々は未曾有《みぞう》の「豊かさ」を享受していた。

蒸気船の輸送量が増大し、人、モノ、金がかつてないスピードで、国境を越えて行き交うようになった時代だ。一八五八年には大西洋横断海底ケーブルが敷設され、アメリカとヨーロッパ間でメッセージが送れるようになっていた。海底ケーブルの整備は進み、世界は「一九世紀版ワールド・ワイド・ウェブ」によって一つになりつつあった[196]。ヨーロッパやアメリカは、「交易」や「イノベーション」によって高めた国力で、アジアやアフリカの国々を次々と植民地化していった。

そして日本にもついに黒船が来航する。このまま江戸時代型の仕組みを維持していては、戦争になった場合負けてしまう。もしくは侵略され、植民地にされてしまう。そんな危機感が当時のエリートたちにはあった。こうして、日本は欧米を真似《まね》て、強い中央集権政府のもと、経済成長と侵略を行う「近代国民国家」になることを選んだ。

明治政府が「日本」と「日本人」を作った

196　ウィリアム・バーンスタインは、一七三〇年から一八五〇年にかけて起こった爆発的な技術革新、一般民衆の生活水準の向上の理由を財産権、科学的合理主義、洗練された資本市場、輸送と通信技術の拡大に求めている。詳しくは、ウィリアム・バーンスタイン著、徳川家広訳『「豊かさ」の誕生　成長と発展の文明史』（日本経済新聞社、二〇〇六年）を参照。

明治政府の方針をよく表す、当時の教部省の役人の言葉が残っている。[197]

今までは下の者を馬鹿にして治め置きたるが、これからは学問をさせて、利口にさせて治むるなり。今にては農商もその形、士に同じ、悦ぶべきことなり。

要するに、江戸時代までは一部の支配階級が国を回していればよかったが、これからは農民を含めた「みんな」を教育して、「みんな」で回していく国にしなくちゃならないというのだ。「みんな」で国を回していくためには、廃止しなくてはならないものがある。まず「地域差」と「身分差」だ。江戸時代は地域によって、言語から食文化まで大きな違いがあった。そして、生まれ落ちた身分が人生に決定的な影響を与えた。こんなんじゃ、人々が「同じ国民」という意識を持てるわけがない。「みんな」が「同じ国民」という意識を持っていなくては、戦争が起きた時に「日本」のために戦ってくれない。

というわけで、身分ごとに作成されていた宗門《しゅうもん》人別帳《にんべつちょう》を廃止して、全国民は戸籍により一括管理されるようになった。一部の特権階級は残されたものの、建前上は「四民平等」ということになった。

江戸時代から比べたらとんでもない大変化である。だって、生まれた場所と身分によってほとんど一生が決まってしまった江戸時代と違い、どんな貧村の、どんな親元に生まれたとして

197 牧原憲夫『日本の歴史13 文明国をめざして』小学館、二〇〇八年。

も、可能性としては誰もが総理大臣になることができるのだ。[198]

　均質な「みんな」は、国民一斉義務教育によって作られる。基本的には、どんな都会であっても、どんな田舎であっても「みんな」に同じことを教えるようになった。さらにメディアの発達により、「みんな」に同じ情報を届けることができるようになった。[199]「日本人」という「みんな」を教育するためには、「日本語」や「日本文化」「日本の歴史」が必要になる。

　江戸時代までは言語にも、半端《はんぱ》ない地域差と身分差があった。もちろん、支配階級は江戸と地方の往来をしていたため、共通語のようなものはあっただろう。漢文という東アジア共通言語を書き文字として操ることもできた。

　しかし、一般庶民は移動が厳しく制限されていたから、地方ごとの方言が発達したため、お互いの会話はほとんど通じることがなかっただろう。[200] こんなんじゃ均質な「日本人」なんて作れない。そこで共通語としての「日本語」が考案され、全国の学校で教えられることになった。[201]

作られたオハナシ

「みんな」が自分のことを「日本人」と思ってもらうためには共通の物語も必要だ。そこでまず「日本の歴史」が作られた。

198　とはいえ被選挙権の付与は段階的であり、被選挙権の納税要件が撤廃されたのは一九二五年、女性の被選挙権が認められたのは一九四五年のことだった。さらに本当の貧困層が総理大臣になることは、現在でもほぼ不可能といっていい。政治家になるためには、幅広い人的ネットワーク、潤沢な選挙資金などが必要だが、それは生まれた家庭環境に大きく依存するからである。

199　特に小学校は児童だけではなく、近隣の人々をも「日本人」にしていくための拠点だった。村の人が総出で関わる行事や式典が開かれ、前近代的な共同体が再編されていった（渡辺裕『歌う国民　唱歌、校歌、うたごえ』中公新書、二〇一〇年）。

200　ていうか、今でも方言が消えてしまったわけではない。この前鹿児島の農村に行ったら、年配の人同士の会話は九割理解できなかった。ただし、こちらの話す言葉は理解してくれる。これが近代化一四〇年の成果である。

僕たちは学校で二〇〇〇年前の佐賀県にあったちょっと大きな村のこと（吉野ヶ里遺跡）や、一三〇〇年前に起こった奈良県での兄弟げんか（壬申の乱）や、四〇〇年前に部下に裏切られたおじさんの話（本能寺の変）を「日本の歴史」として教わる。身分も地域も違う出来事を、その当時の日本領土を基準にして、乱暴にパッケージしてしまったのだ。

そして「日本文化」も作らなくちゃいけない。現代を生きる僕たちは古今和歌集も能も歌舞伎も「日本文化」だと思っているが、古今和歌集は天皇家のプライベートアンソロジーだし、能は室町期の武士文化だし、歌舞伎は近世庶民文化だ。それらをひっくるめて「日本文化」ということにしてしまったのだ。

だけど、ただ一般庶民を教育だけすると支配層にとって脅威になってしまう。知恵をつけた民衆が反乱を起こしたりするかも知れないからだ。そこで「みんな」には「日本」という国家に対して忠誠心を持ってもらうことにした。

「修身」という教科が義務教育に盛り込まれ、「みんな」に「僕たちは立派な日本人だ！」「日本人として、天皇のため、国のために尽くそう！」と思い込ませようとしたのである。天皇による行幸も教育とともに威力を発揮した。天皇は全国津々《つつ》浦々《うらうら》を回り、人々はその姿を見ることで自分たちが、天皇の「臣民」であることを意識した。[202]

201　通説では、標準日本語は東京山の手の言語をもとに作られたとされる。しかし、江戸時代にはすでに支配階級による共通語があり、それが東京山の手の言語を作ったのだと考える歴史学者もいる（野村剛史『話し言葉の日本史』吉川弘文館、二〇一一年）。

202　原武史『可視化された帝国　近代日本の行幸啓』みすず書房、二〇〇一年。

かっこよく言えば「想像の共同体」

どんな地方に生まれても、どんな家庭に生まれても、学校で「日本の歴史」や「日本の文化」を「日本語」で教わる。そんなことが明治時代、日本中で始まった。割合的にはほとんどの「日本人」の祖先は農民のはずだが、そんなこと関係なしに「みんな」が同じ「日本人」という意識を持つように仕向けたのが明治政府だったのだ。

社会学はこんな時、かっこよく「想像の共同体」という言葉を使う。一度も出会ったことがないはずなのに、「日本人」というだけで仲間という意識を持てる。一度も行ったことがない場所でも「日本」というだけで自分の国と考えることができる。「日本」や「日本人」というのは、「僕たち日本人」とみんなが想像することで成立しているのである[203]。

「想像の共同体」がその威力を発揮するのは、やっぱり戦争の時だ。まだ幼い小学生が兵士に向かって「国のために死んで下さい」と言い放ち、そして母親が戦地に赴《おもむ》く息子に対して「お国のために立派に死ぬんだよ」と激励する。個人の命や家族の存続よりも、「日本」という国家の未来が大切にされる時代になったのだ。

とはいえ、「日本人」は一気に誕生したわけではない。数千万人の人々の思想から生活習慣までを突然変えることは不可能だ。たとえば歩き方一つ矯正《きょうせい》するのも一苦労だった。

現代日本人はほぼ全員が問題なく背筋を伸ばして真《ま》っ直《す》ぐに歩くことができる。だけど、明治の人にはそれが非常に難しいことだった。ていうか今の僕たちでも、小学校で行進の練習を

203　現代の例で考えると、たとえば海外旅行から帰ってきて、飛行機が成田空港に着いた時がわかりやすい。多くの人は「日本に帰ってきた」と思うだろう。ちょっとホッとするかも知れない。長期留学帰りの人は、もしかしたら泣いちゃうかも知れない。成田出身の人は別だが、多くの人は成田に縁もゆかりもないにもかかわらず。

しなかったら、真っ直ぐに背筋を伸ばして歩けるか怪しい。

江戸時代は大名行列でさえ、みんなが適当に歩いていたという。腕を振って歩く習慣もなく、右足と同時に右肩を出すナンバ歩きが普通だった。[204] 一八八〇年代から小学校で「隊列運動」も導入されたが、一九二〇年代になっても正しく直線歩行ができない人が多かったという陸軍学校の愚痴が残されている。[205]

意外と進まない「皇民化」

また肝心の「みんな」を「天皇のため、国のために尽くさせよう」化計画も、実現にはけっこう時間がかかったようだ。

「戦前の悪しき風景」として描かれることの多い教育勅語の暗唱が教育現場で広く強制されるようになったのは昭和初期だったし、天皇の「ご真影」がすべての学校に行き渡るのもスムーズにいったわけではなかった。

明治六年には徴兵令が施行されているが、当初は様々な免除規定があり、実際に兵士になったのは該当者の三・五%に過ぎなかった。日清戦争の頃でも全体の五%、明治末から大正期にかけても約二〇%。みんながみんな、軍隊に行ったわけではなかったのである。[206]

さらに兵士がどこまで「天皇」や「国家」に忠誠を誓っていたか怪しい。たとえば、日露戦争の時点で従軍兵士の、少なくとも私的な手紙には「天皇」や「国家」という言葉が登場しな

204 野村雅一『身ぶりとしぐさの人類学　身体がしめす社会の記憶』中公新書、一九九六年。

205 岡千賀松『国家及国民ノ体育指導』陸軍戸山学校将校集会所、一九二二年。Google Booksで全文を読むことができる。

206 これは、当時の軍隊が少数精鋭主義を採用していたためだ（加藤陽子『徴兵制と近代日本』吉川弘文館、一九九六年）。しかも兵士になった若者が村に帰ってきても、もはや村にはなじめず厄介者になっていたこともあったようだ。

かったという研究もあり、天皇制がどれほどの末端まで機能していたかは疑問が残る。

一般庶民がどこまで「日本」という国家による戦争を理解していたかも不明だ。一九三九年の時点で、青森県南津軽郡に住むお婆さんが「戦さが何時終るんだべねし」「いったい何処にゐて戦争してるんだべ」と小学校の校長先生に聞いてきたという記録が残っている。[207] 明治維新から七一年。それでもまだ、「日本人」全員が「国民」意識を持っていたわけではなかった。

それでも着実に、確実に、そして実態として「日本」という国家のために尽くす人の数は増えていった。特に日中戦争が始まった一九三〇年代後半からはなかなか徴兵猶予も認められなくなり、人々は「日本」という国が戦う戦争に巻き込まれていった。

ナショナリズム二・〇

明治維新から一九三〇年代までが「ナショナリズム一・〇」だとすると、一九四〇年前後から「ナショナリズム二・〇」とも言える現象が始まる。
まずはラジオという新しいメディアの本格的な普及だ。ラジオ放送は一九二五年から始まっていたが、都市部では一九三六年に普及率が四割を超えていたのに対して、郡部での普及率はまだ一割に過ぎなかった。それが一九四一年には市部の普及率は六割を超え、郡部でも三割を超える。都市と農村部の情報格差はこの時期に埋められたのである。[208]
ラジオを通じて、日本中の人々は一九四一年一二月八日の真珠湾攻撃を、ほぼリアルタイム

207 当時は日中戦争の最中だった。戦地の慰問誌である『銃後青森県を語る』(一九三九年)における座談会にその話が出てくる(一ノ瀬俊也『故郷はなぜ兵士を殺したか』角川選書、二〇一〇年)。

208 大門正克『日本の歴史15 戦争と戦後を生きる』小学館、二〇〇九年。ちなみに当時、ラジオは隣近所に聞こえるくらいの大ボリュームで流すものだったらしいから、実際には普及率以上の人が聞いていたのだろう(加藤陽子『それでも、日本人は「戦争」を選んだ』朝日出版社、二〇〇九年)。

で知ることになる。新聞だけの時代には考えられなかったことだ。ラジオは日々、日本の勝利を伝えた。多くの国民は歓喜した。戦争はワールドカップもない時代の、最大のエンターテインメントだ。太平洋戦争の間、ラジオの普及率は右肩上がりだった。

戦争というと国家にすべてを統制され、配給制でみんながお腹《なか》をすかしているような「暗い時代」をイメージしてしまうが、それは主に戦局が悪化した一九四四年以降の話だ。戦争初期の日本は景気が良かったし、人々の海水浴や国内観光も盛んだった。戦争は明るく豊かな生活への高揚感をもたらしたのである[209]。

この時期に、現代に連なる様々なシステムも考案されている。たとえば従業員の共同利益を優先する「日本型企業」は、一九三八年の国家総動員法によって株主の権利が制約されたから普及した仕組みである。また金融システムも、軍事産業への傾斜配分を目的として間接金融が中心になった。さらに、官僚制の性格も変わり、官僚による経済統制が本格化したのもこの頃である[210]。

また一次産業と軽工業しか産業と呼べるものがなかった多くの農村・漁村も、本格的に国家の下請け機関になっていく。ある村の軽工業は軍需産業化され、ある村は石炭採掘により電力供給源になった。多くの村は戦争を支える「銃後《じゅうご》」として、食料や労働力の供給源となっていた。都市部と違って、戦場としての大きな被害を受けなかった農村・漁村の人々は、意識としても自分たちが「中央の役に立つ存在」であることを自覚していった[211]。

209　NHK取材班編『日本人はなぜ戦争へと向かったのか【下】』NHK出版、二〇一一年。

210　野口悠紀雄『増補版1940年体制　さらば戦時経済』東洋経済新報社、二〇一〇年。

211　戦後、多くの村は農産物や電力の供給源として引き続き経済戦争を戦う日本の「銃後」の役割を果たし続けた。その顕著な例が原子力発電所である（開沼博『「フクシマ」論　原子力ムラはなぜ生まれたのか』青土社、二〇一一年）。本書第五章も参照。

これらは国が一丸となって「戦争に勝つ」ことを至上命題とする総力戦のために要請されたシステムだ。明治期から始まった「日本」という国を作るプロジェクトは、一つの到達点を迎えた。国中のあらゆる仕事、すべての人が戦争遂行というただ一つの目的のために組み替えられたのである。

実はこの「一九四〇年体制」は戦後も温存され、だからこそ日本が未曾有《みぞう》の経済成長を遂げることができた。「戦争に勝つ」という目的を、「経済大国になる」という目的に付け替えれば、総力戦体制は経済戦争にも効率的なシステムなのである。[212]

「ジャパン・アズ・ナンバーワン」と日本の経済的な豊かさに酔いしれていた人々は、きっと戦時中に生まれていたら日本の快進撃に歓喜していたのだろう。

それこそが、ナショナリズムという魔法のパワーである。

3 「日本」なんていらない

そして、魔法が解けはじめる

日本が一〇〇年以上包まれていたナショナリズムという魔法。しかし、その効果は徐々に薄れつつあるように見える。

たとえば、企業にとって、国家は意味をなくしつつある。当然のことだが、トヨタやソニー

212　戦前と戦後の連続性に関しては、たとえば山之内靖他編『総力戦と現代化』（柏書房、一九九五年）やジョン・W・ダワー著、明田川融監訳『昭和　戦争と平和の日本』（みすず書房、二〇一〇年）を参照。

など多国籍企業にとって大切なことは、日本の国益ではなくて、会社としての利益である。日本の法人税率は基本的に四〇%だが、ソニーなど海外法人に利益を分散している企業では実際の法人税負担率が一〇%台になることもある。[213]

一方で、日本で設立された会社であっても、ビジネスの可能性があるならば海外にも出て行く。たとえば、日本のアイドルグループ「w-inds.」は、中国・台湾市場で大活躍を見せている。二〇一〇年秋に開催された上海ライブでは、アリーナ席のチケット代が一六〇〇元という強気の価格設定。一六〇〇元と言えば日本円で約二万円、上海の大卒初任給とあんまり変わらない。

同様に日本の企業であっても、採算が合わないと判断すれば日本市場を軽視もする。たとえばゲーム会社・コナミは「諸般の事情」で『サイレントヒル　ホームカミング』というホラーゲームの日本市場での発売を中止した。「諸般の事情」が暴力表現か権利の問題なのかはわからないが、どちらにしても暴力表現なら改変すればいいし、欧米で発売できる以上、権利の問題も解決する方法はあったはずだ。要するにそれだけの労力をかけて発売するメリットが、日本市場にはなかったということなのだろう。コナミという日本の企業が、マーケット規模が大きく、ゲーム流通や規制的にも条件のいい欧米で優先的にモノを売るのである。[214]

法人を社員のものではなく、会社がある地域の人のものでもなく、投資家のものだと見なす

213 『しんぶん赤旗』（二〇一〇年六月二四日）が、二〇〇三年から二〇〇九年にかけて経常利益の上位一〇〇社の実質法人税負担率を調査している。

214 ただし消費者もアマゾンで海外版を買えばいいだけの話なので、大した問題ではない。

立場に立つならば、当然の態度だ。

もちろん、資本がボーダー（国境）を越えてでも利益を求めるというのは、現代に始まったことではない。「グローバリゼーション」や、世界の「フラット化」は、二〇世紀末の通信・輸送革命で一気に起こったわけではない。その歴史は人類と同じくらい古い[215]。

ただ、かつてよりも国境を越えることのハードルが下がっているのは事実だ。中国やロシアをはじめ、様々な国の経済水準が上がるということは、同じような欲望を持つ消費者が増えることを意味する。国境を越えることによって得られるマーケット規模はどんどん拡大しているし、そのためのコストもどんどん下がっている。

一九二九年に発生した世界恐慌以降は各国が保護主義に傾斜し、ブロック経済が台頭していた。その緊張関係が世界大戦の一因になったという反省から、戦後は自由主義を掲げた多国間の経済関係が積極的に築かれていった。歴史上ずっと進んできた「グローバリゼーション」の流れを、国民国家はいったん「国境」という領域ごとに分割しようとした。だが、その国民国家の力不足が露呈したのが、二〇世紀末ということなのかも知れない。

現代を「新しい中世」と呼ぶ政治学者もいる[216]。もはや国際政治において主権国家のみならず、多国籍企業、大富豪、国際NGO、テロリストなど「技術」や「お金」を持つ様々なアクターが積極的な外交を展開しているというのである[217]。

215　ウィリアム・バーンスタイン著、鬼澤忍訳『華麗なる交易　貿易は世界をどう変えたか』日本経済新聞出版社、二〇一〇年。

216　田中明彦『新しい中世　相互依存深まる世界システム』日経ビジネス人文庫、二〇〇三年。

217　パラグ・カンナ著、古村治彦訳『ネクスト・ルネサンス　21世紀世界の動かし方』講談社、二〇一一年。

世界中どこでも「故郷」とともに

個人レベルでも、一定条件さえ満たせば、国境は希薄化しつつあると言っていい。クレジットカードとパスポート、スマートフォンさえあれば、世界中の多くの国、特に都市部に行って困ることはなくなった。

ＧＰＳ内蔵のスマートフォンがある限り、もう道に迷うことはほとんどない。パケット料金の問題さえクリアできれば、滞在国の旅行ガイドもその場でアプリを探してダウンロードできる。

留学や海外での就労のハードルもだいぶ下がった。事前情報の入手はインターネットでだいぶ容易になったし、何から何まで手配をしてくれる仲介業者も増えた。そして渡航後も、インターネット環境が整備されている限り、日本のニュースチェックはもちろん、友人たちと連絡を取ることもたやすい。スマートフォンにＳｋｙｐｅアプリさえ入れておけば、ほとんどお金をかけることなく世界中と電話もできる。

それは、世界中どこにいても「故郷」とともに暮らしていけることを意味する。僕は二〇〇五年から二〇〇六年にかけてノルウェーに留学していたのだが、日本の情報はほぼリアルタイムでキャッチアップできていた。

ブラウザを開けば、日本と何一つ変わらないYahoo! JAPANの画面が出てくる。動画共有サイトに行けば、つい昨日放送されたばかりの日本のドラマを視聴することができる。日本からの荷物もＥＭＳ（国際スピード郵便）で三日あれば到着する。パソコンの前にいる限り、部屋の外の凍《こご》えそうな雪景色を見なければ、そこは「日本」と何一つ変わりがない。

五年前の、しかもヨーロッパのはずれの小国でこれだ。今年の初め（二〇一一年一月）、上海に留学する友達を訪ねた折、日本から持ってきて欲しいものをツイッターで聞いたところ、「特に何もない」と言われた。「何でも手に入るから」と。[218]

世界中どこにいても「日本」みたいに暮らせることは、新しいナショナリズムの出現でもある。海外に行っても母国を想像し、母国の一員としてのアイデンティティを抱き続けるような状況は「遠隔地ナショナリズム」と呼ばれている。[219]

節税対策としてのパーマネント・トラベラー（終身旅行者）も、富裕層を中心に注目を集めている。国内に住所や扶養家族を持たず、滞在日数を減らすなど一定の条件を満たして「非居住者」になることで、国外所得に対する課税や相続税などを回避しようとするアイディアだ。

国々を転々とすることによって、どの国でも「非居住者」になり続け、いっさいの課税を逃れようとする猛者《もさ》もいるし、香港やシンガポールなど比較的税率の低い国に住んで、日本からの高額課税を逃れようとする資産家もいる。[220]

もう、国家はいらない？

最近は経済人から「国家はいらない」という声を聞く機会が増えた。

218　というか、旅行に行く前のこのやり取り自体、二〇年前では考えられない。ツイッターなり、メールなり、Ｓｋｙｐｅなり、コストがゼロに近い通信手段を使う限り、コミュニケーションの相手が国内にいるか、国外にいるかを意識することはほぼ必要なくなった。

219　ベネディクト・アンダーソン著、関根政美訳「〈遠隔地ナショナリズム〉の出現」（『世界』一九九三年九月号）。ただし、アンダーソンは、外国に暮らしていても出生地のアイデンティティを持ち続けるという点を強調した議論をしている。

220　「非居住者」の定義は裁判で争われることも多い。武富士元会長から元専務に対する相続税に関する事件は、最高裁まで争われた。元専務は贈与を受ける前後の約三年半、六五％以上を香港で過ごしていたのだが、それに日本が課税できるかどうかが争点だった。結局、国側の課税は違法だったと認定された。ただし租税特別措置法が二〇〇〇年に改正されており、同様のケースは現在では課税対

たとえばその名も『もう、国には頼らない。』という本の中で、居酒屋チェーン・ワタミの渡邉美樹（四七歳、神奈川県）は「民間にできないことなど、何もない」と言い切る。[221] 彼は民間の立場で教育、医療、福祉や介護、農業、環境分野など「公」の分野にも進出していることを自慢した上で、もはや旧来の「官の論理」だけではこの国に未来はないと主張する。

ではどうすればいいのか。渡邉は、公的サービスも市場原理に基づいて自由競争させればいいと言う。現在、様々な公的機関はただの利権温存団体になっている。それをリセットするには、教育や医療などの「公」分野も、「お客様」目線を導入することが大切である。

つまり、国家も、民間企業のように「経営」されなければならない。これが渡邉のアイディアだ。

ただし、彼は同時に自分が「市場原理主義者ではない」と何度もエクスキューズする。市場主義が行き過ぎて、市場というプラットホーム自体を壊さないようにするための枠組み作りや、市場に不公正がないかの監視、自由競争からこぼれ落ちた人を助けるためのセーフティーネット構築は、国家が行うべきだと言う。

同じようなことは、堀江貴文（三八歳、福岡県）も言っている。彼は収監前、ベーシックインカムの導入を色んなところで訴えていた。ベーシックインカムというのは、老若男女、お金持ちか貧乏か、働いているかいないかに関係なく、ある決まった金額を支給する仕組みのことだ。もともとは生存権の保障や貧困対策のために考え出されたアイディアで、最近では、労働

象となってしまう。

221　渡邉美樹『もう、国には頼らない。　経営力が社会を変える！』日経BP社、二〇〇七年。

からの解放という視点で、ベーシックインカムを評価する論者も多い[222]。

しかし堀江の意図は違う。彼がベーシックインカムに賛成するのは「無駄」が少なくなるからだ。ホリエモン構想によれば、国家は消費税の徴収だけに特化した機関になればいい。そして、徴収した消費税はそのままベーシックインカムの財源にして、その他の雇用や福祉に関しては民間がどうにかすればいいという。

彼の根底にあるのは「国家なんてなくなればいい」という信念だ[223]。

強者のアナーキズム

渡邉も堀江も、「セーフティーネット」や「ベーシックインカム」で「最低限の福祉は確保しておきますよ」とエクスキューズするあたりが現代風だが、政府の役割なんてすべて民間企業が代替できるという発想は、無政府資本主義の立場に近い[224]。

「国がやらないなら俺がやる」というのが渡邉で[225]、「国なんかなくても別にいいじゃん」というのが堀江だ。どちらにしても、両者には肥大化しすぎた「日本」の諸制度、諸機関に対する深い不信感が横たわっている。

しかし、「国家はいらない」というのはちょっと強者寄りの意見だ。「できる人」に国家はいらないかも知れないが、「できない人」に対しては「セーフティーネット」や「ベーシックインカム」が都合の良い言い訳にされてしまう危険性もある。

222　たとえば社会学者の小谷敏はベーシックインカムを「怠ける権利」の観点から擁護し、それに政治的自由を保障する可能性を見いだす（小谷敏「『怠ける権利』の方へ」『若者の現在　労働』日本図書センター、二〇一〇年）。あ、そういえば小谷先生に会うたびに言われるのだけど、先生が白髪なのは高齢のためではなくて、かつて白血病を患ったためである。だから、いくらおじいちゃんに見えるからって、電車の中で見かけても席は譲らなくていい。そうですよね？

223　以上のホリエモン構想に関しては萱野稔人・堀江貴文「ベーシックインカムはゼロ成長社会の救世主か?」『kotoba』2号、二〇一〇年を参照した。

224　中央集権的な権力の全廃を求める無政府主義に対して、無政府資本主義（アナルコ・キャピタリズム）は国家権力を全廃した上で、資本主義に全面の信頼を置く仕組みのことである。

225　実際、渡邉は二〇一一年の東京都知事選に立候補した。

つまり「ベーシックインカムがあるからいいじゃん」という理由で、あらゆる雇用規制が撤廃され、その他あらゆる福祉制度や保険制度が廃止されてしまうことも考えられる。確かに、それでも誰もが「最低限の暮らし」はできるのだろうが、ホリエモン案を採用すると国家は富の再分配機能を放棄することになるから、ものすごい格差社会が誕生する可能性もある。

世界中を自由に移動できるのも、実際には限られた人だけだ。

第二章で確認した通り、日本人の海外留学者数はわずか七万人以下。おおよそ二〇〇人に一人以下ということになる。事実上の世界共通言語である英語に対する苦手意識も根強い。国際的に留学時の審査に用いられる英語テストTOEFLの点数ランキングで、日本はアジアで下から二番目の六七点。世界中探しても、日本より点数が低い国は数えるほどしかない[226]。

つまり、多くの日本人は、物理的にも「日本」を離れてはいないし、インターネット上でも主に日本語でコミュニケーションをしていることが予想される。

だが、そこでは「強者」とは別のベクトルでの「日本」の希薄化が起こっているのである。特にそれは若年層に顕著なように見える。

下からの「日本」崩壊

たとえば「若者のテレビ離れ」。

NHKの実施している「国民生活時間調査」によれば、テレビを観ない若者の数は増え続け

彼が都知事になっていたら区役所でも、居酒屋みたいな大きな声で「いらっしゃいませ、納税者さま」って挨拶されるようになっていたのかな。残念ながら落選したため真相は不明だ。

226 ETS TOEFL. (2009) *Test and Score Data Summary for TOEFL iBT and PBT.* ただし、日本は受験者数が多いため、本当にエリートしか受けないような国よりも点数が下がる傾向がある。

ている。[227] 日曜日にテレビを観ない一〇代男性の割合は、一九八〇年にはたった四%だったのが、二〇一〇年には二〇%まで増えた。二〇代男性でも六%から三一%まで増えている。一〇代女性の割合も一九八〇年に五%だったのが、二〇一〇年には一九%、二〇代女性では六%から二三%まで増えている。[228]

文化庁の調査を見ても、「毎日に必要な情報を何から得ているか」という設問に対して、若年層ではテレビと新聞と答える人の割合は減り、一方でインターネットと答える人の割合が増えている。二〇代では、二〇〇一年にテレビを情報源と答えていた人の割合は九三・九%だったのが、二〇〇八年では八一・〇%まで下がっている。[229]

もっとも、この結果を拡大解釈すべきではないだろう。なんだかんだ言って、八割程度の若者はテレビを観ているし、テレビを情報源とまで答えている。「マス崩壊」や「テレビ消滅」というのは大げさ過ぎる。テレビや新聞が明日からすぐに消えてしまうわけではない。特に東日本大震災ではマスメディアの影響力が未《いま》だに大きいことが明らかになった（第五章）。

だが、この傾向は戦後日本にとってエポックポイントになる可能性がある。一九六〇年代から日本は世界的に見ても異常な早さでテレビが普及してきた。またテレビ視聴時間も海外と比べて群を抜いて長かった。

このテレビが、戦後の「日本」を作ってきた立役者と言っても過言ではない。数えるほどしかないチャンネルの番組が、全国に向けて放送される。すると当然、文化や流行はこれまでに

227　NHK放送文化研究所「国民生活時間調査報告書」。

228　二〇一一年七月、かねてからの予定通りアナログ放送が終了した。これを機にテレビ視聴を止める若者も多いだろう（「地デジ化まで半年ですが…若者はテレビ離れ？」『東京新聞』二〇一一年一月二四日）。

229　文化庁「国語に関する世論調査」。ちなみに新聞は、七三・五%から四一・八%まで下がっている。一方でインターネットは、二四・七%から四八・一%まで上昇している。

ないスピードで全国に広がる。

明治政府もびっくりのテレビ・ナショナリズムと言ってもいい。文化的な階層差、世代差を越えて、テレビは共通の番組を全国に届けた。テレビを観ていれば、最低限の教養や、「日本人意識」を知らないうちに身につけることができた。つまり、テレビは日本人の「一億総博知化」を促す教養セーフティーネットだったのである。[230]

インターネットが社会を変える、と思いたい人々

もちろんインターネットを駆使《くし》すれば、テレビや新聞を観なくてもマスコミ以上の情報を得ることも可能だ。日本のメディアがあまり報道しない海外ニュースを外国語で視聴したり、複数のソースを比較検討しながら研究者並みのレポートをブログで発表する人もいる。

だけど、そんな情報強者は、残念ながらなかなかいない。テレビと違って、インターネットはどんなサイトを見るかによって、またはそのリテラシーによって取得できる情報がまるで違ってしまう。

テレビはボタンを押せば画面が付くし、チャンネル数にも限りがある。だから、誰でも基本的には同じような使い方しかできない。一方のインターネットは、選択肢が無尽蔵にあるメディアだ。時事ニュースを追ってもいいし、昔のドラえもんの映画について語り合ってもいい。

市民が社会を変える夢の媒体として語られたインターネット。[231] だが実は、それは上からも下

230 佐藤卓己『テレビ的教養　一億総博知化への系譜』NTT出版、二〇〇八年。「若者のテレビ離れ」は最近になって急に注目を浴びたわけではない。たとえば一九八〇年代はファミコンやビデオの普及によって、テレビ番組を視聴しない子どもの増加が注目されていた。

231 本当に「インターネット」や「ツイッター」が社会を変えるのかどうかはわからないが、新しい技術が登場するたびに「社会は変わる」と言われ、また大きな事件が起こるたびにその理由はその時点における新しい技術に求められてきた。たとえば一九八九年にベルリンの壁が破壊された時には「衛星放送」が重要な役割を果したと語られていた。

からも「日本」を相対化させるメディアだ。

たとえばエジプトで三〇年間独裁政権を続けてきたムバラク大統領が辞任した翌朝（日本時間）、二〇一一年二月一二日のニュースを媒体ごとに眺めてみよう。

ムバラク大統領が辞任し、全権を軍最高評議会に委譲したというニュースが世界を駆け巡った日本時間二〇一一年二月一二日午前一時。インターネット上のニュース関係サイトは、速報に近い形で「ムバラク政権崩壊」のニュースを報じた。それに合わせて、ツイッターやフェイスブックなど情報感度が高い人がたくさんいそうなメディアでは、エジプト関連のニュースについて盛り上がっていた。

そこでは日本のテレビを批判するようなツイートが相次いだ。ＣＮＮやＢＢＣなど世界の報道機関が「Breaking News（特報）」としてムバラク政権崩壊を報じたのに対して、日本のテレビ局は通常放送を続けたからだ。[232]

さすがインターネット。市民のメディアだけある。国境さえも越えて、世界中の「市民」が繋《つな》がることができるのだ。

遠い国の革命よりも、卵かけご飯

だが、それはインターネットのほんの一面に過ぎない。

国内最大級のＳＮＳサイトｍｉｘｉ（ミクシィ）を覗いてみた。すると、ニュースアクセス

232　ちなみにＮＨＫでは「プロフェッショナル　仕事の流儀」というドキュメンタリー番組の再放送で松本人志に密着していた。まあ、日本のテレビとしては正当な態度だ。「日本」のニュースじゃないんだもん。

233　ちなみにクチャクチャ音を立てる人に対する有効な手立てはないらしい。また、卵かけご飯にプラスしたい食材は鶏そぼろ、鰹節。子供に見せたい名作アニメはアンパンマン、ドラえもんなどだった。

234　ランキングは二四時間集計なので、二月一二日の深夜二四時頃に確認した時点での順位

総合ランキング上位には「クチャクチャ音を出して食べる人への注意方法」「卵かけご飯プラスしたい食材」「子供にも見せたい名作アニメ」など、ほのぼのした記事が並んでいた。[233]エジプトの大統領辞任に関するニュースは、ランキングトップ二〇には入っていない。

ただしｍｉｘｉニュースを元に日記を書いた数を表す総合日記ランキングには「ムバラク・エジプト大統領辞任」が見事トップ一〇にランクインしていた。日記には「ムバラク、シバラクいいです」や「ムバちゃん、さよなら」「お疲れ様でした。よく頑張りました」など乾いた笑いを誘う文章が並ぶ。[234]

アメーバニュースの総合アクセスランキング上位も「彼女のいない人の傾向」「女性のファッションで理解できない着こなしやアイテムランキング」「男性が妄想するバレンタイン告白のパターン」。トップ五〇までにエジプト関連のニュースはやはり、入っていない。[235]

というか、アメーバニュースはさらにすごくて、いわゆる「報道」と呼ばれるようなニュースはほとんどランクインしていない。辛《かろ》うじて「マナカナ　一五年来の知り合い・イチローと食事」「益若つばさ　黒かった二〇歳の頃の写真を公開する」といった芸能ニュースが見つかるくらいだ。[236]

これは、ｍｉｘｉユーザーやアメーバニュース読者がただニュースに興味がない、ということは意味しない。両サイトとも、注目ニュースという形式でトップに表示される記事があり、必然的にそのニュースへのアクセスが増えるのは当然だからだ。[237]

である。ｍｉｘｉユーザーの名誉のために書いておくと、日本と対比させて日本においてこのような民衆蜂起が起こらない可能性を考察した日記、ムバラク政権が腐敗してきた過程を歴史とともに分析する日記など、真面目なコメントも多かった。

235　彼女のいない人の特徴は「同級生女子をあだ名で呼べない」、女性のファッションで理解できないのはヒョウ柄や大きなサングラス、男性がバレンタインに体験したいのは、帰り道に待ち伏せされて、「ずっと好きでした！」と告白されることらしい。

236　ただしさすがに、二〇一一年三月に起きた東日本大震災の際には、ｍｉｘｉニュースもアメーバニュースでもランキング上位は、地震関係のニュースで占められた（第五章参照）。

237　ｍｉｘｉとアメーバにトップニュースの選定基準を問い合わせたのだが、ｍｉｘｉはまったくの無反応、アメーバは「関係部署に確認している」と言われた。以来、一ヵ月以上連絡がない。

だがもし仮にテレビや新聞を観ないで、ｍｉｘｉニュースやアメーバニュースだけを見ている人がいたら。その人は遠い国の革命はもちろん、新聞であれば一面で取り上げるような殺人事件などを知らずに毎日を送っているのかも知れない。

日本国内に住んで同じようにインターネットに繋《つな》がっているのに、かたや海外ニュースを見ながら「日本」を相対化する目線まで身につけている人もいれば、かたやアメーバニュースだけを見て海外ニュースはもちろん、「日本」で起きている事件もスルーしている人もいる。[238] これって、ちょっとすごい。

別に嘆いているわけではない。日本に住んでいるからといって、知り合いが一人も登場しない「日本」のニュースを知る必然性はない。逆に、「日本」のことだけではなく、世界規模の政治や経済の状況を考えたい人はいくらでも考えればいい。明治政府が無理やり設けた「日本」という国境が崩壊しつつある、ただそれだけの話なのだ。

日本は好きなんだけど。

調子に乗って大げさに書きすぎたかも知れない。テレビやインターネットだけを事例に「日本」が崩壊すると論じるなんて、ちょっと無理がある。

ここで真面目に、統計データに向き合いながら、若者の愛国心の話に戻ってみよう。「社会意識に関する世論調査」を見てみると、二〇代の「国を愛する気持ち」はこの一〇年間で上昇

238　もちろん、テレビっ子でもニュースを見ないでバラエティばかり見ていれば一緒なのだが、チャンネル数に限りのあったテレビに比べて、インターネットのほうが情報を見逃す確率は格段に高いだろう。ツイッターユーザーからはバカにされたとは言え、テレビもニュース番組では、ムバラクの件はトップニュース扱いで大きく報道していた。
『朝日新聞』や『読売新聞』などの全国新聞でも一面トップに大きく「ムバラク政権崩壊」などの見出しと、大統領府に押し寄せた人々の写真を掲載している。『産経新聞』はなぜか自分たちが提案する年金改革試案がトップ記事扱いだが、一応ムバラク政権のニュースも一面に載っている。それぞれの新聞が一面に割いた面積は、朝日が五五〇㎠、読売が一〇一七㎠、産経が四四六㎠だった。

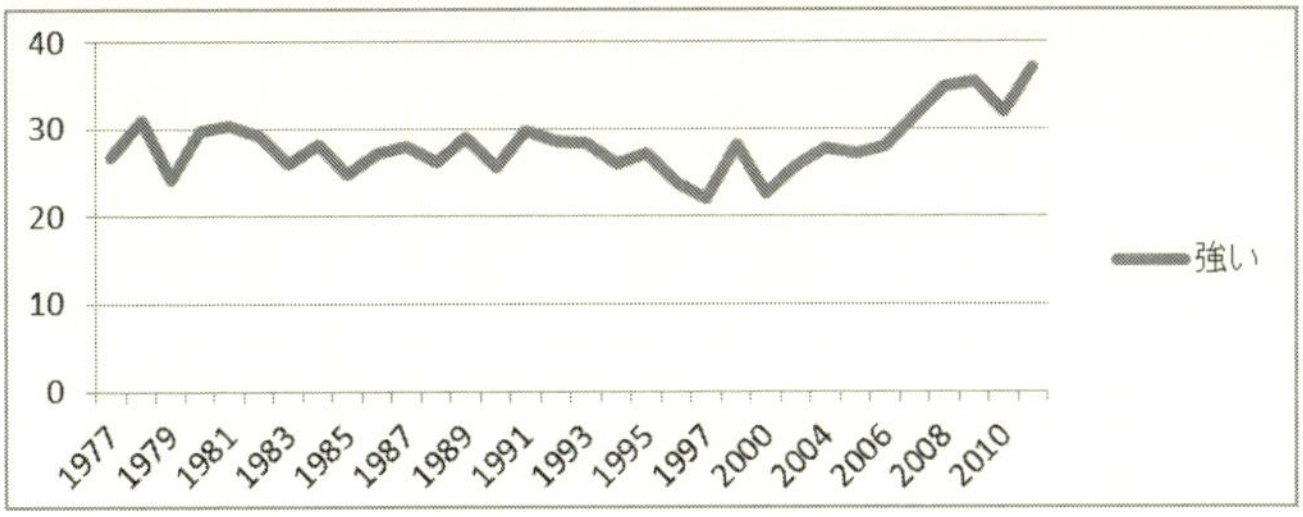

【図1】「国を愛する気持ち」の推移（20代）（「社会意識に関する世論調査」）

傾向にあることがわかる【図1】。「国を愛する気持ち」が「強い」と答える若者は、一時期二一％まで下がったが、ここ数年は三〇％を超えている。特に二〇一一年の三七・〇％という数値は、過去最高のスコアでもある[239]。

また「日本に生まれて良かった」と考える若者も増えている。特に二〇歳から二四歳に限って見てみると、一九七三年に八二％だったその数は、一九八三年には九三％になり、二〇〇八年にはなんと九八％に達する。同様に、「自分なりに日本の役に立ちたい」と思う若者も増えている。なんだかんだ言って、みんな日本が大好きなのだ。

ワールドカップにあれだけ熱狂する若者の姿もこれで納得だ。そりゃ、これだけ好きな日本というチームの応援は盛り上がるに決まっている。

ワールドカップにおける若者たちの熱狂は、かつて精神科医の香山リカ（四二歳、北海道）から「ぷちナショナリズム」と心配されたことがある。屈託《くったく》のない愛国主義が、いずれは排他主義的な国家主義になってしまうのではないかという懸

239　二〇一一年調査は一月に実施されているため、東日本大震災の直後に起こったニホンブーム（第五章）の影響は受けていない。

念だ。[240]

だが、日の丸を振りかざし、大声で「ニッポン」を応援する若者たちの姿を、「ナショナリズム」という用語で分析することにあまり意味はないだろう。なぜならば、それは組織化もされず群衆の状態にとどまり続けるという点において、さしたる危険性もないからだ。[241]

三浦展（五二歳、新潟県）も指摘するように、若者たちの「日本志向」や「愛国志向」は、政治的なナショナリズムとは分けて考えるべきだ。[242]

みんな「日本」も好きだが、「日本」だけが好きなわけでもない。初詣《はつもうで》にも行くし、浴衣《ゆかた》を着るのも楽しいし、京都などの古都も好き。だけどアップル製品も好きだし、Ｈ＆Ｍの服も着るし、お金があって一緒に行く友達がいれば海外旅行もする。

これはナショナリズム、というよりもただの「日本ブーム」に近い。明治政府が掛けたナショナリズムという魔法とは、別種のものだと言ってもいい。

戦争が起こったら、もちろん逃げます

それを象徴するデータがある。

二〇〇五年実施の世界価値観調査によると、「もし戦争が起こったら、国のために戦うか」という設問に「はい」と答える日本人の割合は一五・一％だった。[243] 調査対象国二四ヵ国中、最低の数値である。ちなみにスウェーデンは八〇・一％、中国は七五・五％、アメリカは六三・

240　香山リカ『ぷちナショナリズム症候群　若者たちのニッポン主義』中公新書ラクレ、二〇〇二年。

241　古市憲寿『希望難民ご一行様』（光文社新書、二〇一〇年）でも指摘したが、彼らを動員するファシリテーターが狡猾だった場合の危険性は残る。ただしそれは、「国家」以外にコミットできる共同体が爆発的に増えた現在において、ナショナリズムによる動員を心配しすぎることはないように思う。むしろナショナリズムはおそらく二次的な問題に過ぎず、まずは承認の供給不足こそ真剣に対応されるべきだろう。

242　三浦展『愛国消費　欲しいのは日本文化と日本への誇り』徳間書店、二〇一〇年。

243　World Values Survey の調査による。一部は電通総研日本リサーチセンター編『世界主要国価値観データブック』（同友館、二〇〇八年）にまとめられている。

二％。いかに日本人の国防意識が低いかがわかる。

特に若年層ほど国を守る意識は低い。五〇歳以上の日本人は二一・一％が「国のために戦う」と答えているのに、一五歳から二九歳だとその割合は七・七％にまで低下する。[244] 海外と比べてもぶっちぎりで低い国防意識だ。

戦争が起こったら逃げる、というのは、幕末の長州藩の民衆と同じである。福沢諭吉（四五歳、大坂）は、江戸時代の民衆を指して「一命を棄るは過分なりとて逃げ走る者多かる可し」と悲観していた。そこで人々を教育しなくちゃいけない、誰もを「国民」にしなくちゃいけないと訴えたわけだ。[245]

しかし、福沢がそう言ってからはや一三〇年。彼の想いはむなしく、江戸時代と何ら状況は変わっていないように見える。

そういえば、ワールドカップの応援時も自分が試合をしたわけでもないのに、みんな「お疲れ！」「あー、気持ちよかったー！」と言い合っていた。あくまでも、お客様気分というか、日本をネタにただ盛り上がっているに過ぎなかった。ワールドカップにおける「日本」というのは、一瞬で消費される商品と何一つ変わらないのである。

福沢先生ごめんなさい、だけど僕はこの状況を、歓迎すべきことだと思っている。

244　海外でも総じて若年層ほど「国のために戦う」と答える割合は低くなるが、その中でも日本の割合は突出して低い。

245　福沢諭吉『学問のすゝめ』。一冊の本として出版されたのは一八八〇年。ちなみに慶應義塾大学に入学すると、もれなくオリジナルバージョンの『福翁自伝』が全員にプレゼントされる。よくヤフーオークションに出品されている。

歴史上最大の殺人事件

日本史上、最大の殺人事件は何だろうか? 津山《つやま》事件ではない。オウム真理教事件でもない。人数、期間、規模ともに最大の殺人が行われたのはアジア・太平洋戦争である。被告名は「日本」。旧称を使うなら「大日本帝国」と呼んでもいい。

アジア・太平洋戦争は、日本だけで約三一〇万人の犠牲者を出した大量殺人事件である。第二次世界大戦の犠牲者は世界各国を合わせて五〇〇〇万人を超えるとも言われる。数だけで見るならば、個別の殺人事件の比ではない[246]。

ナンセンスなことを承知で数字を示しておくと、オウム真理教の事件の一連の死亡者は二七人。津山事件の被害者数は三〇人。二〇一〇年に他殺によって死亡した人は合わせても四六五人[247]。

「日本」という国家は、日本史上出現したどんな殺人者よりも多くの人を、結果的に殺してきたのだ。織田信長なんか目じゃない。メディアをにぎわす「不可解な」少年犯罪や、「異常な」猟奇殺人よりも、国家間の戦争というのは、よっぽどたちが悪い[248]。

これは日本だけの話ではない。どの近代国家を見ても、二〇世紀ほど、国家のために人々が戦い、そしてその命を国家のために落とした時代はない。

ヨーロッパでも、一八世紀までは洪水などの自然災害が人類最大の脅威だった。しかし戦争が王と王の戦いだった時代が終わり、国家間の戦いが始まり、その行き着いた先が二〇世紀の

246 天災と比べてもその被害者数は甚大だ。アジア・太平洋戦争では、東日本大震災の一〇〇倍以上の死者が出ている。

247 警視庁「平成二二年の犯罪情勢」二〇一一年。他殺による死亡者数はずっと減少し続けており、二〇一〇年の認知件数は一〇六七件で戦後最低を記録した。これも「草食化」の賜物だろうか。

248 ただし調停の手段が整備されている国家間の戦争と比べて、多様なアクターが関わる紛争がより悲惨な状況を生むことはあり得る。たとえばコンゴ民主共和国(旧ザイール)では天然資源を巡る泥沼化した紛争が続いており、その犠牲者数は一九九八年から二〇〇八年だけで五四〇万人と見積もられている(米川正子『世界最悪の紛争「コンゴ」 平和以外に何でもある国』創成社新書、二〇一〇年)。

二つの総力戦、世界大戦だった。王と王に雇われた兵士（傭兵）による戦争が、近代国民国家の力によってすべての国民を巻き込んで展開されるものになってしまったのだ。[249]

これはナショナリズムという魔法の、最大の欠点だ。致命的な欠陥だ。

近代国民国家とナショナリズムのセットは、「富国強兵して戦争に勝つ」や「経済成長して世界一豊かな国になる」というような、わかりやすい目標がある時代には効果的に機能する。そのおかげで、日本のインフラは整い、ここまで生活水準は上がった。夢のコラボレーションだ。だが、それには多くの犠牲がつきまとう。

だったら、もういっそそんな魔法は消えてしまってもいいんじゃないか。

もちろん、日本という国家は消えないだろう。少なくともインフラ供給源としては残り続けるだろう。それは結果的に、暴力の独占と徴税機能という国民国家の役割を引き継ぐことになる。

だけど、ワールドカップの時は大声で日本を応援しても、試合が終わればすぐに「お疲れ様」とさっきまでの熱狂を忘れ、アメーバニュースで「異性の気になるところ」というニュースを読んで友達と盛り上がり、戦争が起こったとしてもさっさと逃げ出すつもりでいる。そんな若者が増えているならば、それは少なくとも「態度」としては、非常に好ましいことだと僕は思う。国家間の戦争が起こる可能性が、少しでも減るという意味において。

249　木畑洋一編『講座戦争と現代2　20世紀の戦争とは何であったか』大月書店、二〇〇四年。

第四章　「日本」のために立ち上がる若者たち

第三章では、かつて「ナショナリズム」と呼ばれたものが弛緩《しかん》した様子を見てきた。しかし、今でも日の丸を掲げて「日本」という国への愛を叫ぶ若者もいる。この章ではまず「日本」のために立ち上がった若者たちの姿を見ていく。その上で、デモを起こす意味、「社会を変える」ことの意味を考えていこう。

1　行楽日和に掲げる日の丸

青山公園に日の丸出現

秋晴れの土曜日。天気予報風に言うと「今日は行楽日和《びより》」。そんな穏やかな昼下がりの六本木。地下鉄千代田線の乃木坂駅を出ると、青山公園のほうから異様な歓声が聞こえてきた。大量の日の丸の旗もはためいている。

二〇一〇年一〇月一六日、「頑張れ日本！　全国行動委員会」（以下「頑張れ日本」）などが主催した中国政府抗議集会が開かれていた。「頑張れ日本」というのは、二〇一〇年の二月に発足した田母神《たもがみ》俊雄（六三歳、福島県）が会長を務める保守系市民団体だ。[250]
「今や国家の溶解と亡国の危機に陥っている」日本を、「草の根の民として、地に足のついた生活の中から、日本と日本人を見つめ、考えていきたい」というのが設立趣旨であるという。

2010年10月16日撮影

250 「頑張れとか言うなら、日本じゃなくてお前が頑張れ」なんてことは可哀想なので言わないであげて欲しい。老人政党「たちあがれ日本」もそうだが、自分では頑張る能力も立ち上がる元気もないんだから。

彼らは、吉田松陰（当時二八歳、長州藩）の主張した「草莽崛起《そうもうくっき》」（一般大衆よ、立ち上がれ）に自分たちを重ね合わせている。[251]

　基本的には外国人参政権法案などに反対する団体であるが、尖閣諸島問題が発生してからは、中国に対して「弱腰外交」を続ける民主党政権を批判している。当日のデモの参加者は警視庁の発表によると二八〇〇人であるという。[252]同じく「頑張れ日本」などが呼びかけ、一〇月二日に渋谷で開催された「中国の尖閣諸島侵略糾弾！　全国国民統一行動」の動員数が二六〇〇人だというから、ほぼ同じ規模のデモだったようだ。

　青山公園のまわりは、お祭りのような騒ぎになっていた。

　残念ながら出店などはいっさいないが、ＰＴＡでバザーをやってそうなおばさんが、「桜新聞」という「頑張れ日本」が発行している新聞を配っていた。一面は尖閣諸島が中国による占領の危機にあるという記事、二面では「腰抜け民主党政権」を批判する内容で、「政府がダメなら国民が国防の義務を」と主張されていた。[253]

初心者でも安心です！

　参加者の年齢層に特に偏《かたよ》りは見られなかった。一〇代の高校生から老人まで幅広い人びとを動員できている印象だ。集会では様々な講演が行われていたが、前のほうで聞いているのは年配者が中心で、若者は遠くで友達と話しているという人が多かった。

251　「草莽崛起」のネタ元は中国の思想家・孟子の言葉である。また、「大衆よ、立ち上がれ」という主張はカール・マルクスの「万国の労働者よ、団結せよ。」（『共産党宣言』）を連想させる。中国やマルクスと親和性を持つ保守団体とは、さすが田母神俊雄である。

252　六〇〇〇人が参加したという報道もある。そんなにはいなかったと思うけど。

253　そのくせ新聞で書かれているのは「領海防衛の覚悟が政府に求められている」とか「海底資源掘削事業にアメリカの石油メジャーを参加させる」など、政府やアメリカに何とかして欲しいという内容ばかりである。

巨大な日章旗を持ったメグミ（二七歳、会社員、♀）に話を聞く。日の丸の旗が重そうで心配だったが、快くインタビューに応じてくれた彼女は、自分が「中道保守」であることをしきりに強調する。

今日のイベントのことはｍｉｘｉの「誰だよ民主党なんかに投票したの」というコミュニティで知ったという。また自分でも最近「保守系男子。×保守系女子。」というコミュニティを立ち上げた[254]。彼女によれば「サヨクの若者」と違って「保守系の若者には集まる場所がない」[255]。だから「カラオケとかお花見とか普通に仲良くしながら、保守の輪を広げたい」のだという。

若者はデモ初体験者、もしくは渋谷のデモに続いて二回目という人が多いようだ。若者同士で楽しく話していたモテ意識系男子[256]のケイジ（二九歳、会社員、♂）に話を聞いた。彼は、このようなデモとかの社会運動に参加するのは今日が初めてだという。

デモのことは「my日本」という保守系ＳＮＳを通じて知った。雰囲気は「想像した通りだった」という。「軍服を着たような人もいないし」と言うように、あらかじめ今日のデモには「いかつい人がいない」という情報が流れていたようだ。

「もちろん右翼っぽい人も思想としてはありだと思う」という「棲《す》み分け」を肯定するものの、「右翼っぽい」デモに「自分は参加しない」という。どうやら彼にとって、このデモは「右翼っぽい」デモではないらしい。

中には自分のことをリベラルと名乗る若者もいた。ケイタ（三五歳、教師、♂）は「中国と

254　最近は「草食系男子」から「菩薩系男子」「写経系女子」まで様々なネーミングがあるが、まさか「保守系男子」「保守系女子」まであるなんて、という驚きを顔に出さずに話を聞いた。

255　実際、彼女たちは「一次会で勉強会、二次会がカラオケ」のようなイベントを何度かしているという。

256　でも失敗。ちょっとやりすぎ。

韓国の人に幸せになって欲しいと思っている」という。バンドでベースを弾いていそうな、髪が長めの愁《うれ》いを帯びた青年だ。

彼が問題だと感じているのは日本のマスメディアの「偏向報道《へんこう》」である。「別に中国をどうこうしたいとか、民主党をどうこうしたいというよりも、他の日本人に（偏向報道の）現状を知って欲しい」のがデモに参加した理由である。「こういうデモとかもすべて『ネット右翼』とひとくくりにされてしまう。何をしゃべっても主張しても『ネット右翼の戯言《ざれごと》』と片付けられてしまう」ことに不満を述べる。

ちなみに彼は、医療大麻合法化のための運動もしているという。大麻合法化というと左翼系の運動という印象があるが、彼の中で二つの活動はシームレスに繋がっているらしい。それは「メディアがおかしい」という点においてである。なるほど。


きっかけは浅田真央ちゃんです！


四人組で談笑している大学生のエリ（二〇歳、♀）に話を聞く。四人の関係性を聞くと、前からの知り合いではなく、今この場で初めて会ったらしい。「民主党政権の無能ぶり」について盛り上がっていたのだという。

ちょっと痩《や》せた雨宮処凛《あまみやかりん》のような風貌《ふうぼう》のエリが保守運動に興味を持つようになったきっかけは「浅田真央《まお》」らしい。

フィギュアスケートに関するマスコミの報道で「キム・ヨナがやけに持ち上げられていてびっくりして、それで色々と（インターネットで）調べてみた」。その結果、「電通とキム・ヨナの関係」などマスコミに報道されていない情報を色々と知ることになった。そこから芋《いも》づる的にサイトをたどっていった結果、「頑張れ日本」などの保守運動の存在を知ることになったのだという。

彼女は、「頑張れ日本」のビラ配りなどにも参加している。「『頑張れ日本』は女の人も多いのでやりやすい。あんまり怖くない」のだという。彼女も大きな日章旗を持っていた。今日デモに参加する前に「前から行ってみたかった」靖国神社で買ってきたのだという。

政治に興味を持つようになったきっかけを聞くと、多くの人がインターネットと答える。たとえばススム（二〇歳、製造業、♂）はニコニコ動画で「右翼」や「保守」という存在を知った。青森県在住の彼は、「地元のまわりの友達にこういう（政治的な）ことに興味がある人はいない」と話す。

今は原付で関東圏を一人旅している最中だといい、渋谷のデモがリアルイベント初体験だった。「ニコニコだけではわからない情報が色々あった」という。インターネット上では感じられない熱気に対して「緊張感がある」とつぶやきながら、彼の表情は満足そうだった。

センカクショトーって何すか？

誘導係に五列で並ぶことを促《うなが》された後、デモは行儀良く決められたルートを進んでいく。掛け声は「尖閣諸島は日本のものだ」から「ノーベル平和賞おめでとう！」「中国の労働者を解放するぞ」まで、バラエティーに富んでいる。

てっきり中国の尖閣諸島の動向に関する抗議デモかと思っていたのだが、主張は特に統一されていないらしい。また行楽日和だったためか、ベビーカーを押しながら家族で参加している人までいる。

休日の六本木を練り歩くデモだ。デモをたまたま目撃することになった人々は、突然出現した日の丸を掲げる集団にやや驚いている。「このデモに共感した人は途中からでもいいので参加してください」と呼びかける係の人もいた。

このデモはどのように受け止められていたのだろうか。六本木通りに面するクラブ「alife」に並んでいたマコト（二〇歳、♂）は「特に興味ないっすね」と素《そ》っ気《け》ない。「うるさいっていうか、この人たちってどういう人なんですか」と聞かれたので簡単に説明すると、「センカクショトー？　何すか、それ？」と聞き返されてしまった。同じく並んでいたユウジ（二一歳、♂）も「何を言っているのかよくわかんないです。難しすぎて」と答える。

デモ行進の目的地は中国大使館だ。しかし六本木の道は意外と起伏に富んでいて、みんなだんだん元気がなくなっていく。スクラムを組むわけでもなく、途中でコンビニに寄ったりする人もありながら、デモは進んでいく。

ようやくたどり着いた中国大使館。しかし「包囲するぞ」の叫びも空しく、もはや包囲するほどの人数はいない。どうやら、大使館前では一度に五人までしか立ってはいけないというルールが警察側から通達されたらしい。

なので、デモ参加者は五人ずつ順番で中国に対する抗議などを主張した後、記念撮影などをして帰って行く。デモを見学に来たというリョウスケ（二五歳、会社員、♂）は「どうやって五人で包囲するんでしょうね」とシニカルな笑みを浮かべながら、今の状況をツイッターにアップしていた。

大使館を警備する警察官も「今日は土曜日だから、大使館の中に人はあんまりいないんじゃないの？　だからむしろマスコミ向けじゃないのかな。最近のデモはおとなしいね。警備も楽」と、デモを微笑ましそうに眺める。もうそろそろ日が暮れる。うららかな秋の一日はこうして終わっていった。

2　お祭り気分のデモ

着物姿の「普通の市民」

大量の日の丸がはためく。中には軍服を着た人もいる。何やら大声で過激なことを叫んでいる。こうしたデモは多くの人の目には「異様なもの」として映るだろう。ショッピングに訪れた休日の街に、普段は見ないような集団がいきなり現れるわけだから。

しかし、右にスケッチしたように、現代のデモや運動というのは「右翼」や「左翼」に関係なく、少なくとも参加者の意識レベルではカジュアルなものが少なくない。ここでもう一つ、ある保守系団体のデモを見てみよう。その名も「そよ風デモ」。爽やかそうである。

二〇一〇年五月二二日、代々木公園から渋谷にかけて保守系女性団体「日本女性の会・そよ風」主催による政治パレード「そよ風デモ第三弾！　このままじゃ日本は潰れる！」が行われた。集合の午後一時半までには一五〇人程度の人が集まる。[257] デモ行進前に開かれた集会で確認した限り、参加者は二〇代と三〇代までの若年層が三割程度、四〇代と五〇代の中年層が四割程度、六〇代以上の高齢者が三割程度という印象だった。

女性団体主催のデモだが、男女比は七対三程度。在日特権を許さない市民の会（在特会）の会員をはじめ、複数の保守系団体に所属している人が集合しているためだ。主張内容や風貌が過激な人も少なくないが、雰囲気はお祭り気分。深刻そうな顔の人はほとんど見あたらない。

「そよ風」という名前の団体だが、主張内容は一見すると穏健ではない。

たとえばデモ前に行われたマイクリレーでは、「外国人参政権反対」「子ども手当粉砕」「夫婦別姓反対」などを声高に参加者が叫んでいた。またデモには「外国人参政権反対」と書かれたのぼりや、日章旗が至る所にひらめく。街宣車こそいないが、いかにも強面の男性がガード

257　同じ日、ワールドカップ前の代々木公園では「SAMURAI BLUE」関係のイベントが開催されており、「そよ風」の数十倍の人を動員していた。ちなみにインタビューした「そよ風」イベントの参加者でサッカーに興味がある人はいなかった。

マン代わりに集会を囲む。

しかし、デモ参加者たちはこぞって自分たちが「普通の市民」であることを強調する。リカ（二〇代後半、会社員、♀）は「そよ風」の会員で、イベント参加は今日で二回目になる。このような活動に関わるようになったきっかけは、二〇〇九年夏の衆議院選挙で起こった自民党から民主党への政権交代と、元自民党の政治家・中川昭一の死去であるという。

「それまでは私が動かなくても、自民党さんに任せておけば良かった」が、「中川さんが亡くなってからは、日本がやばいなと思って」活動に参加するようになった。「一般市民としてできる範囲でやろうと思っています」と語る彼女は、「そよ風」のことを「別にみんな普通の方たち。右翼みたいに人に迷惑をかけないし」と形容する。

あくまでも自分たちを「普通の市民」と定義し、また「右翼」と自分たちとを区別していることがわかる。ちなみに彼女はこの日、着物姿だった。祝日はいつも着物で出かけるようにしているのだという。最近はなかなか見かけない「普通」である。

「このままでは日本がやばい」

夫婦で参加していたシゲル（三六歳、電気関係、♂）もやはり、政権交代後からこのようなイベントに参加するようになった。もともと親が政治運動に関わっており、「政治関係」には興味を持っていた。何かの活動に参加するということはなかったが、二〇〇九年の秋頃から

2010年5月22日撮影

「民主党はやばい」という認識のもと、「何かしなくてはならない」と思った。そこでデモや集会に参加するようになったという。

シゲルの妻のユカリ（三二歳、専業主婦、♀）は、デモに参加するのは「今日がはじめて」だという。シゲルから「激しいところではないと聞いたので来てみた」という。彼女も「政権交代くらいから民主政権はやばいな」という意識を持ち始めた。

参加者の中には、いわゆる保守的な主張に興味がない人もいる。ダイチ（一九歳、大学生、♂）はテレビを見ていて口蹄疫《こうていえき》の問題を知った。日本の危機管理体制の甘さなどを痛感して「何かしないといけない」と思い、今日のデモに訪れたのだという。この時はちょうど、宮崎の口蹄疫問題が話題になっており、民主党の対応の甘さを糾弾《きゅうだん》することがデモのテーマの一つになっていたのだ[258]。

若い参加者たちからよく聞かれたのは「このままでは日本がやばい」という危機意識だ。そ

258　宮崎県では二〇一〇年の春から夏にかけて牛、豚、水牛の口蹄疫が流行した。感染規模が拡大した原因の一つは、民主党政権の初動対応の遅れだと批判された。

れまで彼らが自明としていた自民党政権が崩壊し、日本の諸制度が変化しつつある。そこで今までは自民党にフリーライドしていれば良かった自分たちも何かをしないといけないと思った。その「何か」が今日のようなデモへの参加なのである。

自分たちが「普通」であることを強調するというのは、「新しい歴史教科書をつくる会」という団体を彷彿《ほうふつ》とさせる。[259] 小熊英二たちの研究によれば、「つくる会」に関わる人は、個人主義的であり、「『弱気の日本』を笑うことくらいしか、会員全員に共通したコードはない」。つまり彼らは、自分たちの想定する「サヨク」という「普通でないもの」を排除することによって成立している、脆弱《ぜいじゃく》な結合体なのであったという。[260]

「つくる会」が「サヨク」という「普通でないもの」を忌避《きひ》することによって成立していたように、「そよ風」デモの参加者たちをつなぐのも、「普通の市民」である「自分たち」による「民主党」という「やばいもの」を忌避する意識だ。[261] 確かに「そよ風」デモの参加者がよく口にした「このままではやばい」という意識は、様々な主義主張を連帯させることができる。

「右翼」にはまっていく若者たち

しかし、中には「普通の市民」として活動しているうちに、右翼系運動に深くコミットしていく者も現れる。軍服を着て、巨大な日の丸を掲げるシンゴ（二四歳、自由業、♂）は、右翼系の運動に関わるようになってもう七年近くになるという。彼は大学では政治学を専攻してお

259　もはやみんな忘れているだろうが、「つくる会」というのは、既存の歴史教育が「旧敵国のプロパガンダをそのまま」記載するような、「日本人の誇りを失わせる」ものだとして、自分たちで教科書を作ってしまおうとした団体である。

260　小熊英二・上野陽子『〈癒し〉のナショナリズム　草の根保守運動の実証研究』慶應義塾大学出版会、二〇〇三年。

261　ただし、後述するように「つくる会」が「歴史」や「日本」を「居場所」にしたのとは違い、「そよ風」の参加者たちの共同性は、相対的によりカジュアルでテンポラリーであるように思う。

り、憲法とアメリカのハワイ併合についての研究をしていた。中学時代から保守系思想には興味があったが地方在住であったため、「仲間もいなかった」。しかし東京の大学への進学後は、政治活動に本格的にコミットしていくことになる。

この日のデモに参加している人も半分は顔見知りであるといい、現在の友人の多くは何らかの保守系運動に関わっている人だという。彼にこのような活動を続ける理由を聞くと「自分がしたいからする」という答えが返ってきた。

会議やデモ参加など、多いときは毎日活動があるが、「映画を見に行くのと一緒。それほど特別な意識はない」という。本人は自由業を名乗るが、仕事は右翼団体の機関誌やのぼり作成に関わる仕事が多い。「ワーキングプア寸前ですよ」と本人は笑う。

愛知から訪れたコウスケ（三二歳、無職、♂）は『反日マスコミの真実』という本を読んで、「日本ってやばいんだ」ということを知ったという。彼が恐れているのは、「中国と韓国に日本がのっとられてしまう」のではないかということだ。「もし中国が進出してきたら、在日韓国人と一緒くたになって、日本がのっとられる」、「もし日本がのっとられたら、チベットとウイグルと同じ状態になって、日本人への虐殺が行われる可能性がある」というのが彼の持論だ。

彼は現在無職だが、「左翼」の行う「格差社会批判」「派遣批判」などに興味はないという。それは、日本の企業がフリーターや派遣などの非正規労働者によって支えられてきたことを肯定的に評価するからだ。「あれはあれで企業が体力を保持するために必要だった」という。経団連のおじさんが泣いて喜び、本田由紀が憤死しそうな台詞だ。

現在の生活は「そこそこ楽しい。やりがいもあるし」という。それは「民主党が毎日のようにネタを投下してくれるから」だ。彼はニコニコ動画のヘビーユーザーだが、口蹄疫問題や基地移転騒動など「ネタ」には事欠かない現状を「楽しい」と笑いながら話す。なるほど、民主党が憤懣《ふんまん》やるかたない、というわけでもないようだ。

シンゴが実際の保守系団体での活動で、コウスケが「ニコニコ動画」などインターネット経由での活動という違いはあるが、「右翼」的な言説や空間が彼らにとっての「居場所」となっていることがわかる。

一方で、シンゴは活動を映画鑑賞と対比したり、コウスケは民主党の政策を「ネタ」として喜んでいる。つまり、彼らのコミットは真剣でありながら、同時に対象から一定の距離を置いているのである。

インターネットがつなぐ「市民」たち

尖閣問題の時と同様に、インタビューした若者たちは、今日のデモのことをインターネット経由で知ったという。在特会など大型団体の告知ページはもとより、最近続々と立ち上がっている保守系SNS「Free Japan」や「my日本」を見てイベントを知ったという人が多かった。

リカ（二〇代後半、会社員、♀）は新聞もテレビも見ないが、「my日本」は欠かさずチェックしているという。それは、「あんまり時間がない」彼女にとって、「今何がすぐにやばいかがわかる」メディアだからだ。友人登録してある人の日記を見て、今日のデモも知ったという。

デモに参加しながらも、特定の団体に所属していない人たちの情報源もやはりインターネットだ。そもそもコウスケ（三二歳、無職、♂）のようにテレビや新聞をあまり見ない人も多い。それはテレビも新聞も「信頼できない。嘘ばかり」だからだ。

彼は「あるある大事典」で起こった実験結果捏造《ねつぞう》事件を挙げて、いかにマスメディアが信頼できないかを語ってくれた。彼が「信頼」するのは、最近はＹｏｕＴｕｂｅでも積極的に番組を配信している「チャンネル桜」、「在日特権や反日系のサイト」、「my日本」などのＳＮＳ、ジャーナリスト青山繁晴（五七歳、兵庫県）の言説だ。

シゲル（三六歳、電気関係、♂）もやはり、マスメディアによる報道から距離を置いている。テレビはすべて偏向しているといい、「いかにおかしいかを確かめるために見ている」という。新聞はほとんど読まない。彼が情報収集に使うのもやはり「Free Japan」というＳＮＳだ。そこで話題になる青山繁晴の本や櫻井よしこの本はよく読むという。

今回の「そよ風」デモは、インターネット時代が可能にした政治活動と言えるだろう。複数の団体の会員、さらにどの団体にも所属していない人、地方からの参加者がウェブサイトでの告知やＳＮＳでの口コミを通じて集まる。

中にはネット右翼もいるし、漠然と「民主党がやばい」と感じている人もいるし、口蹄疫に危機感を持っただけの人もいるし、熱心な活動家もいる。デモ行進という性格もあるかも知れないが、そのネットワークは非常に緩やかで開放的だ[262]。

彼らは「夫婦別姓」に反対するし、「家族解体」を阻止しようとする。しかし、シンゴは保守系団体を「居場所」にするし、デモ参加者たちは「民主党」という「やばいもの」に対する不満を、つかの間の共同性で埋め合わせようとしている。その意味で彼らは、擬似的な「新しい家族」や「新しい地域」をそこに創出して、「家族解体」に貢献しているようにも見える。

まるで「左翼」のように

「つくる会」が人々をつなげるためのリソースとして「歴史」や「日本」を使用せざるを得なかったのと違い、「そよ風」デモの共同性を担保するのは、多種多様な「民主党」という「やばいもの」に対する不満や不安だ。だからこそ、様々な団体や人々がデモなどに応じてカジュアルに連帯することができるのだろう。

また、尖閣諸島デモは、一見中国への抗議行動という明確な目的があったにもかかわらず、参加者の意識や実際の行動は多様だった。中には、大麻規制に反対する人までいた。さらに、デモに参加した理由として「日本のあげたお金で化学兵器とか作らないで欲しい」と答える「優しい」若者もいた。

もちろん、すべての保守系運動がこうだとは言わないが、彼らの行動はかつての「左翼」と

262　この「そよ風」が穏健な団体だったせいもあるかも知れないが、参加者たちも開放的な人が多かった。インタビューに対しても非常に好意的で協力的だった。デモに参加するのを止めてまで話を聞かせてくれたり、「大変ですね。勉強頑張って下さい」と声を掛けてくれる人も多かった。はい、頑張ってこんな分析をしてみました。

名指しされた人々の社会運動と似ていないだろうか。たとえば、尖閣デモや「そよ風」デモで観察できる緩やかな連帯は、かつてのべ平連が夢見たフラットな社会運動を実現したものとも言える。また時の政権批判というのは「左翼」のお家芸のようなものだ。

「そよ風」のウェブサイトによると、「それぞれの持ち味で、できる事から」が会のモットーであるという。「発言する人、発言したくない人、控えめに活動したい人、前に出たい人」など様々な人がいるため、行動の強制は慎むように記載されている。彼女たちが大切にするのは、あくまでも「家庭生活」であり「日常生活」なのだという。

またインターネット経由の活動は、緩やかでフラットなつながりを可能にする。ＳＮＳに登録していればコンタクトをとり続けるのも簡単だし、最近では毎週のように関連する団体が何らかのイベントを行うから、顔見知りを作ることも難しくない。

インターネット普及前と違って、どこでどのようなイベントが行われるのかは極めて容易に知ることができる。

このように若者たちは、「新しい」ツールを駆使し、「新しい」社会運動と類似した形式で、日本を「保守」しようとしているのだ。

3　僕たちはいつ立ち上がるのか？

263　日本でも高度経済成長期前には「左翼」たちがナショナリズムに基づいて日本国憲法を肯定していた時期もあった（小熊英二『〈民主〉と〈愛国〉戦後日本のナショナリズムと公共性』新曜社、二〇〇二年）。また最近では「左翼」でありながら「ナショナリスト」として所得の再配分を求めることも流行

右翼も左翼もない時代

ナショナリズムがすっかり弛緩《しかん》してしまったはずの時代に、「日本」のために立ち上がる若者たちの姿を見てきた。

日章旗を掲げて、他国からの権利侵害を批判し、日本への愛を叫ぶ。

通常、こうした人びとは「右翼」と呼ばれることが多い。だけど、「日本」のために行動するのに、本当は「右翼」か「左翼」かなんて関係ない。たとえば現代日本において「左翼」と分類される人でも、その多くは国家解体を考えているわけではないし、社会主義革命を目指しているわけでもない。この「日本」という国を良くしようとしている点においては、「右翼」と何ら変わりがない。

だけど日本が不幸なのは、いつの間にか「国を良くする」「国のために」という物言いが「右翼」の専売特許のようになってしまったことだ。日本では「日本のために」とか言うと、なぜかすぐ「ナショナリスト」と呼ばれてしまったりする。[263] だから「左翼」は「より良い社会を作るために」など曖昧な言葉を使って「国家」という言葉を使わずにお茶を濁してきた。[264]

しかし、そのような「右翼」「左翼」の違いにこだわるのは、もはや過去のものになりつつあるのかも知れない。[265] 特に若者に話を聞くと、もはやそこに「右翼」と「左翼」の不毛な対立はない、そう感じることが多い。

たとえばピースボートに乗る若者たちの調査をした時のことだ。[266] ピースボートというのは辻

している（萱野稔人「あえて左翼とナショナリズムを擁護する?」」小谷敏他編『若者の現在 政治』日本図書センター、二〇一一年）。

264 まあ、その多くが「日本社会」を射程にしている時点で、あまり意味のない区別だとは思う。この本でも、「社会」という定義困難な曖昧な言葉を連発してしまうけれど、基本的には「日本社会」のことだと思ってもらっていい。万が一「社会」という概念について真面目に考えたい人は、市野川容孝『社会（思考のフロンティア）』（岩波書店、二〇〇六年）を読んだらいいと思う。

265 自虐ネタだけで軽く数時間は話し続ける社会学者の高原基彰も、既存の「右」「左」という二元論が不毛なことを強調する（「『若者の右傾化』論の背景と新しいナショナリズム論」小谷敏他編『若者の現在 政治』日本図書センター、二〇一一年）。

266 古市憲寿『希望難民ご一行様』（光文社新書、二〇一〇年）。

元清美が始めたNGOで、世界平和や護憲を訴えながらの世界一周クルーズを主な事業としている。団体としては「左翼」と名指されることも多い。

僕の乗ったクルーズでは、「九条ダンス」という憲法九条（平和主義）の理念をヒップホップのリズムにのせて表現したという斬新なダンスもあった。だけどその「九条ダンス」を踊る若者たちに話を聞くと、みんな口々に「日本国民としての誇り」や「先人たちへの感謝」を語るのである。

どうやら「愛国心がある」とか「日の丸を振る」という表層的な特徴だけで「右翼」や「左翼」と分類してしまうのは難しそうだ。特に、民主党への政権交代があったことで、「右翼」の行動が最も「左翼」的に見えてしまう現象が起きている。

国家を愛するがゆえに、国家を批判するなんて、美しき「左翼」だ。そして尖閣諸島デモでも日章旗を掲げながらも、「中国の人に幸せになって欲しい」と発言するケイタのような若者もいた。

だからここでは「右翼」や「左翼」という問題を一度おいておこう。[267] 考えてみたいのは、若者がどのような時にアクションを起こすのか、ということだ。

不満があるだけじゃ、人は立ち上がらない

人びとは、どのような時に立ち上がるのか。どのような時に運動を起こすのか。そんなこと

267　もちろん、そのカテゴリーに意味があるかどうかは、定義と目的次第だ。本章の目的は、思想内容ではなくて運動に関わる人たちの動機なので「右翼」「左翼」という区分に基本的にはこだわらない。

をずっと考えてきたのが「社会運動論」である。[268]

初期の社会運動論は「集合行動論」といって、資本主義社会に対する矛盾から社会運動を説明してきた。つまり、社会変動のもたらす構造的な緊張や不満が人をアクションへ向かわせる、というのだ。

しかし、今の日本を見てもわかるように、人は不満だからといって必ずしも運動に走るわけではない。もちろん、「不満」というのは人びとが運動を起こす時の重要なファクターの一つだとは思うが、それだけで社会運動が起こるわけではない。[269]

そこで、集合行動論を継承した「資源動員論」では人、カネ、ネットワークといった「資源《リソース》」を重視した。資源動員論によれば、利用可能なリソースを獲得してはじめて社会運動が起こるという。

たとえば、社会に不満を抱いている人がいるとする。彼にとってもっとも嬉しいのは、誰かが社会を変えてくれて、自分がそれに「ただ乗り」することである。そうすれば、自分では何をすることもなく、良い社会を生きることができる。資源動員論では、こうした「合理的な」人びとを想定した。

どうやってみんなを巻き込むか

だけど、みんなが「誰かが社会を変えてくれるはず」と待っているだけじゃ、いつまで経っ

268　社会運動論に関して真面目に知りたい人は伊藤昌亮『フラッシュモブズ　儀礼と運動の交わるところ』（NTT出版、二〇一一年）や塩原勉編『資源動員と組織戦略　運動論の新パラダイム』（新曜社、一九八九年）がよくまとまっていると思う。

269　今でも「不満」や「承認不足」が、人びとを運動に駆り立てると考える論者は多い。たとえばドイツの社会哲学者アクセル・ホネットは、集団による反抗において屈辱や自尊心の欠如といった「承認」に関わる問題系を重視する（アクセル・ホネット著、山本啓・直江清隆訳『承認をめぐる闘争　社会的コンフリクトの道徳的文法』法政大学出版局、二〇〇三年）。まだ誰にも羨ましがられたことはないが、ホネットが来日した時この本に直筆サインをもらった。

ても社会は変わらない。そこで資源動員論では「戦略」を重視した。

ある運動が、資源を獲得する時に重要となるのがフレーミングのうまさである。つまり、どんなプレゼンテーションやブランディングができるかで、運動が成功するかどうかが決まるというのだ。

その成功例はアメリカの公民権運動だろう。本来は黒人運動だった公民権を求める闘争は「権利と機会の平等」という多義的なフレーミングを掲げたため、女性や障害者、ネイティヴアメリカン、老人など様々なマイノリティーを巻き込むことが可能になった。

だけど、公民権運動にも限界があった。それが主に「当事者」だけを対象にした運動だったという点だ。そこで、最近では当事者以外も巻き込んで新しいムーブメントを起こそうという動きが広がっている。しかも、難しい顔をして「地球環境保全」を叫ぶようなガチな運動ではなくて、お祭り気分で楽しく参加できるような仕掛けがこらされている。

たとえば「アースデイ」というイベントがある。[270] 一応「環境のかかえる問題に対して人びとに関心をもってもらおう」という趣旨なのだが、毎年東京で開催されている「アースデイ」には、「フェスティバル」や「フェスタ」という言葉がよく似合う。

ライブもあるし、トークショーもあるし、「自然発酵の日本酒作りに挑戦」みたいなイベントまである。このように、環境問題に真剣に興味があるかどうか、というよりもとりあえず「お祭り」に参加することを促す社会運動が最近の流行になっている。[271]

270　現在日本で行われている「アースデイ」に関しては以下のウェブサイトを参照。http://www.earthday-tokyo.org/

271　そういった気楽に参加できる社会運動は、最近になって急に登場したわけではない。たとえば一九六〇年の安保闘争は「ピクニック気分」で参加できるようなデモもあったし、全国から集まった多様なグループが運動の担い手だった（小熊英二『〈民主〉と〈愛国〉』新曜社、二〇〇二年）。ただし、現代のアースデイのほうがより洗練され、一見した時の「政治色」も薄いものになっているのだろう。

そこでは、当事者かどうかは問われない。むしろ参加者の「楽しい」という気持ちや「友達に会える」というモチベーションを肯定し、彼らを運動に巻き込もうとするのである。社会運動論的にも、「合理的な」人びとを前提にした資源動員論よりも、このような参加者の「楽しさ」や「文化」的な側面を重視する研究が増えている。[272] また、これらの運動をまとめて「新しい社会運動」や「ネットワーク組織」と呼んだりもする。

ライバルはディズニーランド

「とにかくみんなを巻き込んでしまおう」というムーブメントは、動員力という点では間違っていない。公式発表によれば、二〇一〇年に代々木公園で行われたアースデイ「愛と平和の地球の祭」には一三万五〇〇〇人もの人が集まったという。

僕たちは、社会の状況を客観的に認識した上で運動を起こすわけではない。環境問題というのは、日本に住む人びとにとって本当は「遠い」問題のはずである。地球温暖化が進もうとも、明日から日本列島が沈むわけではない。環境ホルモンの危険性がいくら喧伝《けんでん》されても、明日からすべての生物のオスとメスの区別がなくなるわけではない。

環境問題によって深刻なダメージを受けるのは我々ではない。一〇〇年後など未来を生きる人びとだ。むしろ同時代的には南北問題のほうが重大だ、という立場もある。つまり、今日本に生きる僕たちは、環境問題の直接的な「当事者」かどうかは怪しい。[273]

272　西城戸誠『抗いの条件　社会運動の文化的アプローチ』人文書院、二〇〇八年。

273　もっとも地球という星に生きている以上、少なくとも環境問題の周辺的な「受益者」ではあるだろう。

それでもアースデイに一二万人もの人が集まるのは、多様な人びとが気軽な気持ちで、しかも楽しく参加できるからだ。休日に代々木公園で行われるお祭り、しかもちょっと良いことをした気分にもなる。だいぶ敷居が低い。

逆に言えば、これくらい敷居を低くしてエンターテインメント性を高めないと、社会運動（もはやアースデイを「社会運動」と呼んでいいかどうかはわからないけど）に多くの人を動員するのは難しい。

だって現代にはこれだけ娯楽が溢《あふ》れているのだ。家でゲームをしてもいいし、友達とコストコやアウトレットに行ってもいいし、恋人と映画館やディズニーランドに行ってもいい。その無数の選択肢の中で「社会運動」を選んでもらうのはなかなか難しい[274]。人を集めるにはアースデイくらい気楽でカジュアルでないとダメなのだ。

もっとも、今よりも娯楽が少ない時代には、みんなが喜んで社会運動に参加していたか——と言えば、まったくそんなことはない。

モラル・エコノミー

いつの時代も、知識人と民衆には大きなギャップがある。たとえば一九二五年に施行された治安維持法には、喉《のど》がひりつくほど恐ろしいイメージを抱いている人も多いだろう。だけど一般大衆にとって、治安維持法というのはどれだけインパクトのある法律だったのだろうか[275]。

274　ちなみにディズニーランドとディズニーシーを合わせた年間入場者数は約二五〇〇万人。単純に三六五日で割ると一日あたり六万八〇〇〇人になる。アースデイは二日限りのイベントなので、アースデイが意外と善戦しているのがわかる。

275　治安維持法は「国体」つまり天皇制と資本主義を否認する運動や、その支援を禁止した法律だ。一九二八年には最高刑が死刑となり、戦前の言論弾圧の象徴とされる。もちろん、僕も治安維持法を肯定しているわけではない。戦争に反対する勢力が根こそぎ治安維持法違反として検挙されるなど、それが日本を戦争に向かわせた要因の一つであることは間違いない（加藤陽子『それでも、日本人は「戦争」を選んだ』朝日出版社、二〇〇九年）。ただ、治安維持法に対して一般の人々がどれだけ興味を持ち、影響を受けたのかが怪しいという話である。

一九二五年二月一一日には東京の芝、有馬が原において日本労働総同盟など三五団体が開催した治安維持法反対の集会が開かれた。その参加者はわずか三〇〇〇人だったという。[276] 日本中が治安維持法に反対していたわけではないのである。

当時はちょうど東京を中心に大衆消費社会が花開きだした頃で、銀座にはモダンガールやモダンボーイが闊歩《かっぽ》していた。[277] 治安維持法の反対集会の二日前、二月九日に新宿園で開かれた「アサヒグラフデー」という映画スターの撮影会には三万人の入場者があったという。[278] 多くの人々は、消費とレジャーに夢中で、治安維持法どころじゃなかったのだ。

民衆史研究によれば、民衆が立ち上がるのは、彼らの持つ独自のルールが侵された時が多いという。[279] 民衆は、「モラル・エコノミー」と呼ばれる独自の規範を持っている。日本では打ち壊しや米騒動がその典型例とされるが、「買い占めによる値上げ」など「モラル・エコノミー」が侵された時に、人びとは怒り出すというのだ。

それは、お祭りに近いものだった。一九一八年の米騒動に参加した人の声が残っているが、「面白半分にあばれた」とか「何も考えずに人から誘われて参加した」とか、盆踊りに興じていた人がそのまま騒動に流れ込んできたとか、なんだか楽しそうだ。[280]

「モラル・エコノミー」という考え方は、今でも有効だと思う。いきなり国も時代も飛ぶが、二〇一〇年秋は中国の人権運動家・劉暁波《りゅうぎょうは》のノーベル平和賞受賞のニュースが世界中で話題になっていた。そこで注目されたのが、中国政府の言論統制の状況だ。劉暁波のニュースはテ

276 小松裕『日本の歴史14 明治時代中期から一九二〇年代「いのち」と帝国日本』小学館、二〇〇九年。当時の『朝日新聞』（一九二五年二月一二日夕刊）では五〇〇〇人とされている。

277 井上寿一『戦前昭和の社会1926-1945』講談社現代新書、二〇一一年。

278 青木宏一郎『大正ロマン東京人の楽しみ』中央公論新社、二〇〇五年。

279 柴田三千雄他編『世界史への問い6 民衆文化』岩波書店、一九九〇年。

280 ただし、こうした民衆運動は必ずしも政権など「お上」をターゲットにしたものばかりではなかった。幕末の世直し騒動では民衆間の対立も起こっていて、世直し勢は村々を威嚇して参加者を求め、一方で村側は農兵縦隊を準備して、世直し勢を殺害した。民衆は民衆にも暴力をふるったのである（須田努『幕末の世直し 万人の戦争状態』吉川弘文館、二〇一〇年）。

レビでも流されないし、インターネットで「劉暁波」と検索することもできない、そんな中国の言論状況に、日本の知識人たちも憤《いきどお》っていた。

だけど、当の中国のインターネットでその時話題になっていたのは、一部の知識人や言論人をのぞいて「オレのオヤジは李剛だ！」事件だった。[281]バカなドラ息子が起こしたどうしようもない事件だ。

飲酒運転による死亡事故で、現場を取り囲んだ人びとに対して、加害者である若者が「オレのオヤジが誰だか知っているのか。オレのオヤジは李剛だ！」と言い放った。李剛というのは、地元では有名な警察幹部の名前だった。

インターネット上で告発されたこの事件は、またたく間に話題になった。加害者のプライバシーが次々に暴かれ、ついには父親である李剛の謝罪会見まで開かれるまでになった。ここまで「オレのオヤジは李剛だ！」事件が大きくなったのは、中国民衆の「モラル・エコノミー」に抵触したゆえ、と考えることができるだろう。

コンサマトリーでも立ち上がる

人びとがアクションを起こし、それが大規模なムーブメントになるきっかけ。それは、彼らが持つ価値観や規範意識が侵された時らしい[282]。

だが、第二章で述べたように、若者の価値観はますますコンサマトリー化している。何かに

281　西本紫乃『モノ言う中国人』集英社新書、二〇一一年。

282　最近では、地方自治体に対して放射線量測定とデータ公開を求める署名運動が盛んに行われた。その主要な担い手は「子どもを守りたい」と願う母親たちだった。

向かって頑張るんじゃなくて、友人関係など身近な世界を大切にする感覚が、若年層を中心に広がっている。

となると、いくら「格差社会」だとか「ブラック企業」だとか騒いだところで、若者たち自身が問題ないと考える限り、大きな運動なんて起きない可能性が高い。

しかし逆に言うならば、自分たちの社会が侵されること、自分たちが当たり前だと思っている世界に対してダメだしをされた時には、何らかのムーブメントが起こる可能性がある。[283]

二〇一〇年に起きた非実在青少年問題に対する反対運動を例に挙げておこう。

東京都は青少年健全育成条例の改正案に、マンガやアニメのキャラクターであっても年齢が一八歳未満に見える場合、規制をかけるという条項を盛り込もうとした。児童ポルノと違って実際の被害者がいるわけではないので「非実在青少年」。東京都が生み出した画期的なネーミングとともに、条例改正案はツイッターなどを通して広く知られることになった。

民主党・都連幹部の事務所の電話は鳴り続け、一日約七〇〇〇通のメールが届いた日もあった。都議会事務局にも五〇〇〇件以上の反対意見が届いたという。[284]「東京都青少年健全育成条例改正を考える会」が五月に呼びかけた署名には、一ヵ月で約二万件の署名が集まった。[285] 結果的に改正案は条文を変えて一二月に可決してしまうものの、反対運動は一年近く盛り上がったことになる。

「身近な世界が変わってしまうかも知れない」という危機感をきっかけにしたアクションは、

283　二〇一〇年一一月一一日にジュンク堂池袋店で開催されたトークセッション「若者たちは、いまをどう生きているのか？」での浅野智彦の発言に着想を得た。

284　「扇動社会　2　ネット上、増幅する不信」『朝日新聞』二〇一〇年四月三〇日朝刊。

285　http://yama-ben.cocolog-nifty.com/ooinikataru/2010/05/post-6e5c.html

結果的に「都条例の改正を阻止する」「表現の自由を守る」という公共的なものになった。親密圏は「公」へとつながる可能性を秘めているのだ。

ムラムラする会いたい系

社会学者の浅野智彦（四六歳、宮城県）は、若者の間に「距離への渇望《かつぼう》」が広まっているのではないかと指摘する[286]。

浅野が例に出すのは「会いたい系」ブームだ。「会いたい系」というのは「会いたいのに会えない」想いを歌った最近のJ‐POPを総称する言葉だ[287]。

「会いたい系」の女王とされるのが西野カナ（二二歳、三重県）である。「会いたくて会いたくて震える」という斬新な歌詞をもつ曲『会いたくて　会いたくて』は、着うたフルの年間ダウンロードランキング一位（二〇一〇年）を記録し、インターネット上の一部で話題騒然となった。

浅野は、西野カナの歌が若者の共感を呼ぶのだとしたら、それは現代社会では「会いたいのに会えない」という状況こそが難しいからではないか、と分析する。恋人や友人とは、携帯電話でいつでもどこでも連絡を取ることができる。こんな時代に、「会いたいのに会えない」状況なんてあり得ない、というわけだ[288]。

「会いたいのに会えない」というのは、逆に現代におけるロマンなのだ。あまりにも身近な関

286　浅野智彦「距離を渇望する若者たち「会いたい系」の名とうらはらに」『週刊読書人』二〇一〇年一一月五日。

287　「会いたい」という歌詞のJ‐POPは二〇一〇年代になって急に増えたわけではない。少なくとも一九九〇年代からLINDBERG『会いたくてLover Soul』（一九九三年）やglobe『DEPARTURES』（一九九六年）など「会いたくて会えない」気持ちを歌った曲は少なくなかった。ただ、さすがに西野カナみたいに、会いたくて震えはしなかったけど。

288　日本では二〇〇五年にウィルコムが初めて音声定額制を導入したが、僕の妹も通常の携帯電話に加えて、彼氏専用ウィルコムをさっそく買っていた。数千円の定額料金で、何時間でも話し続けることができるのだ。感心したのは、ずっと通話状態にしておいて、同じテレビ番組を見るという使い方だ。特に会話をするでもなく、たまに「あはは」と笑う。確かに彼女たちが「会いたいのに会えない」状況はあんまり想像できない。

係の中で充足している若者たち。だからこそ「公共」だとか「社会」だとか「大きなもの」への渇望が生まれているのである。本書の言葉で言えば、コンサマトリーでありながら「社会志向」の「村々する若者」たちのことだ。

親密圏と公共圏をつなぐ

ここに、若者の興味を「公共」や「社会」や「政治」に向かわせるためのヒントがある。なぜ「社会」に関心がある若者が世論調査上は増えているのに、実際に動きだす若者が少なかったのかと言えば、彼らと「社会」をつなぐ回路が不在だったからだ。

いくら「社会のために何かしたい」と思ったところで、忙しい毎日の生活の中で何をしたらいいかわからない。そもそもいったい何をしたら「社会」のためになるかもわからない。ボランティア？　自分に合ったボランティアの探し方もわからないし、敷居が高そう。選挙？　行かなきゃとは思うけど、どうせ誰に投票しても同じだし、それで何かが変わるとは思えない。だったら、若者たちが生きる身近な世界（親密圏）と、「社会」という大きな世界（公共圏）をつないであげればいいのだ。

公民権運動のように上手なフレーミングを提示してもいいし、アースデイのようにイベントに参加させることで、結果的にその二つの世界をつなげてあげてもいい。

ある程度の人を集めている社会運動やボランティア団体などは、親密圏と公共圏のつなぎ方がうまい。つまり、ファシリテーターが優秀だった場合には現代社会でも十分に、若者たちを動員することが可能なのだ。

技術的にも、若者たちが生きる身近な世界（親密圏）と、「社会」という大きな世界（公共圏）をつなぐのは簡単になってきている。

たとえば、多くの人はいきなり「中国の工場における農民工搾取問題」と言われても、何の関心も持たないだろう。だけど、iPhoneユーザーに対して「あなたが持っているiPhoneを製造した工場で労働者の連続自殺が問題になっている」という情報の提示の仕方だったらどうだろう。[289]

さらに、そのiPhoneユーザーの年齢に合わせて「昨日死んだのは、あなたと同じ年齢の一九歳の若者でした」という情報が写真付きで届けられたらどうだろう。ちょっとくらいは別の国の、出会ったこともない労働者のことを想像するかも知れない。

こんな風にユーザーの属性に合わせて、「あなたが興味あるはずのニュース」「あなたが知るべきニュース」をリコメンドするというのは、ウェブサービスの得意とするところだ。[290]

4　革命では変わらない「社会」

公共的はいいことか？

289　九〇〇〇万台のiPhoneを製造した中国のフォックスコン社の工場では過去一七人の自殺者が出ている（「ぼくのiPhoneが17人を殺したのか?」『WIRED』vol.1　二〇一一年）。

290　実際、「LinkedIn Today」などユーザーの属するネットワークや業界に基づいて、ニュースをリコメンドしてくれるサービスは増えつつある。精度はまだまだだけど。

291　公式ウェブサイト（http://jukugi.mext.go.jp/）

しかし、ここで疑問が残る。果たして「公共的」や「社会的」な態度は、手放しに礼賛していいものなのだろうか。本当にみんなが「公共的」で「社会的」になるべきなのだろうか。

僕は「みんなが社会に興味を持つべきだ」と素朴に言うことができない。

まずは「みんな」という部分。当たり前だけど「みんな」が社会に興味を持って、一生懸命考えたところで、それで自動的に「良い社会」が完成するわけじゃない。

たとえば文部科学省が行っている「熟議《じゅくぎ》カケアイ」というプロジェクトがある。[291]「熟議」というのは、多くの当事者が集まって「熟慮」と「討議」を重ねながら政策を形成していくプロセスのことらしい。

「熟議カケアイ」のウェブサイトには鈴木寛《かん》・文部科学副大臣（四七歳、兵庫県）による「国立大学法人の課題やその改善方法」や「就活問題を解決するには」などのお題が掲載されていて、登録さえすれば誰もが自由に熟議に参加できるようになっている。

まあ、学級会のようなもので、「みんな」が好き勝手なことを言っている。そして今のところ、専門家も考えつかなかったような画期的なアイディアが生み出されているわけでもない。

熟議の「話せばわかる」的な態度は、逆に対話の作法を持ち得ていない人の参加を拒むことになる。[292] 人びとへの要求水準が高すぎるのだ。少なくとも僕には、今の「熟議カケアイ」は、議論好きな人たちの自己表現の場にしか見えない。[293]

そして、もっと難しいのは「公共性」や「社会性」っていったい何だ、という話だ。

には、ボランティアによって描かれた「まんがでわかる熟議」まで掲載されている。議論を重ねて夕飯のメニューを決める一家の話や、議論を重ねなかったことによって文化祭で焼きそば屋をやることになったクラスの話が紹介されている。「熟議って結局何なのだろう」「文科省は何を考えているんだろう」と熟慮してしまうこと必至だ。

292　五野井郁夫「グローバル・デモクラシー論　国境を越える政治の構想」小田川大典他編『国際政治哲学』ナカニシヤ出版、二〇一一年。

293　もちろん、それでいいのかも知れない。国家というサービスプロバイダーが国民というお客様の声を聞くのは当然だからだ。少なくとも、聞く態度を見せることは間違いではない。それなら、「国立大学法人の課題やその改善方法」などの大きな話ではなくて、身近な不満や提案を聞けばいいような気もするが、大きな議論をしたほうが達成感があり、結果的に顧客満足度が上昇するので、やはり間違いではない。

たとえば、ネット右翼や在特会など、過剰に排他的な人びとをどう考えるか、という問題がある。彼らは「センカクショトーって何すか」と言っていた六本木の若者よりは、よっぽど「公共的」で「社会的」なものに興味を持っている。だけど、彼らが考える「公共的」で「社会的」な態度は、時に誰かを傷つけ、迫害する危険性をも秘めている[294]。

別にネット右翼や在特会くらいならいい。今のところ、実害もあんまりない。だけどオウム真理教はどうか。世界最終戦争を待望した彼らは、彼らなりの革命を企図していた。彼らなりの「公共性」や「社会性」を持っていた[295]。

もちろん在特会やオウム真理教の「公共性」や「社会性」を、「本物の公共性」ではない、「良い社会性」ではないと糾弾するのは簡単だ。だけど、「本物」や「良い」というのは誰がどのように決めればいいのだろうか。まさかサンデル先生（五八歳、ミネソタ州）をいちいち呼んでくるわけにもいかないだろう。

「居場所」としての社会運動

もっとも、オウム真理教は象徴的な事例であるものの、普遍的に存在する集団ではない。多くの集団は、オウム真理教のように暴走してしまう前に、ただの「居場所」になってしまう——というのが僕の見立てだ。

安田浩一（四六歳、静岡県）のルポによれば、在特会に関わる若者たちも、本章で見てきた

294　もっともエリート主義の利点が欠点に勝っていた安定成長期を終えた今、僕の主張は正当性を喪失しつつある。一部の学歴エリートに意思決定を任せてきたツケをまさに象徴するのが、政府や東京電力の対応の甘さに起因する原発事故関連の人災だろう。

295　デモクラシーがファシズムに転換し得ることは戦前の歴史が教えることでもある。一九二〇年代に大正デモクラシーを経験した世代が、その経験ゆえに社会の底辺から声を上げるようになり、彼らがやがて一九三〇年代のファシズムの担い手になったことが近年の研究では指摘されている（一ノ瀬俊也『故郷はなぜ兵士を殺したか』角川選書、二〇一〇年）。

保守系団体と大きな違いはないようだ。[296] 彼らは、日常に閉塞感や違和感を抱きながら生活している時、在特会が発信している動画に出会う。そこで「在日の正体」を知り、真実を伝えなくてはならないという使命感に駆られる。

在特会から距離を置き始めたという星エリヤス（二四歳）というイラン人と日本人のハーフの若者は語る。「在特会のメンバーの多くは、友達がいなさそうな人ばかりだった」と。[297] 一方、安田に在特会に入って良かったことを聞かれ、ある女性会員は「いま、楽しくてしかたがないんです。やっと本当の仲間ができたような気がするんです」と答えていた。結局みんな「友達」や「仲間」ができて満足らしい。

政治的立場が真逆の団体でも同様だ。テレビディレクターの田中良介（三五歳、東京都）が、過激派・中核派の最大拠点とされる「前進社」に対して行った取材記録がある。[298] 前進社では約一〇〇名が共同生活を送っており、「学生ルーム」と呼ばれる場所には一三名の若者が暮らしているという。「人類史が俺たちに革命を約束している」と宣言しちゃうような意識の高い若者たちだ。

だけど田中が前進社の魅力を聞くと、彼らは口々に「ここが、自分の居場所」「団結すれば戦える」「仲間以外に失うものはない」と答える。「革命」を求める若者も、みんなとつながりたいようだ。[299]

もう少し穏健な労働運動でも「居場所」がキーワードだ。[300] しかも運動に関わるようになる構

296　安田浩一「『在特会』の正体」『g2』vol.6　二〇一〇年。

297　安田浩一「在特会とネット右翼」『g2』vol.7　二〇一一年。

298　田中良介「ルポ・20歳の革命少女」『g2』vol.5　二〇一〇年。ていうか『g2』、毎回へビーな記事が多い。

299　このような中二病的トライブは、それこそ昔だったら政治運動に向かうしかなかった（古市憲寿「ちっぽけな男たちの物語」『ユリイカ』二〇一一年六月号）。

300　労働運動に関する事例は橋口昌治『若者の労働運動「働かせろ」と「働かないぞ」の社会学』（生活書院、二〇一一年）を参照した。学者の書いた本らしく一五ページにもわたり膨大な量の参考文献が列挙されているので、労働問題で卒論とか書く人は読んだらいいと思う。

図も在特会とあんまり変わらない。

「自由と生存のメーデー」を行っているフリーター全般労働組合に関わる女性（三〇歳）は、はじめ誘われてメーデーを見に行ったが「怖い」し「印象がよくなかった」。しかし、次第にデモを「みんなで作るっていうこと」の楽しさを実感し、またコミュニティのあり方にも興味を持っていく。その中で、会社や労働に対して感じていた不満を、あきらめなくていいと思うようになったという。

他の参加者にも「俺の居場所はこういうところを求めていた」「仲間は仲間じゃないですか」と労働運動が与えてくれた「居場所」や「仲間」を賞賛する人が多い。労働問題という「社会性」の塊《かたまり》のような運動に関わる人にとっても大切なのは、「居場所」だったり「相互承認」らしい。

僕は、かつてピースボートに乗船する若者を対象とした研究で、「共同性」が「目的性」を「冷却」させると結論した[301]。つまり、集団としてある目的のために頑張っているように見える人々も、結局はそこが居場所化してしまい、当初の目的をあきらめてしまうのではないか、ということだ。

どんな過激に見える集団であっても、そこが「居場所」になれば当初の過激な目的は「冷却」されてしまう。もしも「居場所」が見つからなかったとしても、束《つか》の間の「祭り」を繰り返すだけなので、それは社会にとって大きな脅威にはならないだろう。

301　日本で「冷却」という と、教育社会学の用語として使われることが多いが（竹内洋『日本のメリトクラシー　構造と心性』東京大学出版会、一九九五年）、ここでは「あきらめ」と同じような意味だと思ってもらって構わない。

そもそも社会を変えるって何？

「社会を変える」と表現してしまうと、どうしても革命や大規模デモのようなものを想定してしまう。たとえば二〇一〇年から二〇一一年にかけて起きた「アラブ革命」は、ビジュアル的に非常にわかりやすく「社会が変わった」ことを示すものだった。

きっかけは二〇一〇年一二月一七日、チュニジアでの二六歳の若者が図った焼身自殺だった[302]。横暴な警察官への抗議として県庁舎前で自らに火を放った貧しい物売りのモハメド・ブアジジ。彼の死は首都チュニスでの民衆蜂起に発展し、二三年間にわたって独裁政権を敷いたベンアリ大統領は海外へ逃亡した。二〇一一年一月一四日、事実上政権は崩壊したことになる。わずか数週間のうちに起こった革命劇だった。

このチュニジアで起こった「ジャスミン革命」は他のアラブ諸国にも広がった。ヨルダン、エジプト、リビアなどで相次いで反政府デモが起こった。特にエジプトで一月から二月にかけて起こった「エジプト革命」は日本でも大きく報道された。二月一一日に起こったデモには全国で一〇〇万人規模の参加者があったといい、チュニジア同様、三〇年間続いたムバラクによる独裁政権は民衆蜂起により崩壊した。

だけど、日本において「ジャスミン革命」のようなものが起こる可能性は皆無に等しいだろう。チュニジアやエジプトでは「革命」が起こる十分な役者と舞台装置が揃っていた。

302　彼は病院で一八日間生存したものの、二〇一一年一月四日に死亡した。アラブ革命については『現代思想』（二〇一一年四月臨時増刊号）が、海外論者の翻訳論考から分単位で描かれたデモの流れまで包括的にまとめている。

独裁政権というわかりやすい敵は、言論統制から拷問《ごうもん》までいとわない。そこに暮らす、上昇する物価と高い若年失業率により文字通り食べていけない若者たち。[303] まるで展開が予測できるB級映画のようだ。

一方で、日本にはムバラクのようなわかりやすい悪役はいない。東日本大震災からの復興や、政治家の汚職や、官僚が抱え込む利権や、警察の越権行為や、若年雇用問題や、減らない自殺者問題や、少子高齢化問題など、今書き並べていてげんなりしてしまうほどの「社会問題」は山積しているが、わかりやすい言論統制だとか拷問だとかはない。明日から食べていけずに餓死してしまう人もほとんどいない。

「社会」は劇的には変わらない

おそらく若者を含めた、平均的な日本人はルイ一四世よりも豊かな暮らしを送っている。[304] お抱えのシェフはいないけど、家の近所のレストランで世界中の料理を食べることができる。専用の馬車はないけれど、格安航空券やピースボートで世界中へ行くことができる。

そして殺人を犯し身元証明さえできない若者でも、この国では生き延びることができる。千葉県で英会話講師の女性が殺害された事件で全国指名手配された市橋達也（二八歳、岐阜県）はフリーペーパーや公共図書館のパソコンで求人情報を探し、建設現場や解体現場で働いていた。二年七ヵ月の逃亡中に一〇〇万円近い貯金まで貯めている。[305]

303　加えて、最貧国を脱しているため教育水準の高い中間層もいる。彼らを衛星放送アル・ジャジーラやフェイスブックなどのメディアがつないだ。

304　マット・リドレー著、大田直子他訳『繁栄　明日を切り拓くための人類10万年史』早川書房、二〇一〇年。

305　市橋達也『逮捕されるまで　空白の2年7ヵ月の記録』幻冬舎、二〇一一年。

これほどまで「豊かな」社会で、人々が共通に抱えるわかりやすい困難を探すのは難しい。若年雇用問題や世代間格差など、相対的には「若者」が一番の困難を抱えているはずだが、肝心の「若者」は幸せらしいし、少子化のため「若者」の絶対数も少ない。さらに、「若者」というカテゴリーだけで連帯なんてできないほど「若者」は多様だ（第六章）。

しかもアラブ諸国のように劇的な「革命」が起こったところで、その一瞬で社会の何もかもが変わるわけではない。機能不全を起こした国家機構、経済不安、若年失業率の問題は、政権が変わったからといって、すぐには解決できない。一つ一つの制度を変える地道な努力を続けなくてはならない。

また、政権交代後もデモや銃撃戦は続き、多数の死傷者を出している。治安情勢によっては、経済への一層の悪影響も懸念される。「革命」は「社会を変える」ことの起点にはなるが、あくまでも起点に過ぎないのである。

だけど「社会」は変えられる

また、社会的なインパクトを与えることが目的ならば、必ずしもデモやパレードといった運動の形式を取る必要はない。たとえば、かつて小説家の村上龍（四八歳、長崎県）は「今すぐにでもできる教育改革の方法」を『希望の国のエクソダス』という小説で提案したことがある。それは、「八〇万人の中学生が集団不登校を起こす」というものだった[306]。

306　村上龍『希望の国のエクソダス』文春文庫、二〇〇二年。研究者にも、不登校や引きこもりなど「集合的でありながら集団的にはなりえない」現象を、社会に対して対応を迫るという点で評価する人がいる（曽良中清司他編『社会運動という公共空間　理論と方法のフロンティア』成文堂、二〇〇四年）。

社会に絶望した中学生たちが、ある出来事をきっかけに同時多発的に不登校を起こし、大人たちを慌《あわ》てさせるという内容だ。小説内では実質的に日本から独立した「希望の国」の成立までが描かれるが、そこまで行かずとも大規模な集団不登校という事実だけで、社会は大きな衝撃を受けるだろう。

日本における実際の不登校者数は一三万人弱だ[307]。確かに彼らは在特会のように街中で自分たちの主張を大声でわめき立てたりはしないものの、「不登校」という存在は広く社会に知られ、同時に教育政策に少なくないインパクトを与えてきた。

現代日本において、すべての人が共感する「良い社会像」や、すべての人が憎む「悪い人間」はなかなかいない。逆に言えば、「社会を変える」ための方策にいくつもの形があるということでもある[308]。

市議会議員になって街の条例を変えてもいいし、社会的起業家になって社会貢献事業を行ってもいい。官僚になって、どうしようもない法律の改正に一生を賭けてもいい。政治に口を挟めるくらいの大資本家を目指してもいい。また、ＮＧＯのような非政府主体の一員として、国際条約を成立させることも夢じゃない時代だ[309]。

では、ただのデモは無駄なのか。そんなことはない。社会に与えるインパクトは企業家たちに比べればほぼ皆無に等しいだろうが、それで本人たちが少しでも幸せになるのなら、それを生温かく見守ってあげればいい[310]。

307　「学校基本調査」（二〇一〇年度）において、長期欠席理由が「不登校」と分類された小中学生は一二万五六三七人だった。これは年間三〇日以上の欠席者が対象であり、また高校生や大学生を含めるとその実数はもっと多いことが予想される。

308　そもそも複雑な現代社会で、「まったく誰かのためにならない」行動をするほうが難しい。モノを買えば誰かの懐は温かくなるし、ゴミのポイ捨てさえも雇用を創出する。同じ理由で「まったく誰にも迷惑をかけない」行動をするのも難しい。

309　目加田説子『行動する市民が世界を変えた　クラスター爆弾禁止運動とグローバルＮＧＯパワー』毎日新聞社、二〇〇九年。

310　結果的にそれがガス抜きになり、血みどろの「革命」を事前防止することになるならば、社会にとってもお得だ。

本章で見てきた「日本」を変えるために運動を続ける若者たち。彼らの活動は、閉塞感を紛《まぎ》らせるための表現活動だったり、承認を求めるための「居場所」探しという毛色が強かった。それでいいのだ。

家に閉じこもっているよりは、太陽の下で街を歩いたほうが健康にも良さそうだ。共通の話題を語れる友人までできるなんて、一石二鳥である。

ただ、もう少し建設的な方法もあるし、社会にはもっと楽しいこともあると思うけど。

第五章　東日本大震災と「想定内」の若者たち

二〇一一年三月一一日午後二時四六分、東北・関東地方を襲った東日本大震災。マグニチュード九という地震の規模もさることながら、津波が多くの街を襲い、原子力発電所が事故を起こし、その被害の全貌はまだ見えない。この「想定外」の大震災に対して、若者はどのようなアクションを起こしたのだろうか。

1　ニホンブーム

世界に広がった募金活動

震災直後から広がったのは多くの募金活動である。ボランティアの派遣と受け入れ態勢が整わない中、「とにかく何かをしたい」と思った若者たちが募金活動に携《たずさ》わったようだ。

三月一三日、東京の新宿駅前ではバングラデシュ支援に関わる学生団体ＧＣＭＰの呼びかけに応じた五〇人を超える若者たちが、通行人たちに募金を呼びかけていた。震災から時間が経つにつれて、募金ラッシュとも呼ぶべき状況になったが[311]、震災二日後の段階でこれほど大規模

311　ある時点までは、普通に仕事をするよりも募金活動のほうが多くのお金を集められる。しかし次第に募金を呼びかける団体も増え、募金によって集められる金額も減っていく。さしあたり、募金活動を呼びかけるよりも、マクドナルドでアルバイトした時給を自分で寄付したほうが高くなる時を募金損益分岐点と呼びたい。

な募金活動はまだ珍しかった。[312]

きっかけはバングラデシュ側からの呼びかけだったという。「日本が大好き、日本に恩返しがしたい」という声がバングラデシュの若者から届いたのが三月一二日の夜だった。それからすぐにコアメンバーでSkypeミーティングが開かれた。

普段は貧困層向けの無担保融資を行うグラミン銀行とともに活動する団体。「世界をもっと面白くするような、デカイことがしたい」と考えていた大学生が、グラミン銀行の存在を知り始まったプロジェクトだ。彼らのウェブサイトには、「このフィールドを、同年代の若者が大きな夢に向かってはばたくための滑走路にしたい」という熱い想いが書き綴《つづ》られている。[313]

通常はスタディーツアーや調査がメインなので、募金活動をするのは彼らにとって初めてのことだった。日本側の責任者の宮島あかね（二一歳、♀）は「同じ日本人として放っておけなかった。一瞬現地に行こうと思ったけど、この段階で行くべきじゃないと思って。とにかく今できることを考えた」という。結果、日本とバングラデシュ、同じタイミングで募金を呼びかけることに決まった。

主にツイッターやフェイスブックで呼びかけた募金活動には、多くの若者が集まった。友人に聞いて駆けつけたという大学生のヒロカズ（二一歳、♂）に話を聞くと、「日本に貢献できて良かった」という声が返ってきた。「今回の地震で、日本が好きということを再確認した」と熱く語る。

312　当日の様子は『朝日新聞』（二〇一一年三月一八日朝刊）に「東京とバングラ　学生が同時募金」として紹介された。本書内の参加者たちの発言は三月一三日に行ったインタビューによる。

313　http://www.gcm-p.com/story.html

募金活動を行うのは初めてだったが「全然恥ずかしくはなかった」。「見た目チャラチャラしてても募金してくれる人がいて嬉しかった。だけど意外と振り向いてくれない人が多くて悲しい」と、今日の感想を語る。彼の表情からは達成感が滲《にじ》み出ている。

フリーターのレン（二一歳、♂）は、もともと両親との不仲などから家庭を失った一〇代の姿を描く映画を製作するプロジェクトを友人たちと進めていた。しかし、震災を受けて「すべての予定を変更した」という。

「あまりにもひどすぎる。現地の人が何とかできるレベルを超えている」と震災のことを語る。本当は「放射能を浴びてもいいから現地に乗り込んでいきたかった」。だけど「今はお金を集める時期」と思い直し、募金活動に参加することにした。彼は実際その後も、毎週のように募金活動を続けている。

わずか二時間の募金活動だったが、新宿では約四〇万円、バングラデシュでは一万五〇〇〇タカ（一万八〇〇〇円相当）の義援金が集まった。最後に一同で記念撮影をして、募金活動は終了となった[314]。そのまま飲み会に流れるでもなく、本当にそのまま一同は別れていった。

「これで日本が一つになれます」

募金活動は地震の実害がなかった地方にも広がった。

福岡の学生団体「Soul Works」[315]が中心になって行った博多駅前の募金活動には、三月一二

314　学生のボランティアサークルが活動の最初や最後に記念撮影を行うのは決して珍しい光景ではない。ただ、何も知らない通行人は「これって合コン？」「団体旅行？」と囁いていた。

315　現在彼らは、SAU（アジア学生代表者連合）に名称を変えたという。

日から三月一六日の五日間だけで七〇〇万円もの義援金が集まった。

彼らはもともと「福岡の学生を団結させる」ために集まったグループだ。福岡には多くの学生団体があるが、互いの交流が十分にあるとは言えない。だから学生団体同士をつなぐ「場」を設けて、「共同体を作りたい。共通の言語を生みたい」のだという。

代表の相良真史（二一歳、♂）は「今できることをいち早くやろう」と震災直後に、募金活動を呼びかけた。彼は「募金を通じて、福岡を一つにしたい。日本を一つにしたい」と語る。「今まで福岡にも、日本にも、一つになる理由がなかった。だけど今、みんなが一つになる理由ができた」からだ。

福岡の学生たちをつなぎたいと考えていた彼らにとって、震災は「目に見える目標」を作り出すものだった。ミーティングで相良が「今、みんなが一つになるべき時」と呼びかけると、メンバーたちは深く頷《うなず》いていた。

「何か新しいことを始めるのが好き」と言うユウコ（二〇歳、♀）は募金活動のことをｍｉｘｉ経由で知った。「テレビを観ていても、専門用語ばかりでまったくわからなかった」。だからこそ「自分にできることを何かやらないと気が済まない」と思ったという。


「そのためには何も恐れない」

彼らからよく聞かれたのは、「とにかく何かしたかった」という声だ。

タカアキ（二一歳、♂）は「テレビを観ているだけじゃ足りなかった。何か行動したかった。自分が動かないと満足できない」と募金活動に参加した理由を語る。彼は今、就職活動の真っ最中だ。その合間を縫《ぬ》ってまで募金に関わる。

彼は「本当に誠意を持っていれば、その気持ちが返ってくることを募金で学んだ」という。「自分たちの頑張りが認められる。充実感がある」と嬉しそうに語ってくれた。[316]

同じく就職活動中のシホ（二一歳、♀）は「自分を変えたい」と思って募金に参加した。会社説明会の質疑応答で、周囲の学生が積極的に発言するのに、自分だけが手を挙げられなかった。しかし募金活動を通じて「いろんな人の考えを聞けて、人と会うのが楽しくなった。就活も前向きにやりたい」と思えるようになったという。[317]

募金活動後は、彼らの事務所でミーティングが開かれた。事務所には「共創」「共生」「共育」などと書かれた色紙が飾ってある。代表が長めの挨拶をした後、一人一人が「自分の変化」と「今思っていること」を発言、共有していく。

タイシ（二〇歳、♂）は「何やってるんだって目で見てる大人たちを見返してやりたかった。そのためには何も恐れない」と述べる。

博多駅前で募金を呼びかけることにJR西日本がなかなか許可を出さなかったり、実施までにはトラブルがあったようだ。彼の発言に数人が涙ぐみながら、この日のミーティングは終わった。

316　就職活動は「落ちたことも含めて自分の糧になる。面接でも新しい自分の発見がある」と、充実した日々を送っているようだ。「感謝の大切さを強調する企業」で働きたいのだという。

317　シホの発言に関しては「大震災で心一つに　街頭募金に学んだ学生グループＳＡＵ」『西日本新聞』（二〇一一年四月一〇日朝刊）を参照した。他は三月一七日に行ったインタビュー時の発言による。

被災地に駆けつける若者たち

ボランティアの受け入れ態勢が整うと、若者を含めた多くの人びとが被災地に駆けつけた。全国社会福祉協議会によると、震災発生後からゴールデンウィーク前までに東北三県へ入ったボランティアの数は一七万五〇〇〇人に及んだという。さらに、連休前半の四月二九日から五月三日だけでも、さらに四万三〇〇〇人が集まった[318]。

阪神・淡路大震災の経験もあり、多くのＮＰＯやＮＧＯなどが災害ボランティアを早々に開始した。たとえば国際ＮＧＯピースボートでは三月一五日から先発スタッフが被災地に派遣され、支援物資を届けると同時に被害状況の情報収集や支援活動の調査を開始した。

三月二五日からは一般の希望者たちを宮城県石巻市に派遣し始めた。ピースボートのボランティアの特徴は、特別な知識や経験がなくても誰もが即戦力となるような仕組みが構築されていることだ。炊き出しや食事のデリバリー、ヘドロの撤去などが主な仕事だが、個人に割り振られるタスクは、誰が行っても変わらないレベルまで分割されている。

ただし特別な能力はいらないが「やる気」は必要とされる。派遣される一週間分の水と食事は自分で持って行かないといけないし、テントや寝袋も割り振られるグループ内で用意しないとならない。現地までの交通費も自己負担だった。それにもかかわらず、約一ヵ月で一五〇〇人（四月末現在）のボランティアが参加したという。

318 「ボランティア急減　盛況の被災地、ＧＷ終盤一転　東日本大震災」『朝日新聞』二〇一一年五月八日朝刊。

五月初旬にピースボートのボランティアに参加した大学生のサリ（二一歳、♀）はボランティアに参加する理由を「現地を見たかった。好奇心という言い方はよくないかも知れないけど、テレビで切り取られた映像ではなくて、そこに映らないものを見たい」と語る。

彼女はもともと国際貢献に関心があり、大学では平和学を専攻している。ピースボートが主催する世界一周クルーズの乗船経験もある。サリは「日本は今まで難民とか遠いことだった。だけど今、支援が足りないっていう状況が生まれてる危機的な状況」と言う。「人が足りないって聞いて、自分でもできることを何かしたかった」のが、ボランティアに参加を決めた理由だ。

主体的に現地入りし、組織を立ち上げる

元ピースボート乗船者で、今は大学院で安全保障について学ぶナナミ（二六歳、埼玉県）は「つなプロ」というプロジェクトを通じて南三陸へ向かった。「つなプロ」というのは日本財団やNPOエティックなどが中心となって結成されたチームで、被災地でのヒアリングを通してニーズを調査し、様々な専門NPOへの仲介を目的とする。[319]

ナナミもやはり「どういう状況か気になるから。実際に見ておきたかった」という理由でボランティアに参加した。一日に五ヵ所ほどの避難所を回るため、「忙しくて色々なことを考える暇はなかった」。一連の活動を振り返って彼女は「現地へ行けて良かった。興味深かった」

319　正式名称は「被災者をNPOとつないで支える合同プロジェクト」。

と総括した。

若者自身の手で立ち上げられたボランティアグループもある。

東京の大学生たちが「被災地の方々の力になりたい」と集まった団体が、学生緊急事態対策本部SETである。[320] 震災直後の三月一二日の夜に有志の間で会議が持たれ、三月一三日には設立された。彼らは「若者の想いを、パワーを被災地の方々の希望に変えてゆきたい」と設立の動機を説明する。

活動の中心にいるのはバングラデシュと国際交流を行う学生団体SWITCHを立ち上げ、「地球を、もっともっと元気に。」をミッションに掲げる「学生維新」という団体などに関わる吉田勇祐《ゆうすけ》（二一歳、東京都）だ。

三月は物資の後方支援や勉強会などに専念し、四月からは陸前高田市に向かい現地NPOとともに試行錯誤しながらボランティア活動やニーズの把握を行っている。

実際に現地入りして、吉田は「同じ日本とは思えない光景」だと思ったという。彼らはSETの目的に「日本を担ってゆける私たち若者世代」として「陸前高田市を第二の故郷として、復興後も携わり続ける」ことを掲げており、これからも継続的に活動を続けていくようだ。

カンボジアからトウホクへ

学生ボランティア団体GRAPHIS（第二章）を立ち上げ、現在は研修医として東京の大

320　SETに関しては彼らの公式ブログ（http://ameblo.jp/set-japan/）を参照。

学病院で働く石松宏章（二七歳、大分県）は、四月後半になって気仙沼に向かった。本当は震災直後から被災地に向かいたかったが、医者として毎日の仕事があり「患者さんを放りだしてまですぐに行動することができなかった」。

ようやくタイミングが合って向かった被災地で石松は「何も言葉が出なかった」という。彼のブログにはその時の気持ちが「ここが本当に日本なのか。カンボジアじゃないのか？」と記されている。はじめてカンボジアを訪れた時のような無力感にも襲われたという。

しかし石松は自分に何ができるのかを探した。地元の議員に案内されて赴いた大島復興対策委員会で、地元の人びとの「働きたくて仕方がない」「日給五〇〇〇円でも六〇〇〇円でもいい」という声を聞くことになる。

そこで石松が考えたのが「離島・大島スタディーツアー」だ。全国から学生を集めたスタディーツアー。学生は現地の島民がガイドとなってフィールドワークを行う。そして参加費の中から、ガイド料を支払う。彼がＧＲＡＰＨＩＳを通じてカンボジアで行ってきたスタディーツアーのノウハウを横展開させたものだ。

カンボジアへの国際支援同様、石松は「すべては見ることからはじまる」と言う。一方で参加者には「何らかの達成感が必要」との心配りも忘れない。スタディーツアーでは、環境省選定の「快水浴場百選」にも選ばれた大島のビーチの整備を考えている。

「ただの瓦礫《がれき》撤去と違って、ビーチの清掃だと目に見える成果が出やすい」というのがその理由だ。また、バーベキューや星空鑑賞の時間を設けるなど、スタディーツアーを「ただのボランティア」にしないための工夫が感じられる。

待望の「非日常」

ワールドカップがずっと続いてるみたいだ、なんて言ったら「不謹慎だ」と怒られそうだけど、東日本大震災の後起こったのはニホンブームである。「日本は強い国」とか「日本の力を、信じてる」とか「日本が一つのチームなんです」とか、やたら日本を連呼する公共広告機構のCMがしばらくの間へビーローテーションされていた。

また本章で見てきたように、「震災を通じて日本が一つになれる」と言ったり、募金活動に参加して「日本が好きということを再確認した」と発言する若者も多かった。

普通に暮らしている限り、「日本」という存在は、「日本」以外のものが立ち現れないと、なかなか意識されることはない（第三章）。その意味で地震という天災はまさに、通常の「日本」という国の外側からやってきたものだ。

海外ボランティアを行っている学生団体や若者が、今回の震災に素早く反応したのは象徴的だ。GRAPHISやSWITCHの創設者はその設立目的に、日常の閉塞感を挙げていた。そこで彼らが見つけたのがカンボジアやバングラデシュというステージだった。彼らの閉塞感を打ち破るには、それくらいの非日常が必要だったのだろう。

同じように東日本大震災は東北地方を一瞬にして「非日常」に変えてしまった。石松が「ここが本当に日本なのか。カンボジアじゃないのか?」と率直に表現するように、「被災地」はカンボジアと機能的に等価な「非日常」になったのである。

震災復興に多くの若者たちが関わろうとしているのは少しも不思議なことではない。この本を読んできた人なら、若者たちのアクションを「想定内」のものだったと感じるはずだ。

第二章で見たように、現代の若者たちは「今、ここ」に生きる生活に満足しながら、同時にどこか変わらない毎日に閉塞感を感じている。どこかでその出口を探している。この何かをしたいという「ムラムラ」した気持ちが、若者たちをボランティアなどに向かわせる。

問題は、その彼らがコミットする対象が見えにくかったこと、つまり「社会」との具体的な回路が不在だったことだ。そのため個人よりも「国や社会」のことを大切に考える若者が多いにもかかわらず、多くの若者たちは動きだせずにいた。

しかし、震災では「被災地支援」というコミットすべき対象が、わかりやすい形で出現した。

言葉は乱暴だが、社会志向の若者にとって今回の震災は待ち望んでいた事件とさえ言える。福岡の学生団体が「今、みんなが一つになる理由ができた」と単刀直入に語っていた通りだ。

その意味で、実は震災後に起こったニホンブームは「ナショナリズム」とさえも呼べない現象なのかも知れない。つまり、若者にとって「東北」が「カンボジア」と交換可能なものなのだとしたら、いくら「日本」が強調されているとしても、結局それは「自分たち」のことではなく「自分たち以外」の問題ということなのだから。[321]

2　反原発というお祭りの中で

高円寺に集まった一万人

四月一〇日、東京の高円寺で反原発を訴える「原発やめろデモ」が行われた。[322] 中心となったのは「素人の乱」という高円寺でリサイクルショップや古着屋を営みながら、時々ふざけたデモやイベントを行うグループだ。[323]

たとえば区議会選に出馬して、街頭演説という名目でバンドやDJを動員して高円寺駅前で大パーティーをしたこともあった。また警察へデモ申請をしながら、実際にはプラカードも持たずにただ三人だけで歩いたこともあった。当然、警備する警察のほうが圧倒的に多かった。

「原発やめろデモ」も「素人の乱」主催だけあって、お祭り色の強いものだった。当日、高円寺駅南口を出て、集合場所の中央公園に行くと、もの凄い数の人がいた。[324] 集合場所の中心では演説だけではなく、バンドによるライブも行われている。第四章でも触れた「新しい社会運動」の典型例のようなお祭りだ。

参加者は若年層から高齢者まで幅広いが、「反原発運動四〇年」みたいなおじさんはあまり

321　考えてみれば「日本は強い国」や「日本の力を、信じてる」というメッセージもどこか他人事である。実際に被災した人が「日本の力を、信じてる」と言うならばSOSのメッセージとして納得もできるが、東京にいるタレントが「日本の力を、信じてる」と言う場合、その言葉は誰に向けたものなのだろうか。

322　正式名称は「超巨大反原発ロックフェスデモ in 高円寺『被災地支援義援金集め&原発いい加減にしろ！』」らしい。

323　正確には彼らの経営する店舗名。ちなみに本人のツイッターによると、「素人の乱」の中心人物である松本哉（三六歳、東京都）は原発事故の後は「放射能がハンパない」ので東京から逃げていたようだ。

324　主催者の発表によると一万五〇〇〇人の参加者があったという。確かに一万人程度はいたと思う。

いない。全体的には、中央線沿線特有の気取らない服装の人びと、オーガニックに興味がありそうな自然派の人びとが多かった。子ども連れも多い。

震災前から反原発運動に関わってきたヨウスケ（二三歳、♂）は「いつものデモはシュプレヒコールで『原発反対』とか言ってて、小さい子もいなかった。今日は楽しい。日本じゃないみたい」と語る。確かにプラカードにしても「ほうれん草食べたい」とか「体内発電の時代」など、みんな自由だ。

多様な立場の参加者がいたのも、この日のデモの特徴だ。たとえばリョウタ（二一歳、♂）は大学で原子力工学を専攻していて、増殖炉に関する研究を行っている。原子力発電に関しては「なくなっちゃやばいという使命感」を持っている原発推進派だ。それなのに今日のデモに訪れたのは「世論がどうなっているのかを見に来るため」だという。

たまたま近くを歩いていてデモの様子を覗《のぞ》きに来たのがヤスオ（二二歳、♂）とノゾミ（二四歳、♀）だ。ヤスオは「いっぱい電気使っているので」原発賛成だという。「お祭りみたいで楽しい。本気のほうが好感が持てるけど、それじゃ近づけないから」とデモの感想を語る。

ノゾミは原発に関して特に意見はないが、「当事者がいない気楽なデモなのかな。楽しそう」と中央公園に集まった人びとを見渡す。町内会のお祭りやバザーのような雰囲気なので、政治的な主義主張、立場にかかわらず誰もが気軽に見学することができるのである。

もっとも、多くの人の立場は「反原発」だろう。デモに来るのは初めてという大学生のカズ

二〇一一年四月一〇日撮影

ヤ（二二歳、♂）は「なんだろうね、この感じ」とお祭りのような雰囲気に戸惑いながらも「お祭りとして楽しい」と語る。

もう少し本気の人たちもいる。会社員のサユリ（二九歳、♀）は、震災後から東京電力前で行われていたデモで知り合った一〇人グループで「原発反対」というプラカードを掲げていた。震災前には社会運動には無縁だったが「今やらなきゃ、これは怒るべき時だと思った」という。

彼女たちは最近、仕事帰りに東京電力前のデモに参加するようにしているという。「若い人、普通の人にこの活動をもっと広げていきたい。日本中でつながって、最終的には一〇〇万人のデモを目指していきたい」と熱く語る[325]。

325　ちなみに二〇一一年五月中旬の段階で、東京電力前にデモらしき集団はいない。

脱原発も原発推進も同じ

「原発やめろデモ」がお祭りとして楽しいのはわかった。だけど、それがどれだけの社会的インパクトを与えることになったのだろうか。

ナオヤ（二六歳、♂）は「何が本当かを知りたい」と思ってデモに訪れた。しかし「お祭りみたい」な光景を目撃して、「デモって何の意味があるんだろうね」と悩んでしまったようだ。

実際、この日のデモがどれだけの社会的インパクトを与えたか不明だ。たとえばデモが行われた四月一〇日、東京都は都知事選の投票日だった。選挙では原発存続かどうかが一つの争点となっており、現職で原発推進の方針を表明していた石原慎太郎（七八歳、兵庫県）の選挙結果が注目されていた。他の候補者はニュアンスの違いこそあれ、脱原発を掲げていたからだ。「原発やめろデモ」に来てしまうくらい意識の高い人ばかりだから、みんな当然選挙を済ませてから高円寺に来たのかと思ったら、そんなことはなかった。議会制民主主義の国では、デモよりも投票行動を通じた意思表示のほうが「脱原発」に近づくと思うのだけど。[326] 「原発やめろ」というのは一見、非常にわかりやすいメッセージだ。福島第一原子力発電所が事故を起こし、放射性物質がただ漏れという状況の中で、多くの人は「原発やめろ」という訴えに共感するだろう。

だけど原発維持派と「原発やめろ」派は、明確に対立しているわけではない。たとえば在特会は「日本の電力を守ろう！　原発の火を消させないデモ行進‼」を四月一七日に渋谷で行ったが、[327] そこでの主張は実は「原発やめろ」派とあまり変わらないものだった。

在特会の代表は演説する。「私個人は原発なんてなければないでいいと思っている。しかし代替エネルギーがないんで仕方ないんです」と。あれ？　意外と普通である。ていうか「原発やめろ」デモに参加した人の意見とも近そうである。

おそらく「原発やめろ」と思っている人でも、今すぐに日本中の原発を止めるべきと主張する人は多くない。それは在特会が主張するように、現段階で有効な代替エネルギーがないからだ。

326　もちろん選挙を済ませてからデモに訪れていた人も多くいた。あと目立ったのは、東京に住みながら地元に住民票を残してあるため、都知事選に投票できないという人だ。

327　実は在特会には信念なんてなくて、批判のための批判を繰り返す団体だということを印象づけるイベント名だ。

ということは、「原発やめろ」派はいったい何を主張していることになるのだろうか。是が非でも原子力発電所を増設したい「原発積極推進」派を批判することにはなるだろうが、当面の間は原子力発電に頼らざるを得ないと考える「原発維持」派と大きな立場の違いはない[328]。「原発やめろデモ」と「原発の火を消させないデモ」の違いは動員数くらいだ。「原発の火を消させないデモ」は参加人数が約三〇人。在特会が東京で開催したデモでも過去最低の人数だったという[329]。

真面目なデモに戸惑う

高円寺での「原発やめろデモ」は、今までの反原発活動よりも多様な人を動員できていたとは言え、やはり参加者の偏りは否めなかった。

だけど、五月八日に同じく「素人の乱」が主催した渋谷での「原発やめろデモ」は違った。そこには「左翼運動四〇年」みたいなおじさん、おばさんがたくさんいたのだ。

たくさんのビラが配られていたが「平和で安全に生存する権利の保障を」や「辺野古に基地は作らせない」といった内容で、中には手書きのミニコミ風のものまであった。集合場所だった代々木公園では中心で「素人の乱」主催のライブが行われる中、はじっこで左翼おじさんが演説をはじめたり、複数のデモが同時開催されているような雰囲気だった。

手作りプラカードを掲げていた元エンジニアのジュンジ（六三歳、♂）は、今日のデモのこ

328　震災後に行われた世論調査を見ると、日本全体でも「現状維持」派が多数だ。

329　開催地が渋谷だったため、通りがかりのギャルたちに「何この人たち、怖い」とか「え？　こういうのって左翼っていうんだっけ？」と話題にされていた。確かに何が何でも政権批判を繰り返す点において「左翼」的である。

とをインターネット上での掲示板で知った。前回の高円寺のデモの日には「年配者中心のデモ」に行ったが、「今日はこれしかなかった」から渋谷へ来たのだと言う。

コスプレをしてデモに参加していたケンタ（二九歳、♂）は、「今日は真面目な人が多いですね。年齢層も高いし」と、高円寺との雰囲気の違いに戸惑っている。「高円寺は楽しかったね、お祭りみたいだった」と振り返る。

真面目に原子力の危険性を訴えるおじさん、おばさんの側で、確かに奇抜なコスプレはどこか所在なさげだ。どうやら、「原発やめろ」という想いは一緒でも、年齢や階層が違う人たちが連帯するのは簡単じゃないようである。

「原発やめろデモ」の限界

デモは参加者のものであるとともに、公道を練り歩く以上、それを目撃する人のものでもある。だけど、渋谷のスクランブル交差点や表参道を巡った「原発やめろデモ」が、どれだけ通行人たちに影響を与えられたのかは怪しい。

休日の表参道でショッピングを楽しむ人たちは、一瞬だけデモに目を向けるものの、ほとんどが無関心だ。「またデモか」「ここでやってても意味ないいんじゃないの」という声が漏れ聞こえてくる。

原宿で被災地復興の街頭募金を呼びかけていた大学生のリョウ（二一歳、♂）は、目の前を

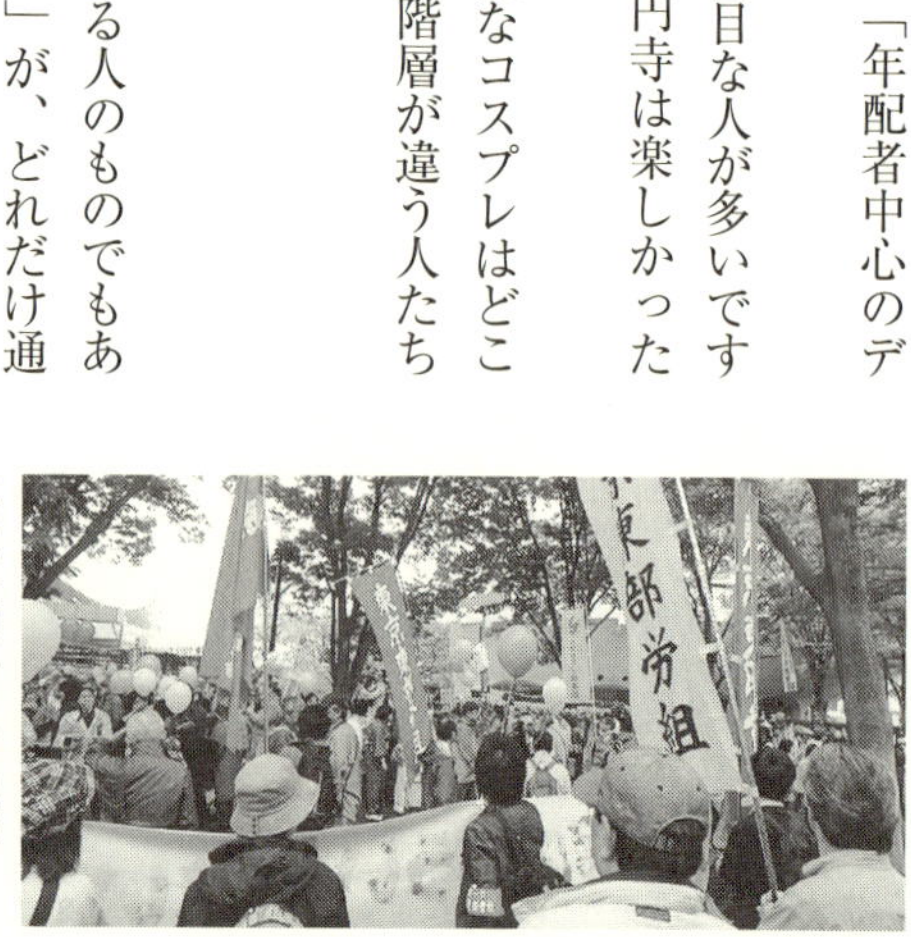

二〇一一年五月八日撮影

通り過ぎたデモに批判的な目を向ける。「自分は理工の人間なので、反原発っていうのは乱暴だと思う。いきなり原子力発電をすべてやめることはできない」と語る。同じく募金を呼びかけるユウト（二〇歳、♂）も「文句を言う前に、復興がまず先」と言う。

このように「原発やめろデモ」がどのようなインパクトを持ったのかは不明だ[330]。

今はまだ福島の事故があり、原発問題に興味がある人も多い。だけど「お祭り」は長くは続かない。そして「お祭り」を続かせようと思って、堅い組織ができた途端、それはつまらないものになったりする。そんな中で、どのように「原発やめろ」という運動は続いていくのだろうか。

まあどちらにしても、震災後の休日の過ごし方として、デモに行ってみるのも悪くないだろう。

原発に対して何となく危機感抱いた人がツイッターのTL（タイムライン）に流れてきたデモ情報を見つけて、参加してみたらたくさん人がいて、何やらお祭り気分で高円寺一周したらけっこう疲れて、何やらわからない達成感を得て帰る。

原発に対する不安を解消する「ガス抜き」にはなっただろう。

330　渋谷でのデモはマスメディアでも大きく取り上げられた。だから、政策決定のプロセスや人びとの意識に何らかの影響は与えたのかも知れない。

インターネット上で広がる善意と悪意

インターネット上では、震災直後から多くの「善意のお祭り」を目撃することになった。

たとえば、地震直後の三月一二日には、「ヤシマ作戦」と呼ばれる節電を呼びかける動きが広がった。電力供給量が不足する恐れがあるという東京電力の発表に対して、ピーク時の電力使用を控えるように求める動きがインターネット上で盛り上がったのだ。

「ヤシマ作戦」という名前は、アニメ『新世紀エヴァンゲリオン』で、長距離射撃で敵を倒すため、日本中から電力を集める作戦から名付けられた。中心人物の一人は一九九〇年生まれの大学生[331]。彼らの活動が実際にどの程度節電効果があったものかわからないが、少なくともツイッター上では多くの人が「ヤシマ作戦」に共感している姿が目撃された。

ただし、ネット上の善意が暴走してしまうこともあった。

たとえば、「コスモ石油の爆発により有害物質が雲などに付着し、雨などと一緒に降る」というチェーンメールが行き交った[332]。ツイッター上では、「個人的なことをつぶやくのは不謹慎」といったように、「自粛」ムードにない人を「不謹慎」と糾弾するような場面も見受けられた。

そして明確な悪意をもって、「外国人が地震に乗じて犯罪を起こした」という偽情報を流す人もいた。僕たちは約九〇年前の関東大震災からあんまり変わっていないみたいだ。

また「実験」という名目で「地震で建物に閉じ込められてしまったが助けて欲しい」という発言をツイッター上に拡散させた人もいた。

だけど多くの場合、デマ情報はすぐに訂正され、その訂正情報も一瞬でインターネットを通

331 http://nerv.evangelion.ne.jp/about.html

332 コスモ石油よりチェーンメールの内容を否定するアナウンスが流されたこともあり、震災直後は典型的な「デマ」として処理された一件だが、その後の報道では、隣接する劣化ウラン保管施設も延焼していることが明らかになった（「劣化ウラン保管施設も延焼」『千葉日報』二〇一一年七月一日）。

333 二〇一一年三月一二日深

じて回ったし、「不謹慎という言葉を拡大解釈するべきではない」「それぞれの日常を送る人は不謹慎ではない」という意見も多く見られた。

遠い国の革命にはまったく興味を示さなかったｍｉｘｉやアメーバ（第三章）も、今回は地震のニュース一色になった。通常はいっさい社会派ニュースを拒否するアメーバニュースさえも、「2次被害を防ぐために！　適切な地震対策まとめ」という真面目なニュースをトップに掲載していた。[333]

マスメディアのほうがマシ？

ただし震災で明らかになったのは、マスメディアの力が未《いま》だに大きいこと、そしてソーシャルメディアの脆弱さだ。

いくら「切り取る画面や、提供される情報が恣意的だ」と批判されようとも、膨大な人員を投入してリアルタイムで現地の情報を二四時間放映するのは、マスメディアだからこそできたことだ。

一方でインターネット上の様々な情報は百花繚乱《ひゃっかりょうらん》状態で、何が正しい情報で何が間違った情報かを「一般人」が判断することの難しさが浮き彫りになった。特に福島第一原子力発電所の事故が発生してからは、ネット上がとんでもないことになっていた。

たとえば「オススメのレストラン」とかなら、ネット上での口コミに頼っても何の問題もな

夜に確認したところ、ｍｉｘｉニュースアクセスランキング一位は「〈東日本大震災〉『日本最悪の日』…国際社会に衝撃」、二位は「『節電徹底へ』『ヤシマ作戦』賛同者がTwitterで広がる」、三位は「〈地震〉長野・秋田を誘発か　東日本全体にひずみ変化」。アメーバニュース総合アクセスランキング一位は「『Twitter』で救出を求める声が拡散『津波に流されてトラックの上にいます助けて』」、二位が「『サンド富澤と伊達　気仙沼で地震に遭い、毛布で夜をしのぐ』」、三位が「2次被害を防ぐために！　適切な地震対策まとめ」だった。ただしｍｉｘｉではアクセスランキング、日記ランキングともに、トップ20まで地震関連ニュースが占めたものの、アメーバニュースでは五位に「加護亜依『ギャルっぽい』髪型を公開」がランクインするなど、地震一色というわけではなかった。僕はアメーバニュースさえも震災対応をすることに、震災が日本社会に与えた影響の大きさを何よりも実感させられた。

い。最悪「高いのにまずかった」で済むからだ。だけど「放射性物質の危険性」だとそうはいかない。しかも「オススメのレストラン」を判断するより「放射性物質の危険性」を見極めるほうが格段に難しい。

大学教授など立派そうな専門家が何人も登場し、それぞれが違うことを言う。さらに「立派な役職に就いている人たちは御用学者だから信用するな」という情報が流れる。そして微妙な研究所で働く専門家や、素性不明な専門家たちも参入して、それぞれが独自の説を披露する。

この状態自体は別に問題じゃない。文系の学問でもそうなのだけど、そもそも科学というのは「たった一つの真実」を教えるものではないからだ。科学者たちが実験で明らかにできるのは「間違っていたら他人が反論することができるデータ付きの仮説」に過ぎない。そしてお互いがお互いの仮説を批判し合いながら、何とか「より間違いが少ないだろう仮説」を築き上げていく営みが科学だ。

その意味で、インターネット上では「原子力と放射能の危険性を巡る大科学会議」という民主的なフォーラムが開かれたことになる。結構なことだ。

だけど、多くの人が欲しいのは「より間違いが少ないだろう仮説」を巡る議論なんかじゃなかった。

「たった一つの真実」だった。

緊急時にメディアリテラシーなんて役立たない

結果、カオスだ。

良心的な科学者たちはなかなか「絶対」とは言わない。一方で科学者ではない自称専門家は「絶対」という言葉を軽々しく使う。ネット上には「東京は絶対に安全」だとか「関東はすでに汚染されているから西へ逃げろ」という「たった一つの真実」を装う情報があふれた。

さらに問題を複雑にしていたのが、僕たちが「不完全情報ゲーム」をしなくてはならなかったことだ。

公開されている情報を前提に専門家たちは議論を進めるが、実際にはまだ「隠されている」情報があるのかも知れない。そのようなすべての情報が開示されていない中で、普段は冷静な人までが疑心暗鬼に陥ったりもした[334]。後から振り返れば正しい情報が「デマ流すな、ソースを出せ」と糾弾されたりもした。

いざという時に「メディアリテラシー」なんて、ほとんど役に立たないのだ。

専門家同士でさえも意見が対立する情報の取捨選択は非常に難しいし、そもそも誰が信頼できる「専門家」なのかもわからない。

しかも「原発」「放射能」「地震」という生命の危機に関わる可能性がある情報を悠長《ゆうちょう》に取捨選択している暇はない。

現代社会に必要なメディアリテラシーのあり方を考え続ける評論家の荻上《おぎうえ》チキ（三〇歳）

334 もっとも、僕たちの人生自体、最悪のシナリオに「死亡」が常に用意されている不完全情報ゲームだ。日々の膨大なリスクの上に僕たちの生活は成り立っている。

は、震災直後から自身のブログで、ネット上で広がるデマをまとめ、その検証を続けていたのだが、みんなが一番気になる原発問題に関してはほぼ沈黙を貫いた[335]。

3　災害ディストピア

三・一一で世界は変わったのか?

言論人や知識人と呼ばれる人がしきりに叫ぶ。「三・一一から世界は変わってしまった」と。「もう三・一一前の日本には戻れない」と。

どうも既視感のある光景だと思ったら、二〇〇一年九月一一日に起こったアメリカ同時多発テロの後の言論人たちの騒ぎもこんな感じだった。今回のようなテンションで、みんな「九・一一で世界が変わった」と熱く語っていたのだ。

だけど、ある日を境に「世界が変わる」なんてことはあり得るのだろうか。

もちろん、実際に震災の被害にあった人々の人生は、あの日からまるで変わってしまっただろう。普通に仕事をして、普通に家族を持ち、普通に暮らしていた数十万人の暮らしを、あの震災と津波、そして原発事故は一瞬で変えてしまった。

日本の首都である東京までが、放射性物質飛来の可能性があること、電気供給量が足りなくなる地域であることもあり、震災と原発事故が経済に与える影響は、現時点では確かに計り知

335　原発関連では「ヨウ素を含む消毒剤を飲んではいけない」など、当たり障りのない情報を検証するだけだった。彼は流言やデマに関して「抵抗力」を持つ人を増やしていくこと、デマが広まりにくい仕組み作りを提案するが（荻上チキ『検証　東日本大震災の流言・デマ』光文社新書、二〇一一年）、専門家たちの討論でも答えが出ない「真実」と「デマ」の中間を、素人がどのように検証したらいいのだろうか。

れない。
だけど日本は広い。震災の中心地である岩手・宮城・福島三県の人口は約五七一万人、東北地方全体で約九三〇万人。日本の総人口の約七％だ。[336] 経済規模で考えても、岩手・宮城・福島三県の域内総生産は二一七億円で全国比の四％程度、東北全体でも七％に満たない。製造品出荷額や小売業販売額もやはり全国比七％に満たない。[337]
当たり前だけど、どんなに定義を広げてみても、日本中が「被災地」になってしまったわけじゃないのだ。

結局は「終わりなき日常」

僕は震災後、西日本にいたのだが、その温度差に驚いた。まだ東京では街中が喪に服していたような三月一四日、西日本では地震のことは、まるではるか遠くの国で起こったかのような出来事として受容されていた。[338]
広島の喫茶店で地元の人と話した時も、地震のことは話題にはのぼっていたが、やはりそれは「遠くの場所が大変」程度のものだった。おじさんに真剣な顔をして聞かれたのは「地震の時って建物が揺れるのか、それとも地面が揺れるのか」ということだった。え？　一緒に揺れるんじゃないんですか？
そこにあったのは、終わりなんて来そうもない茫漠《ぼうばく》と広がった日常だ。よく「終わりなき日

336　地震の名称を尊重して関東地方の人口（約四二〇〇万人）を加えても、日本の総人口の半分に満たない。
337　経済産業省東北経済産業局「東北地域経済データブック」。
338　もちろんただ僕がそう感じただけで、実際には親しい人が被害に遭うなどして心を痛めていた人も多かっただろう。ただ東海道新幹線の電光掲示板では、中部電力が通常通りの「原子力発電を推進していきます」という広告を流していて「こんなものか」と思ったのを覚えている。

常」に耐えられるとか、耐えられないとか話す学者たちがいるが（僕もだけど）、多くの人にとってはそもそも、そんな問題自体が前景化することなんてないんだ、と再確認させられた[339]。何があろうと、ただ多くの人々は、それぞれの日常をこなしていくだけなのではないか、と。

そもそも、震災の影響で、人々のライフスタイルはどこまで変わっただろうか。「被災者」や「避難者」と定義される十数万人の人をのぞいて、ほとんどの場所でほとんどの人は、地震後一ヵ月を待たずに同じ生活に戻ったのではないのだろうか。

一九九五で日本は変わったのか？

災害や大事件が起こると、社会学者や評論家はすぐ「社会が変わった」とか言いだす。たとえば「一九九五」を日本のターニングポイントと考える人はすごく多い。

社会学者の中西新太郎（六〇歳）は「一九九五年は日本社会にとってまぎれもない歴史的転換点であった」と言い切る[340]。中西によれば、阪神・淡路大震災とオウム真理教事件という二つの「厄災」は、「戦後日本社会」が「終わりの時代」にあるという印象を定着させた。そして実際、一九九五年以降「構造改革」により「格差・貧困化」の時代がはじまったという。

しかし、第二章にいくつか載せたグラフを見てもらってもいいし、ネットで適当な統計を探してもいい。少なくとも、若者を含めた日本人の意識が一九九五年を境界に一気に変わってしまった、という証拠を見つけるのは難しい。

339　考えてみれば「終わりなき日常」という表現自体、直線的な時間軸を前提とした近代主義に侵されすぎているのかも知れない。「日常」には始まりも終わりもないと、そのアクチュアリティを重視したのが二〇世紀前半の哲学者たちだった（ハリー・ハルトゥーニアン著、樹本健訳『歴史の不穏　近代、文化的実践、日常生活という問題』こぶし書房、二〇一一年）。

340　中西新太郎編『1995年　未了の問題圏』大月書店、二〇〇八年。このアイディアは中西オリジナルというよりも、ちょっとポップな社会学者や思想家たちはたびたび、転換点としての「一九九五年」を重視する発言をしている。

小熊英二（四八歳、東京都）が言うように、人は自分がリアルタイムで経験した事件を過大評価しがちである。[341] 特にロストジェネレーションにとって「一九九五」は一〇代、二〇代の時に経験したことだから、大きな影響を残したのかも知れない。だけど今の大学生はもはや「一九九五」のことを知らない。

では三・一一で社会は変わらなかったのか、と言えばそうでもない。

学界を含めた言論空間というのは、日本の一部を占めるちっぽけな世界に過ぎない。活字の本なんて大ベストセラーでも二〇〇万部、通常は数万部売れれば関係者も鼻高々の「大ヒット」だ。学術書に至っては発行部数が一〇〇〇部というのも珍しくない。つまり、テレビ視聴率に直せばだいたい大ベストセラーで二％、普通のヒット作では〇・一％にも届かない。深夜番組にさえ到底及ばない小さな世界のお話なのだ。

だから言論を発信する人が「三・一一で社会は変わった」と言い張り、彼らの言論を受容する数千人から数万人の人が「三・一一で社会は変わった」と思えば、彼らの間では「三・一一で社会は変わった」ことになる。評論に慣れ親しんだ一部の人の間で、「一九九五年に日本社会は決定的に変わった」ということがまるで共通理解になっているように。

セカイ系と呼ばれる小説や、少女漫画、J‐POPの歌詞などでは「自分の意識が変わった」ことをもって「世界が変わった」と表現されることが多い。

マクロな社会動態や意識傾向ではなくて、個々人の意識に注目するのならば、確かに三・一

341　小熊英二「『ポスト戦後の思想』はいかに可能か？」『私たちはいまどこにいるのか』毎日新聞社、二〇一一年。むしろ分断線として考えるならば日本の経済成長がついにマイナスに転じ、また冷戦が終結し、湾岸戦争が起こった一九九一年のほうが大きな意味を持っている。この論点についてはいずれ別著で明らかにしたい。

一をきっかけとして「世界が変わった」人は多いのだろう。そしてそのような人びとは、一生の間に何度も「世界が変わった」経験をするのだろう。

もちろん、あらゆる面で阪神・淡路大震災よりも、東日本大震災のほうが日本に与えたインパクトは大きい。実際に社会が、そして人々の意識がどのように変わるかは、注意深くこれからの変化を見ていくしかない。[342]

残念な保守派老人たち

三・一一をきっかけに日本がどれだけ変わったのか、そして変わっていくのかはまだわからない。だけど少なくとも九・一一がそうであったように、「事件」は一瞬世界に光を照らす。

今まで多くの人が見ていなかったもの、見ようとしなかったものを、白日の下にさらす。その意味で、三・一一は確かに日本社会が抱える様々な問題を、あまりにもわかりやすい形で僕らの目の前に提示して見せた。

リーダーの不在や危機管理体制の甘さ、硬直化した官僚組織の弊害、中央と地方の関係、請負労働の問題などは、三月一一日に突然出現した問題ではなくて、日本が前から抱えていた爆弾のようなものだ。

三・一一で明らかになったものの一つに、保守派老人たちの残念さがある。普段から愛国心の大切さや、公共心の重要性を謳《うた》っているのだから、我先にと被災地に赴き多大な支援をする

342　たとえば短期的に愛国心に関係する数値は上昇するかも知れない。また将来に不安を感じる人も増えるだろう。だが、それらが長期的トレンドになるかは不明である。

のかと思いきや、実態はまるで違ったようだ。

曾野綾子（七九歳、東京都）は今回の地震で「日本人という民族に誇りと尊厳を持った」という。混乱の最中の「落ち着き、譲り合い、節制、忍耐は見事なものであった」からだ。だけど若者は例外らしい。曾野によれば「若い世代ほど、異常事態に対応する能力を持たなかった」[343]。若者たちは「恐ろしく本能的な感覚が弱くなって」いて、「ルールをはずれた状態になると、どうしていいかわからなくなる」という[344]。

ただし、曾野が画期的なのは福島第一原子力発電所の処理にいつ死んでもいい「老人部隊」を組織せよと言っていることだ。「放射能に被曝しても全然構いませんよ」と言い放ち、曾野自身も作業に参加したいと言っている[345]。

そんなこと言いながら、防災対策はばっちりだ。曾野は震災後、ヘルメットを持ち歩き、水も四〇〇リットル備蓄してあるという。さすが「遠慮」を美徳とし、老人に「野垂れ死にする覚悟」を訴えていた『老いの才覚』の著者だけある[346]。

石原慎太郎（七八歳、兵庫県）は、いつも通りだった。地震直後、石原は、国民意識が「金銭欲、物欲、性欲などの『我欲』になっている」といつもの主張をした後で「津波をうまく利用して我欲を一回洗い落とす必要がある。これはやっぱり天罰だと思う」という「天罰」発言をした[347]。

同時に若者たちには被災地に行けと言う。石原はかねてから「若者たちが自己中心主義に走

343 曾野綾子「小説家の身勝手第40章　ゲリラの時間」『WiLL』二〇一一年五月号。

344 僕が見た限り、東京で帰宅難民になった若者たちはスマートフォン片手に冷静に行動できていた。

345 本書を執筆している時点で、曾野が「老人部隊」を組織し、原発に乗り込んだという情報は確認できていない。

346 曾野綾子『老いの才覚』ベスト新書、二〇一〇年。ちなみに『老いの才覚』では震災時にどう行動すべきかにも触れられていて、被災者は助けが来るのを待つのではなく、倒壊家屋の廃材でお米でも炊けばいいと言っている。

347 「『津波、日本人の我欲洗う天罰』、石原都知事が発言」『日本経済新聞』二〇一一年三月一五日朝刊。

る一方なのを懸念」してきたといい、「今回の地震を機に、若者たちが目覚め、多くが被災地で復興のために汗を流す」ことを勧める。[348]

実は、石原のような「天罰」発言をする保守系老人は少なくない。日本の核武装まで唱えたことがある西村眞悟《しんご》（六二歳、大阪府）は、震災に対して「天網恢恢疎《かいかいそ》にして漏らさず」という言葉を使う。[349] 悪事を働いた者は天罰を受ける、という意味だ。

ちなみに西村は地震発生時、大阪府の自宅にいたのだが、地震の揺れを泥棒と勘違いして家の中を大声で見て回ったという。大阪は震度三だったはずだが、慌て方が半端じゃない。さすがに日本の核武装を訴える男だけある。

渡部昇一（八〇歳、山形県）は、阪神・淡路大震災時の首相が村山富市だったことを根拠に、今回の震災も「左翼政権への怒り」だと主張する。だからこれからは国旗や国家を尊重し、靖国神社に参拝する政治家を選ばなくてはいけないという。[350] 一応、掲載誌はオカルト雑誌『ムー』ではなく保守系雑誌『Ｗ・ｉＬＬ』である。まあ、似たようなものか。

原子力ムラと地域コミュニティ

被災地における地域コミュニティの復権を願う人がいる。[351]

しかし、「地域コミュニティ」を切り崩して、中央に服従する「国民」を作り出すことは近代国民国家としての日本の悲願だったはずだ。それを象徴しているのが原子力発電所を受け入

348　石原慎太郎「試練に耐えて、われらなお力あり」『文藝春秋』二〇一一年五月号。石原が「天罰」とか言っている間に、とっくに若者たちは動き出していた。そもそも、本当に若者が「自己中心主義」なのだとしたら、被災地は教育機関ではないので、来られても迷惑なだけだ。

349　西村眞悟「国民救助の国家総動員的決断を」『Ｗ・ｉＬＬ』二〇一一年五月号。

350　渡部昇一「天も怒った史上最低の宰相」『Ｗ・ｉＬＬ』二〇一一年五月号。

351　たとえば復興のためにCash For Workという考え方が注目を集めている。被災地に地元雇用を創出し、地域経済の自律的な復興を支援しようというのだ。Cash For Workの概念は多義的だが、それが地域コミュニティを前提にしているのではないかという批判がある。『atプラス』08号（二〇一一年）では、Cash For Workの意義や問題点が手際よくまとめられている。

れてきた「原子力ムラ」の姿だ。

社会学者の開沼博《かいぬま》（二六歳、福島県）は原子力発電所を受け入れた地方自治体が、自発的に中央に「服従」してきた姿を描く。[352] 戦後になっても貧しさから抜け出せずにいた地方は、中央のものだった成長の物語に自らを重ね合わせるように、地元政財界や地元マスメディアをあげて原発誘致を行った。

原子力を受け入れたムラは活性化した。雇用は創出され、出稼ぎ労働の必要はなくなった。喫茶店や飲み屋、下宿宿などができてムラは活気づいた。電源三法交付金や固定資産税などにより、ムラには図書館や福祉施設などの立派な箱物ができるようになった。

しかし、固定資産税の償却などで、原子力ムラは時間が経つほど財政は悪化していくようにできている。完成したばかりの原発は資産価値も高く、自治体には多額の固定資産税が入る。しかし、減価償却によって原発の価値は毎年下がっていく。すると、税収が少なくなってきて、作りすぎた箱物の維持さえもできなくなってくる。

やがて、スリーマイル島やチェルノブイリの事故などにより原子力発電の危険性が世間でも叫ばれるようになった。

だけどもう後戻りはできなかった。悪化した原子力ムラの財政状況を改善するために出した答え。それは、さらなる原発の誘致だった。開沼の言葉を借りれば、それは自発的でさえない、「自動的」な服従システムの完成である。

352　開沼博『「フクシマ」論　原子力ムラはなぜ生まれたのか』青土社、二〇一一年。

それはただの原発事故くらいで揺らぐものではない。反原発デモが開かれた四月一〇日は全国統一地方選挙の日でもあったが、原発立地自治体の「原発推進」派の議員たちの当選が軒《のきな》並み報じられた。

あらゆるメディアが原発事故を報じ続ける中での選挙にもかかわらず、地方の「世論」は簡単には動かなかったのである。

「銃後」の自動的服従システム

また、三・一一後も変わらない「原子力ムラの人々」がいる。

三・一一当日に福島第一原発で作業をしていた三〇代の作業員は、事故後「五月からやっと戻れるんすよー。1F（福島第一原発）の復旧作業に。会社も社宅用意してくれたんです」と開沼のインタビューに答える。原発を止めることは、原子力ムラの人々の生存の基盤を脅かすことになりかねないのだ。

この自発的で自動的な服従のメカニズムは、原子力ムラに限った話ではない。東北地方は、電力、食糧、労働力の供給源として戦前から一貫して、日本の「銃後」の役割を果たしてきたからだ。

本来であれば、日本を陰で支える「銃後」という構造はとっくに克服されているはずだった。たとえば田中角栄（五四歳、新潟県）は一九七二年に『日本列島改造論』を発表し、表日

353　田中角栄『日本列島改造論』日刊工業新聞社、一九七二

本と裏日本の格差の解消、首都への一極集中と地方の過疎の克服を目指した。[353] また政府も繰り返し総合開発計画を策定し、地方の「均衡ある発展」を目指してきた。

結果、全国に高速道路網は張り巡らされた。震災翌日の二〇一一年三月一二日には九州新幹線がひっそり全線開通し、東北から九州までが新幹線で結ばれることになった。[354] 日本列島には約一〇〇もの空港が乱立することになった。[355]

しかし、いくらインフラだけを整えたところで、地域が「均衡ある発展」なんてするはずがなかった。[356]

「銃後」でありながら、同時に「地域コミュニティ」としての機能さえも徐々に切り崩されてきたのが東北地方である。だから今さら「地域コミュニティ」の復興を願ったところで、「震災前からそんなものはなかった」という地域も少なくない。

みんなロボットのように「復興」を叫ぶが、そもそも、東北における「復興」とは何なのか。震災前と同じ状態、すなわち主力産業もなく、過疎化が進んだ集落を「復興」したところで、先は明るくない。瓦礫を片付けた先に、「銃後」のなれの果てとしての「過去」はあるかも知れないが、そこに「未来」があるとは思えない。

むしろ原発問題もあるので、集落単位で住民の移住を進め、集落を集約する「積極的な撤退」が必要になっていく可能性もある。[357] 三・一一に関係なく、東北地方では深刻な少子高齢化と過疎化が進むことが予測されていた。

年。

354　正確には震災の影響で東北新幹線は運休してしまい、四月二九日にようやく新青森から鹿児島中央までが新幹線で結ばれることになった。仮に新幹線だけで列島を縦断しようとした場合、「はやて」「のぞみ」「さくら」を乗り継いで一〇時間を超える旅になる。

355　地方自治体の搭乗率保証制度や空港内行政施設の設置、老舗温泉旅館・加賀屋の全面協力、国際チャーター便の積極誘致などによって独自路線を歩む能登空港などもあるが、多くの地方空港は赤字である（上村敏之・平井小百合『空港の大問題がよくわかる』光文社新書、二〇一〇年）。

356　最近では「コンパクトシティ」と言って、性懲りなき郊外開発を止めて都市を縮小させていこうという構想が流行しているくらいだ（矢作弘『「都市縮小」の時代』角川書店、二〇〇九年）。

357　鬼頭宏『2100年、人口3分の1の日本』メディアファクトリー新書、二〇一一年。

グローバリゼーション時代において、東北が「銃後」を担う理由は、実はもうほとんどないのである。[358]

「希望」を語る人たちは「復興」を考えているのか？

「三・一一後」の世界に「希望」を見出している人がいる。たとえば日本人が自分たちの手で、日本という国を支えようとする契機になるのではないか、というように。

東浩紀（三九歳、東京都）は「日本人」が「めずらしく、日本人であることを誇りに感じ始めている。自分たちの国家と政府を支えたいと感じている」現象に「希望」を見出そうとする。少なくとも、「公共的で愛国的な人格が存在していたのだという、その発見の経験だけは決して消えることがない」という。[359]

中田英寿（三四歳、山梨県）も日本が今、岐路に立たされているという認識を示した上で、今回の震災が「希薄になりがちだった人間らしい感情や、人と人とのつながりが改めて見直される機会」になったと評価する。[360]

僕はそういった話を聞くと、『ドラえもん　のび太とブリキの迷宮《ラビリンス》』という映画のラストシーンを思い出す。

社会の運営をすべてロボットに任せっきりにしてしまったがゆえに、すっかり荒廃したチャモチャ星。「すべて失ってしまった。おしまいじゃ」と絶望する国王。それに対して伯爵が演

358　小熊英二「東北と東京の分断くっきり」『朝日新聞』二〇一一年四月二九日朝刊。

359　Azuma, Hiroki. "For a change, Proud to be Japanese" New York Times（二〇一一年三月一六日号）参照。本人による日本語版 http://d.hatena.ne.jp/hazuma/20110322もある。

360　中田英寿「どんな生活をするのか昔の日本にはヒントがある」『AERA緊急増刊　東日本大震災100人の証言』二〇一一年四月一〇日号。

361　科学に対する過信が生んだ悲劇を、より良い科学によっ

説する。「おしまいじゃありません。はじまりですよ」「やり直しましょう。機械まかせでなく、人間が人間らしく生きていける社会を作りましょう」と。

チャモチャ星がその後どうなったかは映画では描かれていない。だけど、ラストシーンを見る限り、ドラえもんが手を貸してくれるらしいので、きっと二二世紀の科学の力を借りながらチャモチャ星は復興したのだろう。[361]

まだドラえもんがいないこの国で

日本は、どうだろうか。

この地震は「おしまい」ではなくて、「はじまり」になるだろうか。

歴史を見てみると、旧体制と新体制の狭間、その瞬間には「災害ユートピア」が出現してきたという。[362] ほら、ちょうど震災後に多くの人がボランティアに駆けつけたり、様々な国の様々な人が日本を応援してくれたりしたみたいに。『災害ユートピア』の著者であるレベッカ・ソルニットは、それが新しい社会を築き上げていく重要なきっかけになると主張する。

だけど、本当に大変なのは新体制を築いていく時だ。そこでは多くの犠牲が生まれる。[363] その長期的になるだろう困難期を、「希望」なんていう言葉で誤魔化《ごまか》すべきではないと思う。だって、復興って一年、二年でどうにかなる問題じゃない。震災後わずか数ヵ月で、ボランティアの数は激減しているという。しかも、まだ二一世紀の日本にはドラえもんがいない。


て解決するというのはドラえもんでよく見られるパターンだ。藤子・F・不二雄は科学が作り出す優しい未来を信じていたのだ。ちなみにドラえもんには体内に小型原子炉が搭載されているが、ペブルベッド型原子炉などメルトダウンを起こさないとされる安全な次世代炉がさらに進化したものなのだろう。まあポケットの中には「原子爆弾」（単行本収録時には「地球破壊爆弾」へ改訂）が入ってるんだけど。

362　レベッカ・ソルニット著、高月園子訳『災害ユートピア』亜紀書房、二〇一〇年。震災後にパニックが起きなかったことを「日本人の美徳」のように語る人もいたが、同書によると、ほとんどの災害で民衆のパニックなんて起こらないという。むしろ共通して問題になるのは、エリートパニックと呼ばれる民衆を信用しないエリート達の過剰防衛だ。

363　たとえばフランス革命後には、革命政府が膨大な数の粛清を行ったことが知られている。

風評被害なるものを含めて、この国は「Fukushima」を中心とした東北の一部を、しばらくは失ってしまうかも知れない。こんな国土の小さな国で。僕が外資系企業の一員だったら、カントリーリスクばかり目立ってしまうこの国からの撤退、もしくは事業規模の縮小を真剣に考えてしまう。

もちろん「三・一一後の希望」を叫ぶ人は、「日本人」としてその発言をしているのだろう。まさか「東北」や「被災地」をネタに自己実現のような妄想をしているわけでも、未曾有の大震災という「歴史的」な出来事に立ち会った自分に自己陶酔しているわけでもないだろう。東北の復興と「国家語り」を混同しているわけでもないだろう[364]。

だから、「三・一一後の希望」論は、評論や分析というより宣言のようなものだ。希望論者自身が、責任を持ってこの国に「希望」を作り出していくというのならば、生温かく見守ってあげるほかはない。

364　大塚英志「『戦後』文学論　高揚と喪失」『atプラス』08号（二〇一一年）。

第六章　絶望の国の幸福な若者たち

財政赤字や少子高齢化など問題が山積みの日本。ただでさえ絶望的だったのに、未曾有の大震災にまで襲われた。だけど、意外と若者たちは元気そうだ。なんでこんなに、客観的には絶望的な状況なのに、若者たちは幸せでいられるのか。最終章では、若者が置かれた現状を振り返った上で、未来のことを考えてみよう。

1　絶望の国を生きるということ

一億円の世代間格差

日本という国の未来を絶望的に語るのは簡単だ[365]。だって、いくらでも不安材料はあふれているからである。複数の指標で主要国最悪の財政赤字。少子高齢化による社会保障費の増大。硬直化した組織形態や労働市場が引き起こす弊害。

これらの問題は、若者視点で考えるならば「世代間格差」と言えるだろう。

未来の社会保障を考える上で、最も重要な規定要因は人口構成だ。日本の社会保障制度（年

365　本田由紀（四六歳、徳島県）の悲観的な表現を借りれば、現代の日本は「社会全体の軋み――格差と貧困、分断と孤立、虚無と絶望――が際立ってきている」（『若者の気分　学校の「空気」』岩波書店、二〇一一年）。

金、医療、介護）は基本的に、現役世代が保険料や税金を払って、その時の高齢者を支える賦《ふ》課《か》方式を採用している。だから、生産年齢人口（一五歳から六四歳）にあたる現役層と、高齢者（六五歳以上）の割合を見ると、日本の未来がどれだけヤバイかわかる。[366]

世界最速で人口減少が進む日本は、すでに一九九五年の八七〇〇万人をピークに生産年齢人口減少時代に突入している。二〇三〇年には六七〇〇万人、二〇五〇年には四九〇〇万人まで減少することが予測されている。

日本の人口がそっくりそのまま減るなら問題ない。東京の電車は混みすぎだし、家も多すぎだ。問題なのは、保険料や税金を払ってくれる現役層が減る一方なのに、同じペースでは高齢者が減ってはくれないことだ。

一九八〇年には七・五人の現役世代で一人の高齢者を支えていたのが、二〇〇〇年には四人で一人になり、二〇〇八年には三人で一人を支えるまでに現役に対する高齢者の比率が上昇してしまった。

さらに、約一〇年後の二〇二三年には二人の現役で一人の高齢者を支える時代が訪れる。

奇跡の出生率急上昇や、謎の高齢者大量失踪事件でも起きない限り、二〇七二年まで現役に対する高齢者の比率は上昇し続ける。[367] 結果、何が起こるか。現在の高齢者は自分が若い頃払っていた何倍もの社会保障給付を受け、一方で若者ほど損をするという事態が起こる。

いったい、若者たちはどれくらいの損をするのか。別にちょっとくらいの損ならいいんじゃ

366 社会保障と世代間格差に関しては鈴木亘『社会保障の「不都合な真実」 子育て・医療・年金を経済学で考える』（日本経済新聞出版社、二〇一〇年）が手際よくまとまっている。本文中の人口予測等に関しても、同書の数値を参考にした。

367 子どもは急に増えない以上、当面は少子高齢化を前提としたソーシャル・デザインをしていくしかない。定年制度や配偶者控除を見直して、高齢者や女性を含めた「みんな」が働く社会に変えていく必要がある（瀬地山角『お笑いジェンダー論』勁草書房、二〇〇一年）。

ないか。おじいちゃん、おばあちゃんはお小遣いくれるし。

だけど、ある試算によれば、年金と医療など公的部門を通じた受益と負担の関係は、六〇歳以上世代は六五〇〇万円トクをするが、二〇歳未満世代は約五二〇〇万円の負担超となるという。孫世代は祖父世代よりも一億円損をしているというのだ。[368] どう考えてもお小遣い以上の金額だ。

日本の「正社員」になれない若者たち

若者が損をしているのは社会保障だけではないらしい。

城繁幸（三七歳、山口県）が特に問題視するのは日本の雇用システムだ。[369] 一度正社員として雇ってしまったら、解雇することが非常に難しい終身雇用制。若いうちは給料以上に働かされるが、将来の埋め合わせを期待できる年功序列制。

この「日本型経営」と呼ばれる仕組みは、高度成長期のように会社が成長し続け、業績が毎年上がるような時代には効率的に機能した。しかし、バブル崩壊後「日本型経営」は見直しを迫られることになる。業績がやばくなったら社員はクビにしたいし、ずっと会社にいるだけの人に良いポストと高給を保証する余裕なんてない。

だけど一度雇ってしまった正社員たちを、今さらクビにすることはできない。[370] そこで、新卒採用を縮小し、足りない労働力は解雇しやすい契約労働者や派遣労働者で補おうとしたのが一

368　内閣府が二〇〇五年に発表した「経済財政白書」による試算。詳しくは正義感たっぷりの島澤諭・山下努『孫は祖父より1億円損をする　世代会計が示す格差・日本』（朝日新書、二〇〇九年）などを参照。

369　城繁幸「労働ビッグバンが若者を救う」城繁幸他『世代間格差ってなんだ　若者はなぜ損をするのか』（PHP新書、二〇一〇年）。

370　日本は国際的に見ても正規社員に対する解雇規制が厳しいことで知られている。『トラブルにならない　社員の正しい辞めさせ方・給料の下げ方』（日本実業出版社、二〇〇九年）など経営者向けの解雇マニュアルを読んでも、そのハードルの高さがわかる。

九九〇年代以降の日本だ。大企業でも、若手の昇進はかつてよりずっと狭き門になった[371]。
つまり、世代間格差により若者が労働に関しても割を食っているというのだ。そこで城が訴えるのは「労働ビッグバン」という名の雇用流動化である。彼は正社員の既得権益を守るのではなく、「正社員」と「非正規」の違いをなくすことを提案する。

おそらくヨーロッパの仕組みを参考にしているのだろう。たとえば、デンマークなどでは労働者の解雇がしやすい代わりに、職業訓練や失業保険の仕組みが整備されており、労働市場の柔軟性と社会保障がセットになって提供されている[372]。

ヨーロッパでは総じて、政策としての若者対策が充実している。失業・雇用対策など、若年層に対するセーフティネットに資源の再分配がなされているのだ。

日本でも、年金保険と医療保険はヨーロッパと遜色《そんしょく》のない水準にある。しかし高齢化に伴って、年金や医療費の対国民所得費は急激に増大している。それにもかかわらず、失業対策、住宅対策など現役世代に対する生活保障は一九七〇年代の水準にとどまり続けている[373]。

高齢者にはヨーロッパ水準の保障、現役世代には残念な保障――というわけだ。

「若者文化」があった時代

社会保障で若者よりもトクする高齢者。既得権益に居座る高齢者の勝ち逃げ。

このように、社会保障や雇用システムを「世代」という軸で区切ってみると、いかに「高齢

371　渡邉正裕「企業内の世代間格差は『問題』ではない」『Voice』二〇一一年四月号。

372　こうした仕組みはフレキシビリティ（柔軟）とセキュリティ（保障）を意味する「フレクシキュリティ」と呼ばれている。舌がかみ切れそうだ。詳しくは宮本太郎『生活保障　排除しない社会へ』（岩波新書、二〇〇九年）を参照。

373　仁平典宏「世代論を編み直すために　社会・承認・自由」湯浅誠他編『若者と貧困　いま、ここからの希望を』明石書店、二〇〇九年。

者」がうまい思いをしてきて「若者」が冷や飯を食わされているか、わかった気になる。

確かに、世代間格差論者の主張や処方箋《しょほうせん》には頷《うなず》くことも多い。しかし、「世代間格差」という問題提起の仕方は果たして適切なのだろうか。

僕には、「若者vs.老人」という構図が、言論としても運動としても大きな広がりを持つようには思えないのだ。

まず、第一章でも述べたように、もはや「若者」というカテゴリーがあまりにも拡散しすぎてしまい、それが政治運動の基礎になるとは思えないからだ。小谷敏（五五歳、鳥取県）も指摘するように、一九六〇年代後半の世界的な若者の「反乱」は、ベビーブーマー世代という巨大な若年層の塊が存在したから可能になった。[374]

当時の若者は戦争を経験していない「戦無派」として、大人たちと自分たちとの違いをたやすく発見することができた。

通説によれば、彼らは上の世代が恣意的に押しつけてくる文化には興味がなく、対抗性を兼ね備えた独自の「若者文化」を形成した。[375]「われら若者」という強烈な世代内連帯感を持ち得たらしい。

上野千鶴子がツイッターをする時代

当時どれだけの若者が「われら若者」という意識を持っていたかは不明だが、[376] 今の若者たち

374　小谷敏「若者は再び政治化するか」小谷敏他編『若者の現在　政治』日本図書センター、二〇一一年。

375　山田真茂留『〈普通〉という希望』青弓社、二〇〇九年。しかし、日本中が均質に「若者文化」なるものに染まったわけではない。高度成長期に農業従事者は急速に減少していたとはいえ、かなりの数の若者は地方や農村に住み続けていた。むしろ構図としては、東京など「中央」で注目を浴びた新しい文化が、当時急速に普及しつつあったテレビなどのマスメディアを介して地方に届けられた――という図式のほうが適切だろう。

376　たとえば学生運動に参加した若者の数は同世代人口の五%程度と言われている。ユニクロ創業者の柳井正は、学生運動が盛り上がっている時期に早稲田に入学したが「映画やパチンコ、マージャンで、ブラブラしていた4年間」だったという（『一勝九敗』新潮文庫、二〇〇六年）。また、当時の一五歳から二四歳に対する意識調査を見

が「若者」という意識を持つことが困難になっているのは事実だ。高学歴化と雇用の流動化のため、青年期は延長される一方だ。大学院という場所に行けば、三〇歳前後の「学生」たちにたくさん出会うことができる。

　またファッションや趣味・嗜好にしても「若者特有」と呼べる文化はもはやない。たとえばローリーズファーム[377]なんて一応メインターゲットは二〇代から三〇代のはずだが、五〇代の女性が着ている姿をよく見かける。

　マンガやアニメ、ゲームもいつの間にか全世代が誇る「日本文化」になってしまった。『少年マガジン』『少年サンデー』の創刊時（一九五九年）に小学生だった団塊の世代は六〇歳を越えた。今や子どもに「マンガを読むな」と言う親なんて、のび太のママ（三八歳）くらいだろう[378]。

　実際、年齢が同じだけで趣味が合わない人よりも、年齢は違っても趣味の合う人と話したほうが楽しい。インターネットの発達は、僕たちの出会いのチャンスを大きく広げた。上野千鶴子（六三歳、富山県）がツイッターでかつての学生とやり取りする時代なのだ。

　データを見ても世代間の意識差はなくなりつつある。社会学者の見田宗介（七〇歳、東京都）は「日本人の意識調査」をもとに、世代による意識の違いが若い世代ほど少なくなってきていることを明らかにしている[379]。見田によれば、特に一九五四年から一九六八年生まれの「新人類」世代以降、意識差は小さいものになりつつあるという。

ても、学生運動の「主張もやり方も支持する」という若者はわずか二%しかいない（内閣府「青少年の意識」一九七〇年）。まあ、ただでさえ人口の多い世代だから、数%でもインパクトはかなりあったんだと思う。一九四七年から一九五〇年生まれの人は出生数ベースで一〇三九万人もいる（厚生労働省「人口動態統計」）。

377　株式会社ポイントが展開する女性向けブランド。「普通の生活感覚を持った女性」向けらしい。

378　原作を読む限り、のび太の両親は戦時中の生まれである。

379　見田宗介「近代の矛盾の『解凍』　脱高度成長期の精神変容」『思想』No.1002　二〇〇七年。

世代間の意識の断絶がない時代に、年齢的に「若者」というだけで、世代意識を持つなんて期待できそうにない。

言い方を変えれば、日本中の人々が急速に「若者」化しているのだ。

「一億総若者化時代」を僕たちは生きているのである。

団塊の世代になりたいか？

もし仮に何らかの基準によって「若者」というカテゴリーを無理やりに設定しても、当の「若者」たちが世代間格差を「問題」だと感じるのか微妙だ。

たとえば、社会保障費をもとにいくら若者が損をしているといっても、それはあくまでも金銭的な話だ。実際にどれくらいの「損」があるかは、もう少し主観的な話になってしまう。現在僕たちが利用しているインフラやテクノロジーは、先行世代が作り上げてきたものだからだ。

戦後すぐの日本は文字通り焼け野原の場所も多く、先行世代はその復興に生涯を掛けてきたと言ってもいい。[380] 彼らのおかげか、時代のおかげか、ただラッキーなだけか、現代日本は歴史上未曾有の「豊かさ」の中にあると言っていい。

僕はいくら「一億円トクする」と言われても、団塊の世代にはなりたくない。昔って今より注射は痛かったらしいし、公害はひどかったし、海外のチョコを手軽に買えないし、携帯電話

380　戦後日本の経済成長は「東アジアの奇跡」とさえ称される。ただし、それは彼らの「頑張り」というよりは、敗戦によって経済後進国になったがゆえに他国の真似をできたこと、戦勝国アメリカが対日戦略として経済発展を優先させたことなど、いくつものラッキーが重なったから可能になったことである。また、団塊の世代はじめ一九四五年生まれ以降の人々が物心つくころには焼け跡の整理もほとんど終わっていたし、一九六九年には日本はGDPベースで世界で第二位の経済大国になっていた。その意味で、経済復興の中心を担っていたのは当時「戦無派」と揶揄されていた団塊の世代ではなく、それよりも前の世代である（早坂泰二郎『現代の若者たち　戦無派世代の意識を探る』日経新書、一九七一年）。

もない。いくら「これからの」経済成長が約束されているとはいえ、どうせなら「今」が豊かなほうがいい。

また、城が言うような雇用流動化という提案はもっともだけど、本当に雇用に「世代間格差」があるのかは怪しい。たとえばバブル崩壊前であっても福利厚生の整った大企業の正社員になれた人はほんの一部だった。さらに、海老原嗣生《つぐお》（四六歳）が繰り返し指摘するように、一九九〇年代以降「若者の就職難」がここまで注目されるようになったのは、大学進学率が急上昇してしまったからだ。[381]

また海老原の言うように、先行世代が作った大企業に無理して入るべきかも考えるべきだろう。歴史ある大企業ほど年配者が多く、若者が入りにくいのはある意味当たり前でもある。

トヨタ（一九三七年設立）やソニー（一九四六年設立）も昔は若い企業だった。むしろ若者は将来性に賭けて、楽天（一九九七年設立）やサイバーエージェント（一九九八年設立）などの新しい企業に行くこと、そして大企業・ブランド志向を止めるべきことを海老原は提案している。

つまり、先行世代が作り上げてきた大企業や、「日本型経営」と呼ばれる仕組みに参加できないことは本当に「世代間格差」なのか――ということだ。

381　海老原嗣生『「若者はかわいそう」論のウソ　データで暴く「雇用不安」の正体』扶桑社新書、二〇一〇年。

おじさん世代が若者を応援？

そもそも、かつて「日本型経営」を支えた人がどれだけ幸せだったかも疑問だ。

大企業に入れば一生安定が約束された時代。当時の人は、それにある種の息苦しさを感じていた。今では憧れの「正社員」と「専業主婦」のカップルは、かつては会社に束縛された「社畜」と、近代家族に束縛された「家事従事者」という、最悪の組み合わせだった。

一九七〇年代以前には週休二日制さえほとんどなかったし、コンプライアンスもない時代の労働環境は今よりひどいこともあった。[382] 多くの「モーレツ社員」や「過労死」の犠牲の上に、「日本型経営」は成立していたのだ。

その意味で、バブル崩壊後の若者たちは望む望まざるにかかわらず、相対的に自由な人生を送ることができるようになった。[383] 単純に「昔はよくて、今は不幸だ」という話ではないのだ。

世代間格差に怒り、その是正を訴えるのは四〇歳前後の「おじさん」が多いように思う。たとえば、『Voice』のような保守系おじさん向け雑誌でも「世代間格差」特集が相次いで組まれているが、論者は四〇代以上が大半だ。『デフレの正体』で高齢者から若年層への所得移転を主張していた藻谷浩介も、同書の発売当時四六歳だった。[384]

その名も『世代間格差ってなんだ』という本を書いたメンバーはやや若いが、それでも、城繁幸（三七歳、山口県）、小黒一正（三六歳、東京都）、高橋亮平（三四歳、千葉県）と、「おじさん」と言えば「おじさん」の年齢だ。

382　植木等がサラリーマンを「気楽な稼業と来たもんだ」と歌ったのは一九六二年。その八年後には読売新聞で「職場砂ばく」というサラリーマンの悲壮を綴った連載が人気を博していた。

383　結果的にそれは、「今の私よりも輝く私がいるはずだ」と終わりのない自分探しを送る「希望難民」を生むことになるのだけど。

384　藻谷浩介『デフレの正体　経済は「人口の波」で動く』角川書店、二〇一〇年。

おじさんが若者のことを考えてくれている！　と一瞬涙ぐみそうになるが、おそらく、おじさんたちが「世代間格差」を煽《あお》れば煽るほど、「世代間格差」問題の解決は遠のく。

議会制民主主義を採用する日本において、社会問題を世代の問題にしてしまう限り、若年層に勝ち目はないからだ。

日本国内で四〇歳未満の人口は四五％いるのだけど、二〇歳未満は参政権がないため、二〇代と三〇代を合わせた総有権者に占める割合は三三％。二〇代だけだと一四％。[385]また若年人口が相対的に多い都市部ほど一票あたりの価値が低い、「一票の格差」問題もある。

さらに、若年層ほど投票率は低い（第二章）。ただでさえ人口が少ないのに、選挙にまで行かないんじゃ政治的に無視されるのも頷ける。

こうして若者は政治参加しない

若者が選挙に行かない理由は色々あるだろうが、たとえば大学生のユウスケ（二一歳、♂）は「僕なんかが選挙に行ったら申し訳ない」と言う。選挙は自分たちとは違う世界で「偉い人」たちが勝手に行うものだと考えているのだ。

統計的に見ても、日本では他国に比べて政治的無力感が強い。自分の力では政府の決定に影響を与えられないと考える高校生は八割もいる。[386]アメリカの倍だ。

「社会を変える」ことに興味を持つ若者たちは多いが（第二章、第五章）、日本ではそれがなか

385　http://d.hatena.ne.jp/longlow/20090725/p1

386　若者の異議申し立てがなぜ起こらないかに関しては、主に雇用に関する考察だが本田由紀「若者にとって働くとはいかなる意味をもっているのか『能力発揮』という呪縛」小谷敏他編『若者の現在　労働』（日本図書センター、二〇一〇年）を参照。

なか投票行動や政治参加に結びつかない。

もしかしたら、若者たちはあまりにも社会志向・他人志向すぎて、「自分たち」の問題である政治には興味がないのかも知れない。カンボジアに学校は作るし、アフリカ援助には必死になれても、「自分」の所属する地方自治体で何かアクションを起こそうとは思わないのだから。[387]なんて、いい子たちなんだろう。

また、世論調査を確認しても、政府に対する要望として二〇代のうち五八・三%は「医療・年金等の社会保障の整備」を求めている。全年齢の平均値よりもその割合は低いが、「高齢化社会対策」を求める二〇代も四五・七%いる。[388]

このように、政治的インパクトを考えると、議会制民主主義の中で若者たちの手によって、世代間格差が是正される可能性は極めて低い。

本当に「世代」の問題なのか

だけど、「世代間格差」と名指しされるものの被害者は、実は「若者」だけではない。

たとえば、雇用に関して若者に魅力的ではない制度を維持して一番困るのは、「若者」というよりも企業のほうだ。世代間格差を扱ったニューヨーク・タイムズの記事では、有能な自動車エンジニアが日本を離れ、台湾で働く様子が描かれている。[389]

彼は、日本の自動車会社で働いている時は高い評価を受けていたにもかかわらず、契約社員

387　東日本大震災に多くのボランティアが集まったのは「自分たち」のことではなくて、「他者」だからなのかも知れない。その意味でも、ナショナリズムの高まりとは真逆の現象であることがわかる。

388　内閣府「国民生活に関する世論調査」二〇一〇年。国民全体では、社会保障の整備を求めるのが六九・六%、高齢化社会対策が五六・五%だった。

389　"In Japan, Young Face Generational Roadblocks" New York Times（二〇一一年一月二八日号）。

にしかなれず、給与も正社員の半分程度だったという。このような人材流出は一気には進まないだろうが、確実に日本企業の成長力を削《そ》いでいくことになるだろう。

また社会保障に関しても、失業・雇用対策をないがしろにしたり、子どもや家族向けの公的支出を抑制してまで、高齢者向けの社会保障を充実させて困るのは「若者」だけではなくて、日本という国家全体だ。

少子化で労働人口が減ると労働力不足に陥るし、税収も減る。多くの若者が低賃金労働者のままでいても、税収が減る。実際、年金制度からは多くの若者がすでに勝手に離脱しており、三五歳以下の約半数は年金保険料を払っていない。

また「大人しく暴動など起こさない」と言われる日本の若者だが、食べることさえままならない貧困層が増加すれば、治安の悪化は十分に考えられる[390]。

雇用対策や社会保障の充実は「若者」がかわいそうだから必要なのではない。日本という国家のために必要なのだ。だから本当はナショナリストこそ、雇用対策、少子化対策、社会保障の充実を要求すべきだと思うんだけど[391]。

実は「高齢者」が大変？

「世代間格差」問題では「敵」と名指される高齢者たちも、みんながお金を持っているわけではない。よく知られているように、高齢世代ほど世代内格差は大きい。また貧困世帯数も、生

390　ヨーロッパでは実際に若年失業率の増加により、治安の悪化とドラッグの流行が問題になってきた。詳しくはPetersen. Anne and Mortimer, Jeylan.: (eds) (1994). *Youth Unemployment and Society*. Cambridge: Cambridge University Press などを参照。

391　ちなみに僕は日本で何か重大な問題が起こったらさっさと海外に逃げ出そうと思うくらいにはナショナリストではないが、本書のように日本の問題について延々と書いてしまうくらいにはナショナリストである。

活保護受給者数も、自殺者数も、割合としては高齢者のほうが多い。

日本で生活保護を受ける世帯は一四〇万を超えたが、そのうち高齢者世帯は約四割である。[392] また二〇一〇年の自殺者数は三万一三九〇人だったが、一番多いのは五〇代で全体の一八・八%を占め、次に多いのが六〇代の一八・六%だった。[393] 六〇代以上の自殺は三七・八%にも達する一方、二〇代以下の自殺は全体の一一・九%だった。

なんだか若者論なんかじゃなくて高齢者論をやったほうがいいんじゃないかって気もしてくるが、苦境に立たされているのは若者だけではないようだ。というか、「貧困」や「自殺」という切実な問題に直面しているのは、「若者」世代よりも「高齢者」世代のほうだ。「世代」[394]という変数で社会を見てしまうと、いかに多くのことを見落としてしまうかがわかると思う。

一九七〇年代、まだ企業社会に入る前か入った直後、つまり賃金格差もなく、ボリュームとしても多かった若者たちを「若者」と呼ぶことには確かに意味があったのかも知れない。だけど年老いた今、「高齢者」と一くくりにはできないほど、彼らは多様だ。歩んできた道も違うし、資産も違う。

もちろん、それでもなお「高齢者」世代を糾弾することはできる。国民主権を掲げる議会制民主主義の国で、「高齢者」世代が投票行動を重ねてきた結果が「これ」だと。

また早くも堺屋太一（四一歳、大阪府）が一九七六年に予測していたように、日本が少子化

392　厚生労働省「福祉行政報告例（平成二二年一二月分概数）」。
393　警視庁・安全企画課「平成二二年中における自殺の概要資料」。
394　「世代」の問題としてしまうと、政策決定者や経済団体の責任を見過ごしてしまうという考え方もある（「世代間対立という罠　上野千鶴子インタビュー」『思想地図』Vol.2　二〇〇八年）。
395　堺屋太一『団塊の世代』文春文庫、二〇〇五年。初版は一九七六年で、団塊の世代の未来を描いた小説。最終話は二〇〇〇年が舞台の、「老人対策事業」と「エネルギー問題」に奔走する五二歳のエリート官僚を描いた物語になっている。
396　「家族・子ども向け公的支出」に対して「高齢者向け公的支出」が多い国ほど出生率が下がるというデータはある（本川裕『統計データはおもしろい！　相関図でわかる経済・文化・世相・社会情勢のウラ側』技術評論社、二〇一〇年）。
397　日本では、結婚している

と高齢者向けの社会保障による財政問題に直面して「こう」なることは、わかっていたはずじゃないか、と。[395]

特に少子化対策に関して、日本は完全にヨーロッパ諸国に遅れを取った。少子化の原因と対策を明らかにする普遍理論は存在しないが、[396] 日本はあまりにも、子どもを生み育てる環境が整っていない。

育児をしながら働ける職場も少ないし、保育園や幼稚園も不足している。待機児童問題がまるで解決されないあたりに、行政の少子化に対する本気度が透けて見える。そもそも雇用状況が不安定な中で、結婚や出産に踏み切れない若者も多い。少なくとも、短期的な動向としては、景気が良い時ほど出生率は上がる傾向がある。

また、本当に少子化をどうにかしたいなら、婚外子差別なんてもってのほかだ。[397] シングルマザーを推奨してもいいくらいである。[398] 日本ではわずか二%程度の婚外子だが、スウェーデンやフランスでは婚外子の割合が五〇%を超えている。[399] どんな状況であろうと「子どもを産んでも何とかなる」環境の整備が出生率上昇に寄与していることは、想像に難しくない。

どちらにしても絶望的な未来

まあ、どちらにしても子どもはすぐには増えないし、過去の政策を批判しても日本の現状が

夫婦の子どもと比べて、結婚していない男女の子どもの遺産相続は「半分」と決められている。裁判でも合憲の判断が続いている。二〇一〇年には最高裁が審理を大法廷に回付することを決め、違憲判決が出るのではと騒がれたが、当事者同士の合意が成立したとしてその後訴訟は却下された（「婚外子訴訟を却下　最高裁」『朝日新聞』二〇一一年三月一二日朝刊）。

398　母子世帯に育つ子どもの生活水準は、他の子どもよりも低い。また母子家庭における母親の就労率は国際的に見ても高いのに、経済状況が厳しく、政府や父親からの支援も少ないという酷い状況になっている（阿部彩『子どもの貧困　日本の不公平を考える』岩波新書、二〇〇八年）。国の行く末を本気で考えるナショナリストは、国家の次世代を担う子どもを産んでくれた人たちのことをどう考えているのだろうか。

399　婚外子が増えようともほとんどの場合、子どもは親のもとで育っている。そのため、婚外子率の上昇は母子の繋がりを

変わるわけではない。そして世代間の格差が問題の本質ではないとしても、日本の未来が絶望的なことには変わりない。

結局、その絶望的な未来を、より長く生きて行かなくちゃいけないのは、若者や子どもたちであることも間違いではない。

二〇一二年には、団塊の世代が年金受給年齢である六五歳に達する。今はまだ市場が「団塊の世代を狙え」と盛り上がってるくらいだからいいが、医療技術の劇的な発達がない限り、彼らの多くは二〇年後には消費市場から退出しているだろう。

二〇三〇年にはロスジェネと呼ばれる世代が六〇歳を迎え出す。その頃「ひきこもり」や「ニート」は若者問題であると同時に、高齢者問題にもなる。消費欲旺盛な団塊の世代がいなくなり、老人化したロスジェネが増える社会を、果たして現役世代は支えることができるのだろうか。

なんて悲惨な未来を妄想してしまったが、二〇一一年の日本はまだのほほんとしている。[400]なぜこんなに絶望的な状況なのに、若者たちは幸せでいられるのだろうか。

2 なんとなく幸せな社会

健康で文化的な最低限度の生活？

強化こそすれ、「家族の解体」とはならない（上野千鶴子「家族の臨界　ケアの分配公正をめぐって」牟田和恵編『家族を超える社会学　新たな生の基盤を求めて』新曜社、二〇〇九年）。また、一人親世帯の割合はスウェーデンやフランスでも二割程度なので、婚姻をしていなくても実際には両親が子育てをしている場合が多い。

400　東日本大震災の後は、さすがに日本中が喪に服したような雰囲気になったが、人は忘れていく生き物。多くの街はすっかり幸せそうな雰囲気に戻った。

日本国憲法第二五条には、「すべて国民は、健康で文化的な最低限度の生活を営む権利を有する」と定められている。「健康で文化的な最低限度の生活」は時代や社会状況に大きく依存するが、僕は「Ｗｉｉが一緒にできる恋人や友達のいる生活」や「モンスターハンターを楽しむことができる生活」あたりが妥当だと考えたことがある。

ＷｉｉやＰＳＰを買えるくらいの経済状況で、それを一緒に楽しむことができる社会関係資本（つながり）を持っていれば、だいたいの人は幸せなんじゃないかと思ったのだ。

言い換えれば、僕は幸せの条件を、「経済的な問題」と「承認の問題」の二つに分けて考えていることになる。

これはどれくらい難しいことなのだろうか。まず経済的な問題を考えてみよう。若者が厳しい社会状況に置かれているのは、色々な人が難しそうな顔をしながら語っている通りだ。しかし日本でいくら若者の貧困問題を語ろうとも、どこかリアリティがない。

それは「わかりやすい貧困者」がなかなかいないからだろう。街を歩いても、若者たちは小綺麗な格好をして幸せそうに歩いている。決して安くはないスマートフォンを、芸能人から大学生から道路工事のお兄ちゃんまで持ち歩いている。

統計的にも若者の「わかりやすい貧困」を見つけるのは難しい。たとえば日本における餓死者は二〇〇九年には一六五六人だったが、そのうち二〇代は四人、三〇代でも一五人に過ぎない[401]。おそらくネットカフェ難民は「わかりやすい貧困」だったからこそ、実数に関係なくメデ

401　厚生労働省「平成二一年人口動態統計」における死因が「栄養失調」「食糧の不足」と分類されていた人の数。ただし食糧不足が原因で衰弱し、他の要因で死亡するケースもあるだろうから、あくまでも参考値の一つである。

ィアでも注目を集めたのだろう。

僕たちの社会は、一見あまりにも豊かなのだ。若者たちは、一見あまりにも幸せなのだ。

現在、若者は貧困ではない

もっとも、その豊かさと幸せが、どれだけ持続するかは怪しい。

若者の貧困問題が見えにくい理由、それは若者にとって「貧困」が現在の問題というよりも、これからの未来の問題だからだ。

若年層ほど世代内格差は少ない[402]。正社員であっても、フリーターであっても、二〇代のうちは給与格差があまりないからだ。今でも年功序列、終身雇用を前提とした給与体系の多い日本の大企業では、どんなに働いたところで若いうちの年収は抑制されている。一方でアルバイトでは、日数や時間帯を調整することで、同世代の正社員以上に稼ぐことも可能だ。

たとえば居酒屋のアルバイトだと、深夜シフトを多くした場合、月収に換算して三〇万円から四〇万円ほど稼ぐことも難しくはない。アルバイトから正社員への道が制度上存在する場合もあるが、肝心の若者がそれに魅力を感じないことも多い。大手居酒屋で働くフリーターのケンジ(二一歳、♂)は「決まった日に来ないといけないし、給料も安い」ことが理由で正社員になろうという気持ちはないという。

しかし正社員と非正社員の違い、優良企業の社員とブラック企業の社員の違いは、彼らに

402　厚生労働省「平成二〇年所得再分配調査報告書」二〇一〇年。

「何か」があった時に明らかになる。たとえば病気になった時、結婚や子育てを考えた時、親の介護が必要になった時。社会保険に入っていたか、貯金があったかなどによって、取れる選択肢は変わってくる。

家族という最強のインフラ

日本において、若者の貧困が顕在化しない大きな理由の一つに「家族福祉」があると言われている。[403] 若者自身の収入がどんなに低くても、労働形態がどんなに不安定でも、ある程度裕福な親と同居していれば何の問題もないからだ。

今の二〇代や三〇代の親は五〇代から六〇代。[404] まだまだ現役で働いている人も多く、介護が必要となる年齢にも達していない。しかも彼らには総じて、お金もあって家もある。世帯主が五〇代の家の平均貯蓄は一五九三万円、六〇代だと一九五二万円になる。また平均持ち家率は五〇代で八六・七%、六〇代で九一・三%だ。[405]

世代間格差の話をしたが、若者たちの親世代がまさに高度成長期の恩恵を受けてきた「勝ち組」世代なのだ。だからマクロで見た世代間格差も、実はミクロで見れば格差ではなく、家族内で様々な資源の移転が行われている場合も多いだろう。[406]

たとえば、一八歳から三四歳の未婚者のうち、男性の約七割、女性の約八割は親と同居している。特に「パート・アルバイト」など非正規雇用でその割合が高い。[407]

403 「家族福祉」を扱った古典として、山田昌弘『パラサイト・シングルの時代』（ちくま新書、一九九九年）がある。
404 たとえば二〇一一年現在二五歳の人が生まれた一九八六年、出産時の父母の平均年齢は父親が二九・七歳、母親が二六・八歳だった（厚生労働省「人口動態調査」）。
405 二人以上の世帯のうち勤労者世帯（総務省「家計調査」二〇一〇年）。調査時期は二〇〇九年。
406 ここにも世代間格差問題の難しさがある。世代間格差の解消のため高齢者たちに強いる負担は、結果的にその子どもたちの負担にもなるからだ。
407 国立社会保障・人口問題研究所「第13回出生動向基本調査」。

働いている子どもが家にお金を入れている場合もあるが、大抵《たいてい》の場合、その額は家族を支えるほどのものではない。家事をほとんど分担しないケースも多い[408]。また親と同居している未婚者のほうが、同居していない人よりも生活満足度が高いという調査もある[409]。

高度成長期においては、地元に職がなくて都会へ出たというケースも多かったが、地方都市の発達は若者たちの「地元化」を可能にした（第二章）。

「地元化」とはつまり、日本の経済成長とともにストックを形成してきた親世代にパラサイトすることでもあったのだ。

ただし、今は「子ども」として家族福祉の恩恵を受けている若者たちも、二〇年後から三〇年後にかけて、親世代の介護問題に直面することになる。さらにその頃には、持ち家だった場合もメンテナンスが必要になってくる。

貧困は未来の問題、承認は現在の問題

東京で一人暮らしをするユウジ（二二歳、契約社員、♂）は、住民税や国民健康保険の支払いをしていない。どうしても払えない金額ではない。彼は、好きなアーティストのライブに行ったり、友人たちと朝まで遊んだり、そこそこ楽しそうな生活を送っている。しかし、その生活を送るためには「税金や健康保険なんて払えないよ」と言い切る。

別に若くて健康なうちはいいかも知れない。だけど、人は年を取るほど病気にかかる確率が

408　岩上真珠編『〈若者と親〉の社会学　未婚期の自立を考える』青弓社、二〇一〇年。
409　「国民生活白書」二〇〇三年。

上昇する。入院数で見ると三〇代は二〇代の一・四倍、四〇代だと二・〇倍になる。外来数は三〇代で二〇代の一・三倍、四〇代では一・五倍になる。[410]

「若者の貧困」問題が、本当に問題になる時は、一〇年後や二〇年後である。若者が若者でなくなった時なのだ。

なんで研究者たちが「若者の貧困」問題をここまで騒いでいるのかと言えば、若者たちがアンダークラスに滞留することを心配しているからである。

よく知られているように、日本では一度「いい学校、いい会社」というトラックから降りてしまうと、再びそこに戻るのは難しい。いくら向上心があっても、学歴がなかったり、フリーターを続けている人はなかなか「いい会社」で働く機会に恵まれない。[411] いわゆる「キャリアラダー」がないのだ。

ここに、現在の「若者の貧困」問題と、かつての「若者の貧困」問題との違いがある。おじさんが言う「俺らの時代のほうが貧しい暮らしをしていた」とか「昔から貧乏な奴なんてたくさんいた」というのはその通りなのだが、かつての若者には貧困から抜け出すチャンスも多かった。[412]

しかし、現在はフリーターから抜け出すのが二重の意味で難しくなっている。まず、今でもフリーター経験者を正社員採用することを躊躇《ちゅうちょ》する企業が多いから。[413] そして、当の若者が必ずしも正社員になりたがっているわけではないから。[414]

410　厚生労働省「平成20年患者調査」（二〇一〇年）における受療率をもとに計算した。
411　もちろん、これは図式的な説明で、実際には職業のマッチングが適切に行われていないだけの場合も多々ある。たとえば地方の企業、特に中小企業では転職者を積極的に受け入れていることも多い（中沢孝夫『仕事を通して人が成長する会社』PHP新書、二〇一〇年）。
412　橋本健二「戦後史における若者の貧困　若者が巨大なアンダークラスを形成する」『現代の理論』vol.26　二〇一一年。
413　厚生労働省の一五歳から三四歳を対象にした調査によれば、過去三年間でフリーターを正社員として採用した事業所は全体の一一・六%に過ぎないという（「平成21年若年者雇用実態調査結果の概況」二〇一〇年）。ただしフリーターの経歴を「マイナス評価する」と答えた事業所は一八・五%と、過去の調査よりも減少している。
414　堀有喜衣『フリーターに滞留する若者たち』勁草書房、二〇〇七年。

フリーターに対する世間の目線も生温かくなったし、正社員にならなくても、一定の豊かな暮らしが送れてしまう以上、若いうちは無理して正社員になる必要もない。だから「若者の貧困」は切実な問題としてはなかなか顕在化しないのである。

もちろん、若者全員が大企業の正社員を目指す必要なんてない。かつて「社畜」と呼ばれた身分に積極的に飛び込んでいくこともない。ただし、現状の社会制度だとフリーターのほうが年を取ったときに様々なリスクが高まるのは事実だろう。

「企業経由の福祉」に偏りすぎてしまっている日本の社会制度を、「生活保障」という形に組み替えていく必要性は、多くの論者が指摘する通りである。

恋人がいる若者は三割

多くの若者にとって「未来の問題」である経済的な貧困と違って、承認に関わる問題は比較的「わかりやすい」形で姿を現す。未来の「貧しさ」よりも、今現在の「寂しさ」のほうが多くの人にとっては切実な問題だからだ。

承認欲求を最もシンプルに満たすためには、恋人がいればいい。全人格的な承認を与えてくれる恋愛は、その人の抱えるほとんどの問題を少なくとも一時的には解決してしまう。だって、たった一人から愛されるだけで誰もが「かけがえのない存在」になることができるのだ。

しかし、みんながみんな、簡単に恋人を作れるわけではない。国立社会保障・人口問題研究所の実施している調査によれば、一八歳から三四歳の未婚者のうち、異性の恋人がいる割合は男性で二七・二％、女性で三六・七％に過ぎない[415]。

また、同調査は丁寧にも、異性と性交渉を持った経験があるかどうかまで調べている。それによると、二〇歳から二四歳男性の童貞率は三三・六％、女性処女率は三六・三％。二五歳から二九歳では男性が二三・二％、女性が二五・一％。異性との経験がない人は、ちっともマイノリティーではないのだ。

恋人と同様に承認の問題を考える上ではなくてはならないのが、友人だ。第二章で見たように、若者の幸せを考える上で、友人関係の重要度は非常に高まっている。また、若者たちにとって「ないと不幸なもの」の一位は「友人」という調査もある[416]。

同調査を受けて作家の津村記久子（三二歳、大阪府）は、「ブスなら化粧で化けられるし、仕事がなくても、不景気だからと言い訳できる。でも、『友達がいない』は言い訳ができない。幼少期から形成されてきた全人格を否定されるように思ってしまう」と分析する。

確かに「恋人がいない」とは笑って話せるけど、「友人がいない」とはなかなか笑って話せない。しかし現代日本には、恋人や友人に依存しない形で、僕たちの承認欲求を満たしてくれる資源が無数に用意されている。しかも、結果的にそれは広義の「友人」を増やすツールにもなる。

415　国立社会保障・人口問題研究所「第13回出生動向基本調査（独身者調査）」（二〇〇六年）の、「婚約者がいる」「恋人として交際している異性がいる」を合算した割合。わざわざ「異性」と強調しているので、「同性愛者」はどうするんだとジェンダー研究をしている人には怒られそうな統計だけど。内閣府が二〇一一年に公表した「結婚・家族形成に関する調査」（委員長はもちろん「婚活」でおなじみの山田昌弘）でも二〇代と三〇代の未婚者の恋人保有率は三六％、逆に一度も交際経験がない人も二六％いた。特に地方在住の男性に、一度も恋人を持ったことがない人が多く、三〇代後半で三一・八％だった。

416　「幸せと不幸の境目はどこに？　20、30代300人調査」『AERA』二〇一〇年一〇月四日号。

お手軽な承認社会

ツイッターでは、たとえ無名の人であっても、面白いことをつぶやけば何百人もの人がリツイートしてくれる。面白いことをつぶやき続ければフォロワー数はどんどん増えていく。かつては作家や著名人しか味わえなかった「自分の発言することが数千人、数万人に読まれている」という感覚を、多くの人が味わえるようになったのだ。[417]

ニコニコ動画も格好の承認の供給源である。好きな動画にコメントを投稿するだけでも他者と「つながっている」感覚を得られるのかも知れないが、自ら動画を投稿することによって、それまで無名だった人に数千人のファンがつくこともある。

動画には様々なジャンルがあり、たとえば「踊ってみた」というジャンルでは多くの若者たちが曲に合わせて、文字通り踊っている。フリーターのツバサ（二六歳、♂）は二〇〇八年頃から「踊ってみた」動画を投稿しはじめ、代々木公園で友人たちとイベントを開いたこともある。再生数が数万を超える動画もあり、ｍｉｘｉに設置されたファンコミュニティには数百人が参加している。ファンのコメントを読む限り、その扱いは芸能人と変わらない。

喋りながらゲームをプレイする「ゲーム実況」というジャンルも人気だ。[418]タロチン（二五歳、♂）は酔っ払いながらゲームをぐだぐだプレイするという動画で人気を集めた。他の人気実況者と共演した動画の再生数は五〇万を超えている。

インターネットはこうした「小さな有名人」をたくさん生み出した。もはや日本人という

417　むしろこんなわけわかんない若者本よりも、ツイッター上の有名人のほうがよっぽど読者数も多い。反応がダイレクトに返ってくる分だけ、自称「表現者」たちにとってツイッターは必須のツールだろう。

418　ゲーム実況動画を投稿したことがある人は一万人、再生数が百万回を超える動画も数十本を数える。顔のわからない実況主たちがニコニコ動画を通してつながる感覚は、かつての深夜ラジオに近いのかも知れない（ゲーム実況愛好会編『つもる話もあるけれど、とりあえずみんなゲーム実況みようぜ！』ハーヴェスト出版、二〇一一年）。

「みんな」があんまり立ち現れない時代に、インターネットは小さな「みんな」を登場させる。もちろん「小さな有名人」はインターネット以前からたくさんいたが、インターネットではより手軽に「誰でもマスメディア」感覚が味わえる。[419]

ただし、おじさん向けビジネス雑誌が騒いでいたように、ツイッターなどのソーシャルメディアが大規模ビジネスや商売に向くとは思えない。たとえば、約二〇万人のフォロワーがいるツイッター上の有名人が呼びかけたイベントで、集まったのはたった二〇人だったという。しかもそれを本人は悲しむでもなく「実際に足を運んでくださる人がいる」ことに歓喜していた。[420] そんなものなのだ。

同様にツイッターやソーシャルメディアが「社会を変える」ツールになるとも思えない。それらが個人の承認欲求を満たしやすいメディアであることを考えると、機能はむしろ逆だ。ツイッターで適当に社会派っぽいことをつぶやいて、フォロワーたちに賞賛されて、たくさんリツイートされることだけで、多くの人はただ満足してしまう。

結局、ツイッターの提供する「共同性」に、「社会を変える」という「目的性」は回収されてしまうんだろうと僕は考えている。[421]

幸福な無縁社会を生きていく

貧困は未来の問題だから見えにくい。承認欲求を満たしてくれるツールは無数に用意されて

419　佐藤俊樹『格差ゲームの時代』（中公文庫、二〇〇九年）。同書に収録されているインターネット論は初出が一九九〇年代後半でありながら、今でも古臭さはあまりない。それはインターネットという世界が、少なくとも語られ方のレベルでは、実はずっと変わっていないからでもある。

420　コグレマサト・いしたにまさき『マキコミの技術　最前線から見たソーシャルメディア・マーケティング』（インプレスジャパン、二〇一〇年）。

421　そもそも、ツイッターを社会的な意識を持って使っている人自体、多くないだろうけど。

いる。なるほど、多くの若者が生活に満足してしまうのも頷ける。幸福度研究によれば、幸せを感じるのに大事なのは実際の所得水準よりも、社会問題を「認識」しているかどうかだから、「今ここ」を生きている若者ほど幸せなのは、当たり前と言えば当たり前である。[422]

もっとも、残念ながら、どんな関係も、どんな居場所も、現代社会ではとても壊れやすい。友人関係や恋人関係というのは、何の制度的な担保もない以上、壊れる時はすぐに壊れる。企業体や家族など社会制度を通して結ばれた人間関係は、壊すのが難しい分だけ長続きする傾向はあるが、それも絶対的なものではない。

震災の影響でみんな忘れてしまったが、二〇一〇年から二〇一一年にかけて、日本は「無縁社会」ブームだった。「無縁社会」というのは「つながりのない社会」を意味する造語だ。引き取り手のない「無縁死」が毎年三万二〇〇〇人にのぼることをセンセーショナルに報じたNHKスペシャルで一躍「無縁」は流行語になった。

「無縁社会」は、家族とのつながりという「血縁」、故郷とのつながりである「地縁」、会社とのつながりである「社縁」が失われた先に登場した社会として描かれる。[423] だけどそれらは、かつて「選べない縁」として批判の対象となっていたものだ。

「近代化」という、人びとの個人化を目指すプロジェクトで、それらは克服すべきものとされてきた。「家族」や「地縁」というのは息苦しい関係性の象徴だったのだ。

上野千鶴子（四五歳、富山県）はかつて「選べない縁」を批判しながら、「選べる縁」として

422　大竹文雄他編『日本の幸福度　格差・労働・家族』日本評論社、二〇一〇年。

423　NHK「無縁社会プロジェクト」取材班編『無縁社会 〝無縁死〟三万二千人の衝撃』文藝春秋、二〇一〇年。

「無縁」のことを「選択縁」と呼んだ。[424]「無縁社会」を「選択縁社会」と呼び変えると、何だか悪いものではない気がしてくる。

最悪の場合、僕たちは「無縁」になる可能性もあるが、自分が付き合う人やコミュニティを自由に選択していくことができる。複数のコミュニティに所属してもいいし、参入や離脱も自由だ。ルールがなくても緩《ゆる》く続いていく関係。

そのような実利実益から離れたコミュニティが増えることで、承認先は分散され、僕たちのアイデンティティを保障してくれるものになる。[425]それらのコミュニティで提供されるぬくぬくした相互承認のおかげで、若者たちは社会の様々な問題を解決せずとも生きていけるようになる。[426]

だって、どんなに悪い労働環境で働いていても、どんな不安を抱いていたとしても、仲間のいるコミュニティに戻ればいいのだ。経済的な不満も、未来に感じる不安も、様々な形で提供されるコミュニティが癒《いや》してくれる。

それこそが若者が反乱を起こさない理由の一つでもあるのだけど（第四章）、他に選択肢がないんだから仕方ない。

424　上野千鶴子「『女縁』の可能性」『近代家族の成立と終焉』岩波書店、一九九四年。

425　梅棹忠夫『わたしの生きがい論　人生に目的があるか』講談社、一九八一年。コミュニティにまつわる言論人たちのアイディアは、三〇年間あんまり進歩がなかったようだ。

426　古市憲寿『希望難民ご一行様』光文社新書、二〇一〇年。

3　僕たちはどこへ向かうのか？

中国という身分制社会

ミクロな視点で考えると、いくら世代間格差や世代内格差が深刻であっても、それは必ずしも「不幸な」社会を意味しない。この本で繰り返し強調したように、客観的には絶望的な状況であろうが、当人たちがそれでも幸福だと考えることは、往々《おうおう》にしてありうるからだ。

いっそ日本が今以上の超格差社会、または格差が固定された階級社会になってしまえば、幸せな若者はもっと増えてしまうのかも知れない。

たとえば中国は、格差社会という以前に、「都市戸籍」と「農民戸籍」という越えられない身分の壁がある。中国では都市と農村では戸籍が異なるため、農村で生まれた人は都市に居住することができないことになっている。

実際には、都市部では「農民工」と呼ばれる農村出身の労働者が多く働いているが[427]、社会保障も受けられないし、子どもができても多くの公立学校は受け入れてくれない。

中国社会は、今や農民工なしでは成り立たない。工場労働者や土木作業員としてはもちろん、レストランのウェイターなど、多くの領域で農民工が働いている。

都市部では最低時給は毎年のように上がり続けているが、それでも上海で一一元[428]。中国では

427　二〇〇九年において出生地外で半年以上働いた人を農民工とした場合、その数は一億四五三三万人に達する（中華人民共和国統計局『新生代农民工的数量、结构和特点』二〇一一年）。

428　日本円で約一四〇円（二〇一一年四月現在）。

関税の関係で、ブランド品などの値段は日本よりも高い。二〇万円を超えるバーバリープローサムのコートが売れていく街で、わずか時給一四〇円で働いてくれる農民工がいるのだ。

低賃金の上、社会保障のことを考えなくていい。さらに農村に帰ることが前提の出稼ぎであるため、基本的に都市にスラムもできないというのも、都市側にとっては好都合だ。まるで現代の奴隷のような存在である。

上海の「農民工」の屋台

満足度八割の「農民工」、一%の「蟻族」

このような実質的な階級制度を、当の農民工たちはどう思っているのだろうか。

農村からの出稼ぎ労働者を対象にした調査によると、彼らの生活満足度は八五・六%。なんと劣悪な労働環境に置かれているはずの外来人口の八割が生活に満足しているというのだ。これは都市部にもともと住んでいる人の生活満足度（七五・五%）よりも高い[429]。

それは、いくらセーフティネットも何もない暮

429　園田茂人が二〇〇四年に天津市で一二〇〇人の出稼ぎ労働者と、六〇〇〇人の都市住民に対して行った調査結果による（『不平等国家中国　自己否定した社会主義のゆくえ』中公新書、二〇〇八年）。ただし中国はそれぞれの都市がまるで違う国みたいなものなので、天津市のデータを中国の一般的な事例として扱うかは本当は要検討だ。

らしだとしても、農村の生活水準よりはマシだからだ。中国の農村では、今でも石や煉瓦《れんが》ででき た家にほとんど家電もなく暮らしているケースが少なくない[430]。

また、「どうせ戸籍が違うから」というあきらめが、彼らの生活満足度を上昇させているという可能性がある。第二章で触れた、社会学でいう「相対的剥奪」である。人は自分の所属している集団を基準に幸せを考える。だから、都市部に暮らす人の華やかな暮らしを「自分とは違う世界の話」と見なす限り、それは幸せを測る基準にはならない。日本で景気後退期ほど生活満足度が上昇していたのと同じロジックだ。

農民工と対照的なのが、「蟻族《ありぞく》」と呼ばれる中国版高学歴ワーキングプアだ。

中国では教育制度改革によって大卒資格が取りやすくなってしまったため、職業上のミスマッチが社会問題になっている。中国政府が推進する地方での公共事業では大量の雇用が創出されているが、それは蟻族の望むような知的労働ではない。「大学まで出たのに、ブルーカラーなんかできるか」という話だ。

彼らのうち生活に満足しているのはわずか一%だけで、実に八四%が生活に何らかの不満を抱いているという調査もある[431]。彼らの上昇志向やエリート志向が、おそらく彼らを不幸にしているのだろう。

本当は蟻族でも満足できるくらいの知的労働やクリエイティヴな仕事を十分に創出できればいいのだろうけど、少なくとも短期的には実現できそうもない。

430 もっとも一九九〇年代後半にスタートした「村村通」というインフラ整備事業によって農村部は急速に発展したと言われている。最近は「家電下郷」政策によって農村の家電普及率も高まりつつある。

431 廉思著、関根謙監訳『蟻族 高学歴ワーキングプアたちの群れ』勉誠出版、二〇一〇年。調査方法が違うため一概に農民工の調査とは比較できないが、それでもわずか一%の生活満足度というのは異常だ。

「農民工」化する日本の若者たち

中国における農民工の生活満足度の高さ、蟻族の満足度の低さからは、ある残念な結論が導き出される。日本が格差の固定された階級社会や、身分制社会になってしまったほうが、多くの人にとって幸せなんじゃないかということだ。

客観的には劣悪な環境で暮らす幸せな農民工と、自己実現欲求や上昇志向を捨てられないがゆえに不幸せな蟻族は、日本の未来を考える上で象徴的だ。というか、二〇代の生活満足度が上昇し続けているという事実は、すでに日本の若者が半《なか》ば「農民工」化していることを示しているのかも知れない。

経済成長の恩恵を受けられた世代を「自分とは違う」と見なし、勝手に自分たちで身の丈にあった幸せを見つけ、仲間たちと村々している。何かを勝ち得て自分を着飾るような時代と見切りをつけて、小さなコミュニティ内のささやかな相互承認とともに生きていく。

それは時代に適合した賢明な生き方でもある。

たとえば「お金持ち」を目指そうと思ったら、ゴールはほぼ永遠にやって来ない。この資本主義社会で買えないものはほとんどないからだ。そういった「ナンバーワン」を目指すレースから早々と降りてしまうのは、省エネで幸せになる方法でもある。

いくら親切な大人たちが「若者の貧困」を社会問題化したり、「若者はかわいそう」と叫んだところで、若者たち自身はそれにリアリティを感じられない。それは、どんな場所に生まれても、どんな家に生まれても「ナンバーワン」を目指すことができる「近代」という時代が、いよいよ臨界点に達したことの象徴なのかも知れない。

あの頃の僕らに復讐されている

近代化というのは、村の外側を想像することもなく一生を終えていた村人たちを、「国民」や「個人」という自立した存在として引き上げようとしたプロジェクトだった。神様に頼らずに、伝統に支配されずに、自分の人生を自分の決断によって決めていく近代人を、僕たちの社会は作り出そうとしてきた(第三章)。

日本では階級制度は撤廃され、段階的に全国民に対して参政権が付与されてきた。近代人としての国民が主権を持つ民主主義国家「日本」の誕生だ。

だけどもしかしたら、日本という国は民主主義という制度の構築に失敗したのかも知れない。日本の近代化は一九世紀後半にヨーロッパの産業革命を目撃し、それを日本に移転しようとしたことから始まった。だけどもし、日本の明治維新が五〇年早い一八一〇年頃に起こっていたら、どのような社会が形成されていただろうか[432]。

一九世紀前半、イギリスが「世界の工場」になる前のヨーロッパは、まだ市民革命の嵐の中にいた。もしその頃に岩倉使節団がヨーロッパを訪れていれば、「民主主義」や「自由民権」

432 厚東洋輔『グローバリゼーション・インパクト 同時代認識のための社会学理論』二〇一一年、ミネルヴァ書房。

を核に国作りをしようとしたのではないか。実際、日本よりも近代化の早いラテンアメリカ諸国では、民主主義を至上命題とした国家形成を目指した。

結果、日本は経済発展してラテンアメリカはそうはならなかった。もちろん民主主義だけが理由ではないが、産業革命のほうが市民革命よりもパクりやすかったのだ。また民主主義の価値を軽んじることで、民衆の利害をいったんは無視して、国家としての経済成長を優先することができた。

基本的には、それでずっとうまくいってきた。アジアの小国が戦争を繰り返し、領土を広げ、一時期は東アジア一帯をその領土や植民地にした。アジア・太平洋戦争には負けたけれど、様々なラッキーが重なり経済戦争の勝者になることができた。それは、国家主導のもと、とにかく経済さえ回っていればいいという時代だった。

だけど、その仕組みにも陰《かげ》りが見え始める。経済成長さえすれば何とかなるとやってきた国で、経済成長が止まってしまったのだ。しかも民主主義という伝統がない国で、まるでみんながただ立ちすくんでいるように見える。

民主主義を犠牲にして経済成長を選んだことにより、世界有数の経済大国となった日本。今僕たちは、その埋め合わせをしているのかも知れない。

ヨーロッパとは違う「近代化」を歩んできた日本で、即席で参考にできるような国は、もうない。

そして幸福な階級社会へ

国民の平等を謳《うた》いながらも、あらゆる近代社会は「二級市民」を必要としてきた。たとえば日本を含めた近代国家は、「二級市民」という役割をずっと「女性」に負わせてきた。男性がバリバリ働いて一家の大黒柱となり、一方で女性が育児や介護など家庭で男性をバックアップする「ブレッドウィナーモデル」というやつだ。

だけど男女同権が叫ばれたり、労働力不足が顕在化する中で、ヨーロッパでは女性の社会進出をバックアップすると同時に、安価な労働力として「移民」を積極的に用いるようになった[433]。

しかし移民労働力の受け入れを拒否し続けてきた日本では、「女性」に加えて「若者」を二級市民として扱うようになった。

すでに日本の若者たちの「二級市民」化は進んできている。「夢」とか「やりがい」という言葉で適当に誤魔化しておけば、若者が安くて、クビにしやすい労働力だってことは周知の事実だ。

このままでいくと、日本は緩やかな階級社会へ姿を変えていくだろう。「一級市民」と「二級市民」の差は少しずつ広がっていく。一部の「一級市民」が国や企業の意思決定に奔走する一方で、多くの「二級市民」はのほほんとその日暮らしを送る、という構図だ。

433 たとえば北欧での女性労働者の増加は、政府が意図したものというよりは、福祉国家の拡大にともなってパブリックセクターにおいて大量の雇用が創出されたことが第一の理由である。また同時期に物価が急上昇し、男性一人で家計を支えるというモデルが立ちゆかなくなったという事情もある。それを後追いするように、保育園や育児休暇などの仕組みが整えられていった。詳しくは Leira, Arnlaug. (1992) *Welfare States and Working Mothers: The Scandinavian Experience*. Cambridge: Cambridge University Press. を参照。

だけどそれは、人びとにとって不幸な社会を意味しない。たとえば最低時給が三〇〇円くらいになってしまったとしても、「健康で文化的な最低限度の生活」を保証するために、WiiやPSPを支給しておけば暴動も起きないだろう。

同時にテクノロジーの発達は社会の姿を少しずつ変えていくだろう。たとえば二〇一一年現在、Googleは「Googleで何を検索したらいいいか」までは教えてくれない。また、提示される膨大な検索結果の中から自分で「正しい」情報を選ばないとならない。

だけどそのうち、Googleから検索ウィンドウが消える日が来るかも知れない。過去の自分の行動履歴をもとに、あらゆる情報はリコメンドされる。Amazonは、本の読むべき箇所までを推薦してくれるかも知れない。

その頃には「全国ニュース」も多くの人には意味のないものになっているだろう。一部のエリートは難解なNHKニュースを見続けるかも知れないが、多くの人はリコメンドされるままに「合コンで印象に残る自己紹介パターン」などのニュースを見続ける。

もうここまで来たら、江戸時代とあまり変わりがない。[434]

一億総若者化時代

僕たちが今生きているのは、一億総若者化の時代だ。世代ごとの意識の差は減少し続けているし、今後ますます多くの若者が「正社員」や「専業主婦」という既存の社会が前提とした

434 もちろん、「二級市民」たちが「のほほん」としていられなくなったら状況は変わる。歴史的にそうであったように、「モラル・エコノミー」が侵された時、そして食べることさえ困難になった時、人びとは暴動を起こす。最近は、中国の都市部でも農民工の暴動が問題になっている。

「大人」になれないのだとしたら、彼らは年齢に関係なく「若者」で居続けるしかない。

まさに僕たちは、日本中の人々が年齢に関係なく「若者」化する時代、その過渡期にいる。本書も「若者論」を掲げながら、結局はこの国の姿の片鱗《へんりん》を描くものになってしまった。それはもう、「若者」は年齢に関係なくどこにでもいるし、「若者の中の若者」と言えるような人々がいないからでもある。

だから本書は「若者」を積極的に定義するのを渋ってきた。一九九一年のバブル崩壊以降、みんなが家を持って、パパは会社で定年まで働き、ママが専業主婦として子どもたちを温かく見守るというような「中流の夢」が崩壊した時代において、「若者」は増加しつつある。

その意味での「若者」の特徴を最も体現しているという前提で、本書は主に二〇代の人々の物語を描いてきた。だけどそれは、年齢に関係なく多くの「若者」たちにも共通する物語、つまりこの国の「物語」であったはずだ。

では「若者」たちを大量に抱えたこの国は、どこへ向かうのだろうか。

確かなことがあるとすれば、僕たちには戻るべき「あの頃」なんてないことだ。物はないけど心の豊かさがあった戦後に戻りたいだろうか。国から数百万人の命が失われ、誰もが誰かを亡くし、貧困や犯罪、不衛生が日本中にあふれていた時代に？

世界有数の経済大国に上り詰めた高度成長期に戻りたいだろうか。庶民がインフレに苦しみ、公害が深刻になり、都市が光化学スモッグに覆われていたあの時代に？

日本がわけのわからないお祭り気分に包まれたバブル期に戻りたいだろうか。地価や物価が高騰する中で、今から見ればしょぼい「シティーホテル」でまずい「フランス料理」を食べて「トレンディ」をしていた時代に?

そもそも、いくら「あの頃」に戻りたいと願ったところで、もう「あの頃」は訪れない。戦後の経済成長は、日本を民主主義陣営にとどめておこうとするアメリカの対日政策、豊富な若年労働力を活用できる人口ボーナス、敗戦によって経済後進国になったため他国のマネをすれば良かったことなど、いくつものラッキーが重なって可能になったことだ。

かつて一世を風靡《ふうび》しながら、今ではまったく売れなくなってしまった五人組のダンスグループがいる。彼らは全盛期から一〇年を過ぎて、次のような歌を残している。[435]

435 TRF「As it is」『Life-Motions』二〇〇六年。

思う　あんな日はもう来ない
だけど口にしたほうが負けだよ

あの頃の未来を生きる僕たち

「あの頃」には戻れない。だけど同時に、僕たちは、「あの頃」の人々が憧れた未来に生きている。

たとえば一九六〇年の学生の悩みは、自分の人生の一部始終が早くから見えていることだった。「就職した途端に、自分の退職金の額までが、かなりの確度で予測できる」ことが彼らの悩みだったのだ。[436] 現代は、退職金どころか来年の給与さえも予想できない時代だ。確かに不安定だが、先が見えないがゆえの楽しさがあるとも言える。

一九六九年に描かれた「バラ色の未来社会」は相当程度実現されてしまった。[437]「東京オリンピックの記録写真が急に見たくなる」時には「中央のコンピューター」を呼び出して、必要なら「端末機につないだ印刷機に焼き付けて入手もできる」。「茶の間にいながらどこの国のテレビも見られるようになる」。「電話」と「タイプライター」で自動車が「移動オフィス」になる。当時の人はそのすべてを「ユメみたいな話」と思っていたようだが、今はiPad一台あれば、世界中が「移動オフィス」になってしまう。

一九七九年にある主婦（三〇歳、東京都）が望んだ教育の姿は現実のものとなった。彼女は過熱する受験戦争に気をもみながら、「町では子供が大勢元気な声を出して遊び、学校では一人一人の個性に合った教育」がされていて欲しいと願っていた。[438] 今、街ではＰＳＰやＤＳを持った子どもたちが、通信対戦に興じている。受験戦争もだいぶ緩和された。

一九九一年の成人の日、ある新聞は若者に「ケチ」であって欲しいと呼びかけた。[439] その社説は、人々が「卒業記念の海外旅行」「豪華な結婚式」「次々と発売される自動車やエレクトロニクスの新製品」を夢中になって買い求めることに不快感を表明する。そこで、「感受性に富む若者たちにこそ、浪費大国日本を変革する先兵になってほしい」と願っていた。

436　梅棹忠夫『わたしの生きがい論　人生に目的があるか』講談社文庫、一九八五年。元になった講演は一九六〇年に行われた。

437　「情報産業の夜明け　遠隔診断、テレビ電話　バラ色の〝未来社会〟」『読売新聞』一九六九年二月一一日朝刊。

438　「気流・日曜広場」『読売新聞』一九七九年一月二一日朝刊。

439　「新成人へ『ケチ』のすすめ」『朝日新聞』一九九一年一月一四日朝刊。

今、若者たちは海外旅行や自動車、電化製品から確実に距離を置き始めている。二〇年前にこの社説を書いた人は、さぞや涙を流して喜んでいることだろう。

財政破綻？　侵略される？　だから何？

「かつてマスコミは学力低下を問題にしましたが、今は学力はもちろん、人間力や自立心などすべてが低下していきます。今やバケツの底が抜けたように、次々と問題が起きはじめていきます。もはや国家として、非常に深刻な事態です[440]」

教育評論家の尾木直樹（六四歳、滋賀県）が二〇一一年の「荒れなくなった成人式」に寄せた言葉だ。毎年「荒れる成人式」を糾弾してきた大人たちだが、二〇一一年の成人式はどうやら全国的に大人しかったらしい。それで何が悪いのかわからないが、若者たちが大人しくなったらなったで、今度は「生きる力」が失われたとバッシングされることになった。

尾木ママはさらに「日本は終ってしまったんです」とまで言い切り、危機感を煽る。本書を読んできた人には、反論する価値もないとわかる尾木ママの妄想だが、尾木に限らず何かあると「日本が終わる」とか「日本が崩壊する」と言い出す人がいる。

だが果たして「日本が終わる」とはどのような状態を指すのだろうか。

たとえば日本国債暴落などが引き金となり、日本が経済的に破綻する可能性はゼロとは言い

440 「日本はどん底を実感する『新成人』は史上最低か」『週刊新潮』二〇一一年一月二〇日号。

切れない。[441] ＩＭＦ管理下に入れば、社会保障費は大きく削減され、医療や教育など公的サービスの質も下がるだろう。企業の倒産は相次ぎ、失業率は上がるだろう。日本の企業や土地は外資に安値で買い取られるかも知れない。

しかし、そのような事態になっても日本国民が死に絶えてしまうわけではない。むしろ、守るべきものを多く持たない「若者」にとって、それはチャンスでもある。硬直化した雇用制度は崩れ、「実力」で戦える時代になる。かつて地方の若者が夢を見て上京したように、一攫千《いっかくせん》金《きん》を狙って中国やインドに「出稼ぎ」に行ってもいい。

逆に日本にとどまりたいならば、中国の農民工のように低賃金で仲間たちとの日々を過ごしていけばいい。お金がなくても、そこそこ楽しい生活をしていく知恵を、今の若者たちは持ち合わせている。

外国からの軍事的侵略も可能性としてはあり得る。本書では若者たちの対抗暴力の放棄をさも評価するように描いたが（第三章）、一方でいわゆるミュンヘンの教訓、ナチス・ドイツの問題に対して、いかに武力行使以外の方策があるかを十分に示し切れていない。[442]

いくら「新しい中世」が訪れ、国民国家の存在感が低下したとは言え、僕たちは今も戦争と地続きの近代国民国家、アンソニー・ギデンズの言う「軍事社会」というシステムに生きている。[443]

事実、国連憲章上も「正しい戦争」は存在する。国連安全保障理事会が権限を与えた場合

441 「20代のためのニッポン改造計画」『週刊プレイボーイ』二〇一一年五月二三日号。

442 対抗暴力の放棄をフェミニズムの観点から論じたものとして上野千鶴子『生き延びるための思想　ジェンダー平等の罠』（岩波書店、二〇〇六年）がある。上野は「逃げよ、生き延びよ」という「難民化の思想」を論じていたが、それは「ほとんど祈りのようなことば」だったと後年に振り返っている（千田有紀編『上野千鶴子に挑む』勁草書房、二〇一一年）。

443 アンソニー・ギデンズ著、松尾精文他訳『国民国家と暴力』而立書房、一九九九年。

（第四二条）に加え、自衛のための戦争（第五一条）は国連憲章によって合法化されている。実際、湾岸戦争やユーゴ空爆は「正しい戦争」であると国際法上処理された。アイスランドとコスタリカなどを除く多くの国家は軍隊を保有している。これは国際関係論におけるリアリズムが今も安全保障体制で有効とされていることの証左であろう。[444]だが一方で、国民国家の枠組みを越える、テロや紛争という「新しい戦争」も世界各地で頻発している。

　退屈な「後期近代」を生きる僕たちを支える足下には、今も戦争と地続きの「近代」が続いていて、同時に「近代」の枠を越える「戦争」の脅威も広まりつつあるのだ。

日本が終わってしまってもいい

　しかし、政府が「戦争始めます」と言っても、みんなで逃げちゃえば戦争にならないと思う。[445]もっと言えば、戦争が起こって、「日本」という国が負けても、かつて「日本」だった国土に生きる人々が生き残るのならば、僕はそれでいいと思っている。

　戦争とは本来ジェノサイドを目指すものではなく、できる限りインフラや人命を残しつつ、最小限の被害で統治機構の破壊を目的とする外交手段である。二〇世紀の戦争のような大規模空爆を実施せずとも、電力や水道の遮断《しゃだん》、通信網の破壊など「日本」を支配するオプションはいくつもある。

「日本」がなくなっても、かつて「日本」だった国に生きる人々が幸せなのだとしたら、何が

444　藤原帰一『「正しい戦争」は本当にあるのか』ロッキング・オン、二〇〇三年。

445　しかし非正規労働者を含めた多くの若者が、震災直後にも自分の職務を忠実にこなし、中には命を落とした人もあったことは「美談」として報道された。すなわち「ナショナリズム」ではなく「高い職業倫理」ゆえに、日本の若者が戦争に従事する可能性は十分にあると思う。

問題なのだろう。国家の存続よりも、国家の歴史よりも、国家の名誉よりも、大切なのは一人一人がいかに生きられるか、ということのはずである。[446]

　一人一人がより幸せに生きられるなら「日本」は守られるべきだが、そうでないならば別に「日本」にこだわる必要はない。だから、僕には「日本が終わる」と焦る人の気持ちがわからないし、「日本が終わる？　だから何？」と思ってしまうのだ。歴史が教えてくれるように、人はどんな状況でも、意外と生き延びていくことができる。

　どちらにせよ、明日すぐに日本が経済破綻したり、他国に侵略されるという状況は考えにくい。時間はある。この国が少しずつ沈みゆくのはどうやら間違いないけれど、これからのことを考えていく時間くらいは残されている。「奇妙」で「いびつ」な幸せはまだ続いていくだろう。

「日本」にこだわるのか、世界中どこでも生きていけるような自分になるのか、難しいことは考えずにとりあえず毎日を過ごしていくのか。

　幸いなことに、選択肢も無数に用意されている。経済大国としての遺産もあるし、衰退国としての先の見えなさもある。歴史的に見ても、そんなに悪い時代じゃない。

　戻るべき「あの頃」もないし、目の前に問題は山積みだし、未来に「希望」なんてない。だけど、現状にそこまで不満があるわけじゃない。

446　積極的に日本が日本以外に支配されればいいと主張しているわけではない。「日本」という枠組みにおいてできることがあり、その目的達成のために「日本」が有効ならば、「日本」を積極的に使うべきだ。また、社会体制の移行期には大きな犠牲が生まれることが予想されるから、安易な革命や「日本」の終わりを望むべきではない。

なんとなく幸せで、なんとなく不安。そんな時代を僕たちは生きていく。
絶望の国の、幸福な「若者」として。

補章　佐藤健(二二歳、埼玉県)との対話

健《たける》くんは、約束の場所まで一人でふらーっとやってきた。カットソーにサルエルパンツというラフな格好だけど、さすがに決まっている。だけど決まりすぎていない。すごく自然体だ。「佐藤健です」とぺこりと挨拶《あいさつ》をしてくれる。

インタビュー記事を読んだり、共通の友人から健くんの話を聞くことはあっても、実際にお会いするのは今日がはじめてだった。だけど想像通りの人だと思った。

クレバーで、物事を俯瞰《ふかん》的に見ることができるけど、決して冷《さ》めているわけではない。そして、何を聞いても慎重に、自分の言葉で話す。その言葉は、誰をも傷つけないような配慮に溢《あふ》れている。とても二二歳とは思えない。そりゃ、これだけのスターになるよなあと思った。

たとえば、『Q10（キュート）』でも『龍馬伝』でも『Fit's』のCMでも、画面の向こうにいる健くんは、間違いなくスターなのだけど、一人の人間としての健くんはそれをまったくひけらかさない。本当に自然体の好青年なのだ。

僕が健くんに話を聞きたいと思ったのは、本書でも引用した『龍馬伝』放送時のインタビュー記事を読んだ時からだ。健くんは、幕末と現代を比べて「生まれ変わるなら、絶対に、幕末より現代のほうがいいです」と言い切る。それは現代のほうが「一泊二日で友達と千葉にバー

ベキューに行く幸せ」をかみしめられるからだという。

それは若者に広まりつつある新しい「幸せ」の形を象徴しているように思ったのだ。幕末の革命に「幸せ」を求めるのではなくて、日常の中にこそ「幸せ」を求める。健くんが主演を務めた『Q10』の中に出てくる言葉で言えば「キラキラしたもの」に近い。代わりばえのしない毎日がえんえんと続くのには耐えられないけれど、超越的な何かを欲しがるわけではない。「佐藤健」という存在に若者を代表させるつもりはない。本書でも繰り返してきたように、「若者」を一枚岩で語ることはできない。だけど健くんが大切にする、仲間との小さな幸せ。そういう価値観が若者の間で広がっていること。それはちっぽけかも知れないけど、大切な「希望」のような気がしている。

学校つまんねーなって毎日言ってましたね

古市　在学期間はかぶっていないですけど、実は僕と同じ高校出身なんですよね。どんな高校時代を送っていたんですか？　以前、雑誌のインタビューで「やりたいことがわからない高校生」だったと答えていましたけれど……。

佐藤　もう学校つまんねーなって、毎日言ってましたね（笑）。

古市　『Q10』でも、主人公の平太はQ10（前田敦子演じるロボット）に出会うまでは、日常の閉塞感に苛《さいな》まれていましたよね。自分より大切に思える人に出会うこともなく、人生を変えるような出来事なんて起こらないような、ありふれた日常。

佐藤　『Q10』にはすごく共感できたので、演じやすかったですね。

古市　高校は何も面白いことがなかったんですか？

佐藤　わかんないんです。本当は楽しんでたのかもしれないんですけど、たぶん毎日同じっていうことに対して不満だったんでしょうね。思ってなくても「なんかつまんねーな」っていうのがつい口に出ていました。今思うと、もう呼吸と同じぐらいのノリのセリフだったんだと思います。

古市　高校時代はダンスをしていたんですよね。ダンスは、そういう日常の閉塞感の出口にはならなかったんですか？

佐藤　ダンスは高校とは別の場所でやっていたんです。放課後にダンスの練習に行って、けっこう遅い時間までやって疲れて帰ってくるから、高校ではずっと寝ているみたいな。

古市　ダンスを将来の仕事にしたいとは思っていましたか。

佐藤　思ったことはないです。一度もないですね。

古市　どうしてですか？

佐藤　ダンスをやっているからこそ、ダンス業界でやっていくのは無理だなと思ったんです。もっとダンスの世界が栄えてたら、将来ダンスをやりたいと思ったのかも知れないですけど。

古市　じゃあダンスをやりながらも、普通に受験して大学へ行こう、みたいなことを考えていたんですか。

佐藤　そうなんです。だけど実は高校自体も進学校に行くかどうか悩んでいました。やりたいことがなかったので、受験勉強なんかしないでも入れる地元の高校に行ったほうがいいんじゃないか、って考えたことがあって。

古市　日本の高校って、基本的に偏差値で輪切りにされているだけだから、行ったからって将来のイメージはまず描けないですもんね。日本って、普通高校の割合が七割強と国際的に見て異常に高い国です。ヨーロッパだと普通高校はだいたい四割で、あとは職業高校なんです。

佐藤　へー。僕は結局、塾の先生だったり、学校の先生だったり、色んな人に薦《すす》められて、なんとなく進学校に行くことになりました。

ある日変わった世界

古市　高校二年生の時に原宿でスカウトされたんですよね。

佐藤　スカウトされて芸能界に入って、二週間に一回くらい、一人で電車乗って渋谷のレッスンに行くようになったんです。その日がほんとに楽しみで、その日のためにうきうきして毎日過ごしてた感はありますね。

古市　毎日つまんなかった日常が急にキラキラしだした——みたいな？

佐藤　今思うと毎日つまらなかったということでもなくて、日常は楽しいけど学校自体がつまんなかったってことなんですよね。

古市　芸能活動を続けながら、大学受験も考えていたんですよね。受験はいつぐらいまで考えていたんですか。

佐藤　センター試験のギリギリまでです。

古市　それまでは受験勉強もしてたんですか。

佐藤　いや、してないです。だからしなくても行けるところを考えてた。

古市　周りはどうですか、それでも受験したほうがいいとか言ってましたか。

佐藤　言ってる人もいるし、半々でした。

古市　それでも結局、俳優一本でやるってことを決めたんですよね。

佐藤　気持ちとしては俳優一本でやりたいのが大前提にあったんです。俳優は一生続けられないかもしれないから、大学行ったほうがいいかなという迷いでした。だから、ほんとの希望は決まってたんですよね、ずっと前から。

古市　ほぼ全員が大学に進学するか、浪人するかという学校ですよね。受験しないという決断は、最終的にどうやって決めたんですか?

佐藤　ダメだったら別にその時大学行けばいいじゃんと思えたことが、保険というか、最後の一歩を踏み出させてくれました。

古市　日本だと、大学って高校卒業したらすぐに行く場所じゃないですか。だけどアメリカやヨーロッパであれば、年をとってから大学に行くことは少しも珍しいことじゃないし、二〇代のうちはけっこう、大学と職業世界を行き来している。日本のように、「就活して、卒業後すぐに就職」っていうんじゃなくて、卒業後にインターンをしたり、一度就職した後に大学に戻ったりする中で、三〇歳くらいでようやく一生の仕事を決めるというのがよくあるパターンです。だけど日本では、ゼロかイチかというか、特に俳優さんのような職業だと……。

佐藤　そうなんですよね。一種のギャンブル的な……。

古市　ギャンブル的になっちゃいますよね。どうしてそのギャンブルを引き受けるっていう決断ができたんですか。

佐藤　でも結局、最初から決まってたんですよ、やりたかったから。

三ヵ月ごとに変わる世界

古市　俳優にはスカウトされる前からなりたかったんですか?

佐藤　なんかね、なりたかったんですよ、中学校の時から。

古市　何かきっかけはあったんですか。

佐藤　映画のメイキングやドラマのNG集の番組を観た時に、「実はめっちゃ作り物なんだ」って衝撃を受けたんです。こんなにみんなが引き込まれる世界を作っているのに、1カットずつセリフって切ってるんだとか、「マジか!」と思って。そのすごいという思いが、だんだん憧れに変わっていったんです。

古市　佐藤さんは今、その憧れを実現できたわけですよね。その世界は想像通りでしたか。

佐藤　あのね、いや、なんか慣れなんだなっていう……。

古市　慣れ、ですか？

佐藤　実は役者にはなりたいけど、僕は自分に芝居は絶対にできないと思っていたんです。おかしな話なんですけど。だけどいざスカウトされて、レッスンに行くようになって、初めて芝居をやってみたら、もちろん上手にはできないんだけど、すごく楽しかったんです。レッスンに行くのが楽しみでどんどん練習を続けていたら、全然照れもなくなっていました。そして、いつの間にか「俺には芝居なんかできない」って思ってた頃の気持ちを忘れてました。だから、慣れなんだなって。何でも徐々に徐々に慣れていくんだなって。

古市　慣れでもあり、成長でもありますよね。ただ、その「役者」という仕事が、あまりに日常というか普通のものになりすぎて、逆に退屈だなって感じるときもありますか。

佐藤　役者の仕事のすごくいいなと思うのは、三ヵ月で現場が変わることなんですよ。一つの作品が終わったら、現場がガラッて変わるんです。一緒に仕事をする人たちが、全員変わるし、自分がやってる役も変わるんです。正直な話、三ヵ月間同じ現場にいる場合、後半は慣れてきてしまってちょっと退屈だなって思う時もあります。

古市　へえ、三ヵ月くらいでも？　逆に一つのところにいたいなって思うことはないんですか。

佐藤　ないですね。

古市　普通だと、同じ会社に一〇年、二〇年単位でいることは珍しくないし、少なくとも二～三年はいるじゃないですか。人事異動があるといっても、さすがに三ヵ月ごとはない。

佐藤　僕は普通の仕事は絶対できないなと思ってて……。だからサラリーマンの人は、マジですげーと思います。僕たちの仕事は休みも不定期なんですよ。だから土日関係ないし、一～二ヵ月休みが一日もなくてほとんど寝れない時期もあれば、一ヵ月どんって休みがある時期もある。でもサラリーマンの人は、夏休みや有給休暇を別としたら、月曜から金曜まで働くじゃないですか。

古市　ちょうど高校で同級生だった人が、今年の春から新入社員ですよね。

佐藤　友達が卒業旅行で二週間くらい海外旅行に行くというので、「お前すげえな。そんな金どこにあんだよ」と聞いたら「就職したら定年までこんなことできないから頑張った」っていうんですね。企業で働くと、定年の六〇歳くらいになるまで、長いスパンの休みが取れない。そういうことかと驚きました。

古市　うん、そういうことですよね。安定の代償というか、きちんとした会社の正社員になれば安定はするけれど、若いうちはすごい安い給料で働いて、休みも少ない。

佐藤　おーっ、すっげーって思って。僕たちはがーって頑張るけど、休みもがーってもらえる。だからすごく尊敬してしまいます。

古市　日本だと、一九六〇年くらいに大学卒業後、一つの企業で一生働くみたいな社会が始まったんですけど、その頃の学生の悩みが「退職金までの金額を全部計算できてしまうのが辛《つら》い」っていうんですよ。全部年功序列で終身雇用で、一生が見えてしまう。

佐藤　見えちゃう！　それ辛いですね。

夢を叶えた場所から見える景色

古市　今の時代は、もちろん見えちゃう人もいるんだけど、どんどん将来が見えにくくなっている。それはポジティヴにとらえれば、先が見えない楽しさと言えるけど、ネガティヴに言えば先行き不安ということですよね。たとえば佐藤さんが『ＭＷ－ムウ－第０章　悪魔のゲーム』で演じた森岡は、働いていた工場でいきなりクビを言い渡されて、路頭に迷うことになりました。

佐藤　うーん、そうですね。

古市　佐藤さんほどになったら別ですけど、俳優さんって基本的には先行きがすごい不安な職業じゃないですか。大学に行かないって決めた頃っていうのは、ワクワクが大きかったですか？　それとも不安のほうが大きかったですか？

佐藤　んー、ワクワクですね。不安ももちろんあったんですけど、もちろん今でもありますけど、どっちが大きいかって言われたらワクワクのほうが全然大きいですね。

古市　日々、通常業務をこなすサラリーマンの人をどう思いますか？　何か伝えられる言葉ってありますか？

佐藤　偉いって言います。

古市　偉いけど、そういう働き方が合っていない人もいますよね。

佐藤　僕の友達でも不満ばっか言いながら働いている人がいます。だけどその人は、若干《じゃっかん》やりたいことが見え隠れしてる感じがしたので、高橋歩《あゆむ》さんの『人生の地図』っていう本を読めって言って渡したんですけど。

古市　サラリーマンを辞めたくなるような本だ（笑）。佐藤さんは、多くの人が憧れる職業に就くことができた「夢を叶《かな》えた人」ですよね。だけど夢はみんなが叶えられるわけじゃない。

佐藤　あー、それは難しいなー。そういう人たちに対してどう声をかけていいのか。

古市　そうですね。佐藤さんが立場的に難しいのは、自分は夢を叶えたほうだし、かといって皆が夢を叶えられるわけじゃない。

佐藤　すごく難しいです。ただ、色んな人が「夢は絶対叶う」って言い続けている。それは非常に素敵なことだと思うんですよ。夢は絶対には叶わないじゃないですか。だけど色んな人が絶対叶うって言う。ほんとは僕も「絶対叶う」って言ってあげなきゃいけない立場なのかも知れないけど、なかなかそれができない。

古市　ブログもいつも言葉を選んで書いていましたよね。安易な励ましは言わない。

佐藤　そこはすごく迷ってるんですけど、絶対叶うよって言ってる人たちのおかげで、頑張れる人もいるわけじゃないですか。だから「絶対叶う」っていうセリフが嘘だろうが、ほんとだろうが関係なくて、言われた人たちがその言葉で頑張れるんだったら、それはすごく素敵なことだと思うんですよ。けど俺は言えない……。

古市　佐藤さん、いい人なんですね。

佐藤　あはは、俺いい人なんですよ（笑）。

古市　僕もきっといい人なんですけど（笑）、「夢をあきらめるな」とはなかなか言えない。その言葉は一瞬その人を奮い立たせるかも知れないけれど、逆にそれによって夢と現実のギャップに苦しんでしまう人がいるかも知れない。

佐藤　そうなんです、そこで考えちゃうんですよね。きっと僕たちは、そういうこと考えちゃう側だと思うんですよ。だけど、そういうこと関係なく「お前行け！」って言う、かっこいいやつらもいる。

古市　きっとそういう人も必要なんですよね、世の中には。

佐藤　そう、そういう人にも憧れるけど、自分はそうはなれない。

幸せな若者の正体

古市　アルバイトをしている友達とかっていますか。
佐藤　いますよ。三〇代でも自由業で安定していなくて、バイトしている人とか。でもなんか俺らと一緒に遊んで楽しそうです。
古市　そこまでお金をかけなくても、そこそこ楽しそうな生活を送れちゃうのが現代の幸福であり、不幸であるというのが、この本のテーマの一つでした。
佐藤　ただ、この前ダンスをやってた時の友達に会ったんです。同い年で、今美容師をやっています。最近髪を切れるようになったんですよ。その人に「将来、どうなりたいの」って聞いたら「やっぱりお金を稼げるようになりたい」って言っていたんですね。だから僕はそういうことを見落としがちなのかも知れないですけど、僕らの世代でも、一人暮らしをして毎日働いてる人たちを見ると……。
古市　なるほど、若い子にもお金に対する欲求はあるだろうってことですね。
佐藤　そう、いつも遊んでる人たちといたらあんまり気付かなかったんですけど、中学や高校の同級生と会っても「とりあえずお金をすごく稼げるようになりたい」って人は多いのかなと思ったんです。
古市　幸せだと思えるのはある程度経済的な豊かさがあるからであって、それが満たされないとなかなか幸せだとは思えない……。
佐藤　そう思いますね、やっぱり。

古市　本の中でも引用したのですが、今の二〇代の生活満足度はだいたい七割くらい。一見、不幸な時代なのに若者の七割が「生活に満足している」と答えている。当の二〇代が、当の二〇代に聞くのもどうかと思うんですが、この数字をどう思いますか？

佐藤　今の若者は「満足してる」って答えちゃうと思うんですよ。でも満足してるって言ってる中で、ああだこうだ不満を毎日言ってると思うんです。

古市　なるほど。

佐藤　僕も欲しいものとか色々あるけれど、満足してるかって聞かれたら満足してるって答えちゃう。

古市　不安はありますかって聞かれたらどう答えますか。

佐藤　ありますって答えます。

古市　不安はあるけど満足もしてるっていう状態ですね。

佐藤　そうですね。あとその「満足してます」って人たちは、周りがみんな同じくらいなところにいるのかなとも思います。もしかしてすごく近くに、明らかに自分より裕福だったりとか、そういう人がいたら満足してないって答えるのかもしれないですね。

古市　そうですね、確かに「満足している」と答えても一〇〇%の満足ではないだろうし。本を書き終えてから言うのもなんですけど、僕が「幸せ」や「満足」という単語を拡大解釈していたかも知れないですね。

友達と孤独の話

古市　三ヵ月で何もかもが変わってしまうお仕事と言ってましたけど、自分が生きていく上でベースになるようなもの、変わらないものってありますか？

佐藤　今、最初に浮かんだのは友達ですね。

古市　友達っていうのはやっぱり役者さん仲間が多いんですか？

佐藤　役者さん仲間もいますし、歌やってる人もいるし、普通にサラリーマンの人もいるし、お笑いやってる人もいるし。

古市　友達というのは、何でも打ち明けられるような？

佐藤　ちょっと話が変わっちゃうかも知れないんですけど、実は最近、僕は自分がある意味ですごく孤独なことに気付いてしまったんです。友達もたくさんいるし、すごく楽しいんですけど、ある意味では絶対的に孤独で、完全な理解者って実は非常に少ないんじゃないかって思い始めて。

古市　友達とか話のできる人はいるけど、完璧な理解者はいないということですか。

佐藤　中学、高校を振り返っても、ほとんど、俺の理解者がいなかったんじゃないかって。その時は何も気にしてなかったんですけど。そうなったら俺孤独だって思っちゃって。楽しくはやってたんですけど、すごく。だけど、いなかったんだなっていう。でも、わかってくれる人が仲のいい人というわけでもないし、結局楽しかったらいいとは思うんですけど。

古市　今はいるんですか?

佐藤　はい。この仕事をはじめてから、そういう人に出会えました。だけど、全部は無理じゃないですか、誰とも。

古市　そうですね、お互いわかってると思い込んでるけど、それさえも思い込みかも知れないし。お互い、今この時間は共有できても、未来まではシェアできない。

佐藤　だから人はみんな、ある意味で一生孤独なんだなってちょっと思っちゃって。

古市　感受性が高いと生きづらくないですか。たとえば、孤独だってことに気付かないくらい鈍《にぶ》ければ、ずっと幸せかも知れない。だけど、孤独だと気付いた瞬間に、世界はガラッと姿を変えてしまうかも知れない。

佐藤　そうですね。だけど、俺一人が孤独なわけではなくて、君も君も全員孤独だから、というのはあります。孤独なのは、俺一人じゃない。

古市　だけど、その話自体をわかってもらえないことも多そう。

佐藤　たぶんわかってないでしょうね。わからないんだと思う。

古市　僕もここでわかったような顔をしていますけど、どこまで本当にわかったか、なんてことはわからないですもんね。

幕末に生まれたら死ぬのに

古市　『龍馬伝』のインタビューを読んで、日常の中に「幸せ」を見つける姿勢というのが、すごく自然体でいいなあと思ったんです。

佐藤　でも、絶対そうですよね！（笑）

古市　僕も同感です。だけど『龍馬伝』を観ていた人の中には、「自分も幕末に生まれて龍馬みたいな活躍をしたかった」とか「激動の熱い時代を生きたかった」と思ってる人もいると思うんですよ。

佐藤　いるかなあ。死ぬのに。

古市　あはは、そうそう、死んじゃうんですよね。まあ、幕末は極端にしても、たとえば『ALWAYS 三丁目の夕日』で描かれたような高度成長期に生まれたかったという人はいると思います。『ALWAYS』の登場人物たちは幸せそうだと思いましたか？　あの時代に生まれたいとか思いますか？

佐藤　まったく思わないですね。

古市　それはなぜですか。

佐藤　わかんないですけど、たぶん、僕は今が幸せなんです。今にまったく不満がないっていったらウソですけど、今この現在に生きていて幸せなんですよ。だからだと思います。だからもしかして、幕末や『ALWAYS』の世界がいいって言ってる人は、今があんまり幸せだと思えてないのかもしれないですよね。だとしたらそっちの時代のほうがいいって思うのかもしれない。

古市　そうですね。自分の生活に満足できていない人ほど「国を変えたい」とか、大きなことを言う傾向がある気がします。身近な人との関係一つうまくマネジメントできないで、何が「国」だ――とか思うんですけど。

佐藤　うんうん。

古市　ミスチルの『HERO』って歌がありますよね。主人公は、世界中の命が救われることよりも、身近な人との愛を大切にしようとする。公の「大きな世界」よりも、愛すべき人たちのいる「小さな世界」を守ることがテーマになっています。佐藤さんも、この歌に共感しますか？

佐藤　はい。いやあ、絶対そうじゃないですか。ほんとに身近な人より世界中の人を大事に思える人がいたらスーパー尊敬しますけどね。いるのかもわからないですけど、ほぼいないですよね、そんな人は。

古市　無理ですよね。

佐藤　ビックリマンですよね。すごいですよ。

イリュージョンに従いますか

古市　戦争が起きたらどうしますか。

佐藤　（しばらく考えて）できるだけ関係ないところに行く、と思います。

古市　大切な人を連れて逃げるとか、そういうことですか。

佐藤　でしょうね、たぶん。

古市　僕も戦争が起きたら、いち早く逃げようと思ってるんですけど、実はそういう態度って国際的に見ると珍しいんです。他の国と比べて、日本は「もし戦争が起こったら、国のために戦う」と答える割合がすごい低いんです。

佐藤　ああー。

古市　一五歳から二九歳だと七・七％です。僕はそれはすごく「いいこと」だと思うんです。たとえ歴史に名前を残すようなヒーローにはなれなかったとしても、死んでしまっては元も子もない。だったら自分と、自分の周りの大切な人たちを守ることを第一に考えるべきだと思います。だけど、これを「けしからん」と言う人もいます。

佐藤　いますね、それはなんかいそうな気がする。僕は今まさに戦争を題材にしたドラマ（『最後の絆』）を撮ってるんですよ。沖縄の鉄血勤皇隊っていう、中学生なのに戦場に駆り出されちゃう役を演じています。この命を日本のために捨てるのなんて当たり前で、それが「いいこと」だとみんなが思ってる時代です。

古市　そういう価値観には違和感を感じますか？

佐藤　難しいですね。というのも、今の僕たちには理解できないけど、その頃はみんながそれを当たり前と思っていたわけじゃないですか。今はみんなが「戦争はだめだ」って教わり育ってきたから、「絶対戦争はだめだ」って思ってるけど、その頃は「国のために死ぬことがいい」ってなってるから、いいって思っちゃうんじゃないかという気がします。

古市　面白いですね。たとえば僕たちは、地球は丸いって思ってるじゃないですか。でもほとんどの人は別に丸いって確かめたわけでもなくただ単に丸いって思い込んでる。物理が得意な佐藤さんは確かめられるかも知れないですけど。

佐藤　常識って国や時代によって違いますよね。中国だとお風呂上がりに温かい水を飲むのが良いとされているような。日本人からしたらえーって思うけど。

古市　世の中って、自分で確かめたわけではない妄想やイリュージョンで成立していることが多くあります。この本でも書きましたが、「日本」や「日本人」というのも一種のイリュージョンだと言えると思います。

ワールドカップと戦争の間

古市　佐藤さんって常に価値を相対化しているというか、自分や現代の価値観からむやみに他者や過去を裁かないですね。すごくクレバー。

佐藤　いやいやいや、でも色々な時代の、色々な人を演じなければいけないので……。

古市　そうか、演じるってそういうことですね。当時の価値観に染まったっていう前提で、ある人物になりきるわけだから。
佐藤　そうなんですよ。やっぱり過去はわかんないじゃないですか。果たしてそいつらはほんとにそれがいいと思ってたのか、本当は戦争なんか行きたくないと思ってたのか、とかすごい色々考えてて。だけど、そういうことはもうわからないので。
古市　ところで去年、ワールドカップがありましたよね。盛り上がってましたか？
佐藤　あ、僕ね、盛り上がってました。それまでサッカーを観る習慣はなかったんですけど、たまたまスポーツバーで、友達と飲みながら観ていたのが、本田がフリーキック決めて日本が勝った試合だったんですよ。そのまま、渋谷のセンター街行きましたね。
古市　それで一緒にみんなと盛り上がったんですか？
佐藤　いや、はじめは盛り上がるつもりじゃなかったんですけど、熱狂がすごくて、みんな知らない人とハイタッチしてる。こっちも酔っ払ってるから、ハイタッチしながら渋谷を突っ切っていきました。
古市　あはは、すごく楽しそうですね。
佐藤　すごい盛り上がった、楽しかったですよ。
古市　変なことを聞きますけど、そういうワールドカップで日本を応援するような態度と、戦争の時の熱狂って違うと思いますか？　日本を応援する行為としては変わらないじゃないですか。

佐藤　う―ん。オリンピックとか観ても日本を応援しちゃいますよね。確かに、日本を応援する行為ということには変わらないのか……。でも、戦争するってなったら、こっちは日本を応援できないわけだから違うと思います。

古市　なるほど。

佐藤　考えたことがなかったです。

古市　きっと、考えたこともないぐらい別のものっていうことですよね。よくワールドカップの熱狂と、戦争の熱狂が「愛国心」って言葉で一緒くたにされちゃうんです。

佐藤　まあ戦争を経験したことないですからね、わからないですけど。

古市　確かにそうですね。でも渋谷でハイタッチみたいな、熱狂の中にいるっていう感覚は楽しかったですか?

佐藤　カルチャーショックでしたね。スポーツバーで試合を観ている時は本当に楽しかったんですけど、熱狂してるセンター街では楽しんだというか、「ああ、こんなふうになるんだ」っていう驚きのほうが強かったですね。

古市　僕はサッカーではなくて、サッカーで盛り上がる人を観るために渋谷に行ったんですけど、すごかったですよね。最後の負けた試合でも、「お疲れ!」って爽やかにハイタッチしてみんな帰っていて。日本って平和だなと思いました。

佐藤　そうですね。みんな何かしらの理由をつけて盛り上がりたいのかも知れないですね。ただ僕にはガチで応援してる人の、本当の気持ちはちゃんとわかってないかも知れないです。
古市　いわゆるガチで応援ってわけでもなかったんですか？
佐藤　一生懸命やってる選手に引き込まれてるってことかなあ。
古市　やっぱり応援するのは日本チームですよね。
佐藤　なんで日本応援するんでしょうね。
古市　本当は、デンマークを応援してもいいわけだし……。
佐藤　それはたぶんイリュージョンだと思います。
古市　サッカーで日本を応援しちゃうくらいには、イリュージョンはある程度はまだ生きてる、ってことなのかも知れないですね。

これからの日本のこと

古市　政治全般に興味はありますか？
佐藤　うーん、難しいですね。僕に関して言えば、今の生活に満足してるから、日本の政治が多少どう動こうが関係ないと思っている、というのはあります。消費税が上がろうが、誰が総理大臣になろうが、たぶん僕は幸せに暮らせると思ってしまう。だから正直、政治にあんまり関心が持てないんですよね。

古市　今の日本って人口構造的に若者が少なくて高齢者が多い。しかも高齢者ほど選挙に行くから、高齢者に有利な政策がどんどん通ってしまう。社会保障費に関しても、ある試算によれば、今のおじいちゃんおばあちゃん世代に比べて孫世代は一億円くらい損をすることになるらしいんですよ。

佐藤　はあー。

古市　そうそう。それを聞いても「はあー」って話じゃないですか。それは「今が楽しければいいじゃん」という気持ちに近いですか？

佐藤　今が楽しければいいというよりも、先のことはわからないじゃんって気持ちはあります。たとえば一〇年後も、役者は続けていると思うんです。だけど、その他の細かいことを含めて、未来はわからないというか。

古市　五年前から今の姿はきっと想像できないですもんね。

佐藤　そうです。だから政治に関しても、少なくとも今はまだリアリティを感じられない。もしかしたら僕たちが大人になるにつれて「こういうことか」って思う時が来るのかも知れないですね。

古市　ええ、これから少子高齢化で社会保障費は増える一方なのに、現役世代は減っていく。モノを買う世代もどんどんいなくなっていく。だから二〇年後、三〇年後を考えると……。

佐藤　やばいですよね。

古市　やばいんですよね。

佐藤　でも、人って失敗しないと変われないじゃないですか、絶対。だからたぶん「やばい」ってみんなが自覚するまでは変わらないですよね。

古市　同感です。いくらテレビやメディアで、遠い世界のことが叫ばれようとも、身近な世界が変わらないうちは、人ってなかなか動きださない。

佐藤　変わらないですね。だけど、若者も、何も考えないで生きていると、いつかどうなるかわかりませんよね。

古市　何かあった時に、準備していた人と、準備してこなかった人で差が出るかもしれない。と言っても、それは明日からの話ではない。だから危機感もない。

佐藤　そうですよね、今何かしてもそれが役に立つ保証もないですしね。だから難しいんですよね。

古市　そうそう、保証もないし、逆にそれは個人的にはマイナスかも知れない。社会を変えるために奔走するよりも、楽しいことはたくさんある。だからもうどうしようもないんじゃないかと思っています。というようなことは、本当は僕が言ったらいけなくて、研究者が考えるべきことなんですけど（笑）。

佐藤　でもどうしようもない気がしますよね。

古市　だから、僕は周りの仲間を大切にするとか、そういう当たり前のことを重ねていくしかないと思っています。『Q10』でもありましたけど、「なんとか食っていけて、最悪のことが免れればそれでオールオッケー」、それこそが世界平和じゃないかっていう。

佐藤　確かにそうですね。

古市　もちろん、身近な小さな幸せというのは、様々なインフラに支えられて可能になるものだから、これからどうなっていくかはわからない。だけど、それでも、「大きな世界」ではなくて日常という「小さな世界」の幸せを大切にできる佐藤さんのような人が増えていること、それは希望のような気がするんです。今日は色々なお話を聞けて良かったです。

佐藤　こちらこそ、こういう話はふだんなかなかできないので楽しかったです。ありがとうございました。日本をよろしくお願いします（笑）。

古市　あはは。日本のことはなかなかどうにもできないですけど、僕のまわりの身近な世界を、少しでも良くしていきたいとは思っています。

あとがき

僕は、それほど想像力が豊かな人間ではない。自分の想像力の限界を知っているくらいには想像力はあるが、たとえば遠い国で終わらない紛争に苦しみながら失われていく命があることや、軍事訓練を受けた子ども兵が戦争の前線で使い捨ての戦力になっていることを情報としては知りながら、それに対して何かをしているわけではない。

アフリカの貧困と暴力が描かれたドキュメンタリー映画を観たら、人並みに胸は痛む。官報に掲載される行旅死亡人の欄を眺めて、所持品からその人の人生を想像して何とも言えない気持ちになることもある。だけど、その数秒後にはそんなことを忘れて、僕は普通の生活に戻っている。まるで何事もなかったかのように。

正直、出会ったことがない、行ったことがない、見知らぬ人や物や場所のことは「どうでもいい」と思っている。

そんな僕の想像力が及ぶ範囲といったら、せいぜい「自分」と「自分のまわり」くらいだ。だけど、ここで言う「自分」というのは、この「あとがき」を、エアコンの効いた部屋で九〇年代J－POPを聞きながら書いている「僕」のことだけではない。悩みと言えば顔の赤みと二kg増えた体重をどう戻すかくらいしかない「僕」のことだけではない。

世界にはきっと、誰にさえも気付かれないような転轍機《てんてつき》が無数に張り巡らされていて、僕たちの人生は何気ないきっかけで道が分かれていってしまう。そして、その世界には後戻りができないような仕掛けが施されていて、ちょっとやそっとじゃ、やり直しが利かない。

どんな人生を選んだとしても、どうせ僕が佐藤健になれたわけはないのだけど（当たり前だ）、「僕」がここにいなかった可能性は往々にしてある。

たった二六年の人生だけれども、振り返れば、そこにはいくつもの岐路があった。高校生の時にたまたま詩のコンクールで賞をもらったこと。その賞をアピールして慶應SFCにAO入試で入れてもらったこと。SFCで今も一緒に働く友人に出会えたこと。

CGモデリングの授業を履修選抜で落とされて、たまたま同じ時間に開講されていた社会学の授業を履修したこと。大学の交換留学でノルウェーに一年間行ったこと。ノルウェーでの勉強をもとに卒業論文で北欧の育児政策について書いたこと。東大の大学院に行くことを勧めてくれた人がいたこと。なぜかピースボートで世界一周をしてしまったこと。僕の研究を面白がってくれる人がいたこと。

そのどれが欠けても、「僕」はここにいなかったと思う。

ここにいなかったかも知れない「自分」のことを思う。無数の反実仮想を繰り返したところで、ここにいない「自分」が何をしているのか知る由もないが、ちょっとした違いで人生を変えた「自分」にはシンパシーを感じる。

今よりも幸せな場所にいるのならば羨《うらや》ましいけれど、今よりも幸せじゃない場所にいるのならば、後ろめたさを覚える。

その後ろめたさというのは、違う世界にいる「僕」に対して感じると同時に、この世界にいる「誰か」にも感じるものだ。つまり、違う世界では「僕」が引き受けなければならなかった役割を、この世界で引き受けてしまった「誰か」（それは一人かも知れないし、複数人かも知れない）がいるだろうからだ。

それは、より直接的に、僕がこの世界で「蹴落《けお》としてきた人たち」に対する責任と言い換えることもできる。一流芸能人と違って大した選抜を勝ち抜いてきたわけではないが、それでも大学には合格者と不合格者がいるし、僕が意識することもなく座ってしまっている、誰かが座るはずだった椅子があるのかも知れない。

見知らぬ誰かに対しては、責任も感じないし、同情も抱かないし、羨望《せんぼう》も覚えない。そんなの、思い上がりだとさえ思う。

だけど、「自分」だったかも知れないと想像できる範囲での「自分」や「誰か」に対しては、責任も、同情も、羨望も抱く。蹴落としてきた誰かへの責任、ここにいることができなかった自分への同情、そしてここより素敵な場所にいたかも知れない自分への羨望。たぶん、僕が若者に関心があるのは、そんな理由なんだと思う。

同時代を生きることになった人々のこと、僕たちが生きることになった国のことを、この本では考えてきた。それは、別に社会全体に向けられた啓蒙意識からでも、少しでもこの国を良くしたいという市民意識からでもない。ただ、「自分」のこと、「自分のまわり」のことを少しでもまともに知りたかっただけなのだ。

もちろん、結果的にこの本が「自分」と「自分のまわり」以外の誰かの役に立つことがあったのなら、それはとても嬉しい。とても嬉しいのだけど、それはもはや「僕」の問題ではない。僕から言えることがあるとすれば、本書を踏み台にしながら、新しい何かを考えてみたら楽しいんじゃないか、ということだ。

この本の材料に「特別」なものは一つもない。たとえば第二章では大人たちがドヤ顔で話す「最近の若者は内向き」言説を、いくつかの角度から検証したが、随所で使っている統計資料は、インターネット上にも掲載されている政府実施の世論調査が多いし、インタビューに関しても街で普通に出会った人に聞かせてもらったものばかりだ。

文系の研究のいいところの一つは、必ずしも「特別」な研究機器や研究資料を用いなくてもいいことだ。本を読んだり、人に話を聞いたり、インターネットで統計を探したりして集めたデータを並べて組み合わせれば、「研究」になってしまう。

しかも「研究」は楽しい。どこにでもあるデータで「常識」を疑うこともできるし、数冊の本を読むだけで、今まで信じていた世界ががらっと変わってしまうこともある。

僕たちが生きる世界は、誰にさえも全体像がわからないほどに広大で複雑だ。だけど救いがあるとすれば、少しずつでもその姿を「研究」によって明らかにしていくことができるということだ。「自分」と「自分のまわり」の世界を明るくしていくことは楽しい。その楽しさをシェアできる人が増えてくれたら、僕は嬉しい。

違う世界にエールは届かない。

だけど、そのエールが響き合うことはあるのかも知れないと思う。

謝辞

本を書くというのは、孤独な作業に見えて、多くの人との共同作業でもある。色んな人と話して、色んな人からアイディアをもらい、色んな人からため息をつかれた結果が、この本には詰まっている。

二〇一〇年の駒場祭での小熊英二さん（四九歳、東京都）との対談は、本書の随所に活かされていると思う。そもそも僕の社会学に関する知識のほとんどは、学部時代に小熊さんの授業で教わったものである。対談を企画していただいた近藤伸郎さん（二四歳、大阪府）はじめ、東京大学立花隆ゼミのみなさんにも感謝している。だって、あんな機会でもないと怖くて小熊さんと話せない。指導教官の瀬地山角さん（四八歳、奈良県）の様々なアドバイスや細かいフォローにはとても感謝している。正規の指導教官でないにもかかわらず、本田由紀さん（四六歳、徳島県）にはいつも相談に乗っていただいている。さすが母熊だ。そして、上野千鶴子さん（六三歳、富山県）にはものすごい多忙のなかゲラを読んでいただき、ドキドキしてしまうような推薦文をいただいた。

小田麻奈美さん（二七歳、兵庫県）には散々一緒にフィールドワークに付き合ってもらった。どんな相手であっても、果敢に話を聞きに行く姿勢に、いつも勇気と驚きをもらった。長谷川徹くん（二六歳、愛知県）も、おそらくまったく興味がないであろう色々なフィールドワークに付き合ってくれた。

尼寺孝彰くん（二三歳、徳島県）には、昔から僕の的を射ない話を聞いてもらっている。そういえば「若者って意外と幸せじゃない？」という話もはじめは尼寺くんとしたような。松村一志くん（二三歳、東京都）には、社会学に関するあれこれをいつも教えてもらっている。彼ほど社会学を愛している人物を、僕は他に知らない。

中沢明子さん（四一歳、東京都）には、草稿段階から本書を読んでいただき、色々とコメントをもらった。おかげで、本書もちょっと「いい本」になった気がする。丸尾宗一郎くん（二一歳、大分県）からも草稿に丁寧な感想をいただいた。僕より五歳も年下とは信じられない。

ものすごく多忙な中、対談を引き受けていただいた佐藤健さん（二二歳、埼玉県）は、自然体でフラットでクレバーな方だった。魔法的なアレンジをしていただいた村上範義さん（三〇歳、愛知県）にも、ものすごく感謝している。

いつもながら、こんなに好き勝手にやらせてくれる松島隆太郎さん（二八歳、千葉県）と青木健一さん（四〇歳、兵庫県）にも、もちろん感謝。

そして何よりも編集者の井上威朗さん（四〇歳、広島県）がいなければ、本書は成立しなかったと思う。井上さんという頼もしい相談相手がいたおかげで、この本は一人で書いている気がしなかった。

古市憲寿（ふるいち・のりとし）

1985年東京都生まれ。東京大学大学院総合文化研究科博士課程在籍。慶應義塾大学SFC研究所訪問研究員（上席）。有限会社ゼント執行役。専攻は社会学。2003年慶應義塾大学SFCへ進学。AO入試で詩をアピールして合格した。入学当初はデザイン、CG、建築などアートっぽいことばかり勉強していたが、たまたま小熊英二の授業を履修してから社会学に興味を持つ。2005年から2006年にかけて、就職活動から逃亡するようにノルウェー国立オスロ大学へ１年間の交換留学へ。老人のような国で、老人のような余暇生活を送る。帰国後、北欧の育児政策について卒業論文を書く。2007年、SFCで出会った友人に誘われて有限会社ゼントで働きはじめる。同時に、東京大学大学院へ進学。北欧の徴兵制について研究しようと思っていたが、上野千鶴子に「北欧は遠いわよ」と言われてあっさりテーマを変える。同じ頃、ミーハー感覚で履修した本田由紀の授業で若者と労働に興味を持つ。そして起業家論で修士論文を書こうと思っていた矢先、2008年になぜかピースボートに乗船することになる。そこでの経験があまりにも面白くてそのまま修士論文にしてしまう。さらに本にまでしてもらった。学術論文ともエッセイともルポとも言えない内容が賛否両論を呼ぶ。現在は、大学院で若者とコミュニティについての研究を進めるかたわら、有限会社ゼントでマーケティング、IT戦略立案等に関わる。著書に『希望難民ご一行様:ピースボートと「承認の共同体」幻想』（光文社新書、2010年度新書大賞7位）、『遠足型消費の時代:なぜ妻はコストコに行きたがるのか？』（共著、朝日新書）がある。

絶《ぜつ》望《ぼう》の国《くに》の幸《こう》福《ふく》な若《わか》者《もの》たち

2011年9月5日　第１刷発行
2012年3月8日　第10刷発行

著者
古《ふる》市《いち》憲《のり》寿《とし》

発行者
鈴木 哲

発行所
株式会社講談社
東京都文京区音羽二丁目12-21
郵便番号112-8001
電話　出版部　03-5395-3522
　　　販売部　03-5395-3622
　　　業務部　03-5395-3615

印刷所
慶昌堂印刷株式会社

製本所
黒柳製本株式会社

装幀・写真
住吉昭人（フェイク・グラフィックス）

ISBN978-4-06-217065-9　　N.D.C.361.64　301p　20cm